国際政治・日本外交叢書
㉑

EU共同体のゆくえ

贈与・価値・先行統合

山本直著

ミネルヴァ書房

ＥＵ共同体のゆくえ——贈与・価値・先行統合　目次

序　章　〝共同体〟ＥＵの探究……1
〝諸国家の共同体〟としてのＥＵ　共同体の再訪　国家間のプリミティブな共同体
弱者の共同体　多次元統治・グローバル化・地域帝国　本書の構成

第Ⅰ部　贈与の共同体としてのＥＵ……13

第1章　多数決制の起源と成立……15
——〝譲りあう〟欧州政治の展開——
1　理事会の多数決制——概容と運用……17
制度の概容　制度を運用する
2　石炭鉄鋼共同体の多数決制——無粋な出発……21
石炭鉄鋼共同体における理事会の設置　多数決制と各国の思惑
3　経済共同体の多数決制——簡明な制度へ……25
経済共同体理事会の役割　多数決制の論議
4　「ルクセンブルクの妥協」とその後……29
ストレスとしての「譲り」　多数決制の強靭さ
5　ＥＵのアイデンティティとしての多数決……33

第2章　贈与の共同体としてのＥＵ……35
――組織原理の一面――
1　国家間の贈与――モースからの展開……36
市場の営為、贈与の営為　国家間の贈与と手段
2　ＥＵにおける贈与の実践……39
ＥＵ財政の拠出　理事会の多数決制
3　贈与論と国際政治学……44
特異性と不運　国際統合論との親和性
4　共同体の解体……47
停滞する贈与　傲慢と残忍
5　ウィン・ウィンと贈与の共同体……51
第3章　東方拡大の胎動とフランス……53
――国家間取引とギャップの生成――
1　歴史的制度論の視座……55
国家間交渉の脈絡　選択肢を狭める要因
2　欧州国家連合と東方拡大……58
ミッテランの一九九〇年年頭演説　フランスの国家戦略としての欧州国家連合

3　東方拡大過程における取引の蓄積……61
連合協定と欧州共同体の枠組み　コペンハーゲン基準と欧州安定条約
「加盟前の戦略」と欧州・地中海会議
4　東方拡大という経路への依存……69

第Ⅱ部　価値の共同体の現段階 71

第4章　人権外交の展開……73
——発現・源泉・制約——
1　国際連合における人権外交……74
国際刑事裁判所の設立　障害者権利条約の起草
2　コンディショナリティを通じた人権規範の推進……77
通商・開発協力・経済連携　共通外交・安全保障政策　EU拡大政策
3　人権外交の源泉……81
統合による平和　欧州的アイデンティティ　自発的な取り組み　丸腰のイメージ
4　制約される人権外交……86
二重基準——他の利益との競合　隠れ二重基準　妥協なき態度
域内における人権保護の停滞

5　外交経験と実践のゆくえ……90

第5章　基本権庁の設置と人権統治……92
――制度と権限――

1　基本権庁設置の経緯……93
設置に向けた提言　設置規則の採択へ

2　基本権庁の概観……97
基本権庁の組織　基本権庁の任務

3　設置に向けた争点……102
基本権憲章への連結　加盟国への制裁の手続き　司法・内務協力における活動
域外国についての活動　欧州審議会との関係

4　設置後の基本権庁……107
任務の遂行　加盟国の国内実践と基本権庁

5　基本権庁の設置の帰結……111

第6章　テロへの対応と人権規範……113
――二〇一五年シャルリ・エブド事件の前後――

1　安全をめぐる言説の変化――欧州委員会の戦略文書から……114
『安全に関する欧州の課題』　安全と基本権の論理

2 ＥＵのテロ対応と個人のプライバシー――航空旅客情報をめぐって……118
個人情報としての旅客情報　欧州議会の消極姿勢
3 出入国審査とＥＵ市民の自由移動……121
シェンゲンの縛り　シェンゲン改正の含意
4 風刺画問題とＥＵ……125
シャルリ事件への反応　寛容と非差別のＥＵ？
5 価値と理念のゆらぎ……128

第7章 「共通の価値」と加盟国の法治体制――ハンガリー問題のポリティクス――……130
1 共通の価値と加盟国――二つの手続きのはざま……131
ＥＵの価値としての法治　違反手続きと権利停止手続き
2 ハンガリーの法治体制とＥＵ……134
ハンガリーへの批判　ＥＵ機関の動静
3 欧州委員会の法治対策――枠組みの概容と評価……138
法治枠組みの概容　法治枠組みの評価
4 コペンハーゲンのジレンマ？……141
理事会の消極性　「自由でない国家」を目指して

5　〝プーチン化〟するハンガリー……145

第8章　ポーランド憲法裁判所問題とEU……147
――再び法治をめぐって――

1　憲法裁判所と法治……148
問題の伏線　法治の問題へ

2　憲法裁判所問題への初動……150
欧州委員会、欧州議会および欧州審議会の反応　欧州議会とポーランド

3　欧州委員会による法治枠組みの運用……153
法治枠組みにおける法治意見の採択（第一段階）
法治枠組みにおける法治勧告の採択（第二段階）

4　抵抗と躊躇――第三段階へ……158
ポーランドの抵抗の背景　欧州委員会の躊躇　欧州議会の協約案

5　弛緩する価値共同体……163

第Ⅲ部　先行統合の制度と実行 …… 165

第9章　先行統合の制度整備 …… 167
——「より緊密な協力」の導入——
1　「より緊密な協力」の概容 …… 168
実行のための条件　実行に向けた手続き　途中参加の手続き
2　アムステルダム条約における「より緊密な協力」の導入 …… 172
アムステルダム条約までの経緯　厳しい実行条件
3　ニース条約における「より緊密な協力」の制度整備 …… 176
実行条件の緩和　外交・安保分野における導入
4　欧州憲法条約およびリスボン条約と「より緊密な協力」 …… 179
諮問会議の幹事会による率先　諮問会議の本会議による検討
5　有用な選択肢へ …… 184

第10章　越境協力・家族法・特許保護 …… 186
——「より緊密な協力」の実行へ——
1　プリュム越境協力と「より緊密な協力」 …… 187

プリュム条約からプリュム決定へ　失われた実行の機会
2　家族法の共通ルールと「より緊密な協力」……191
二〇一〇年規則に至る経緯　欧州議会の関与　国家間の相違
3　統一特許の創設と「より緊密な協力」……197
統一特許創設への経緯　統一特許裁判所・スペイン・イギリス
統一特許とイギリスのEU離脱
4　差異ある欧州への助走？……202
終　章　〝開き直る〟EUの地平……205
共同体EUの本質と変容　続発する危機とイギリスの離脱過程　開き直る組織の将来
「ドイツ帝国」と変容するEU
註　215
あとがき　267
参考文献
事項索引
人名索引

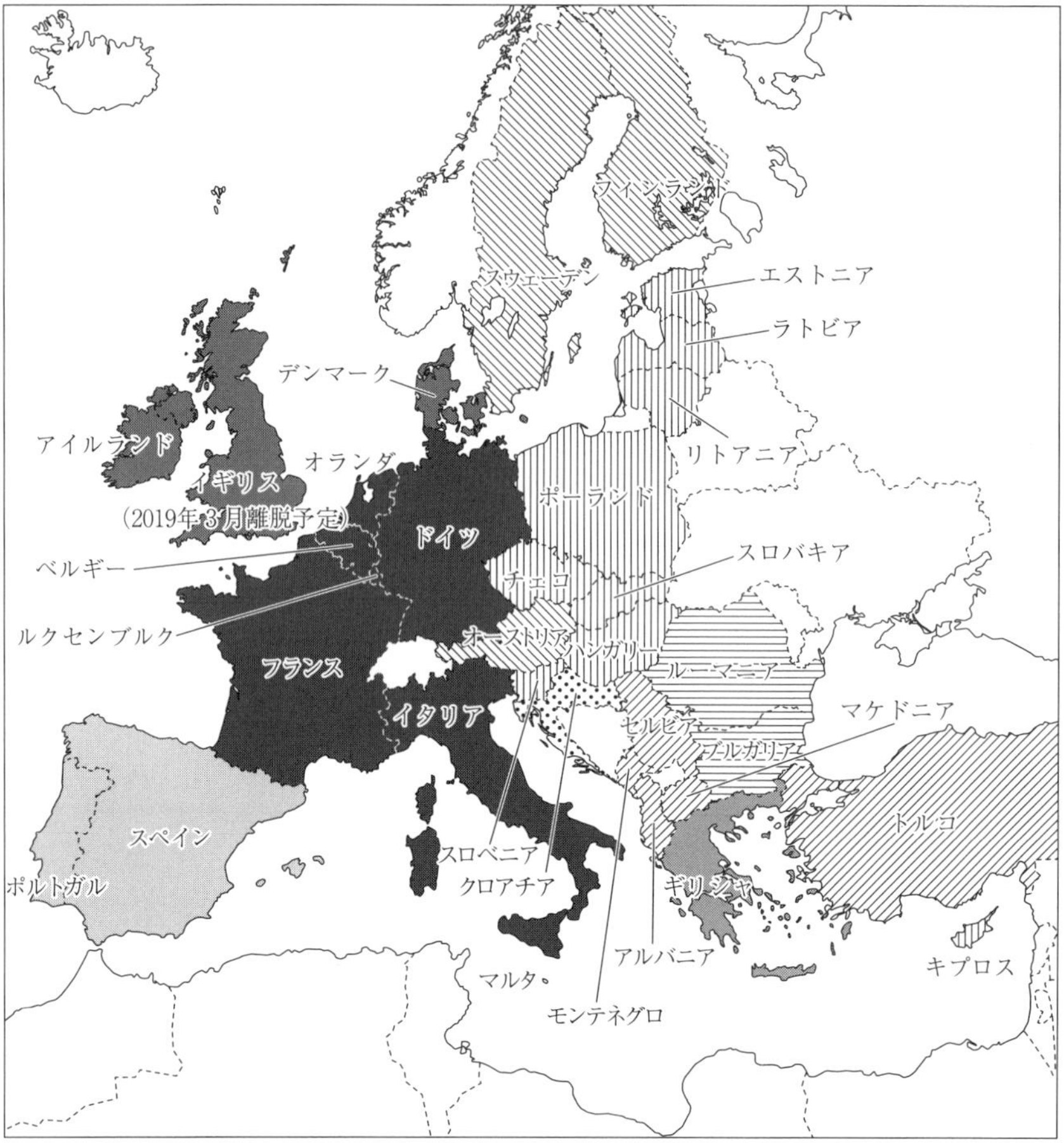

資料1　EU 加盟国一覧

1952年：フランス，西ドイツ，イタリア，オランダ、ベルギー，ルクセンブルク

1973年：イギリス，デンマーク，アイルランド

1981年：ギリシャ

1986年：スペイン，ポルトガル
1990年：東西ドイツ統一

1995年：スウェーデン，オーストリア，フィンランド

2004年：ポーランド，ハンガリー，チェコ，スロバキア，スロベニア，エストニア，ラトビア，リトアニア，マルタ，キプロス

2007年：ブルガリア，ルーマニア

2013年：クロアチア

加盟候補国　トルコ（1999年～），マケドニア（2005年～），モンテネグロ（2010年～），セルビア（2012年～），アルバニア（2014年～）

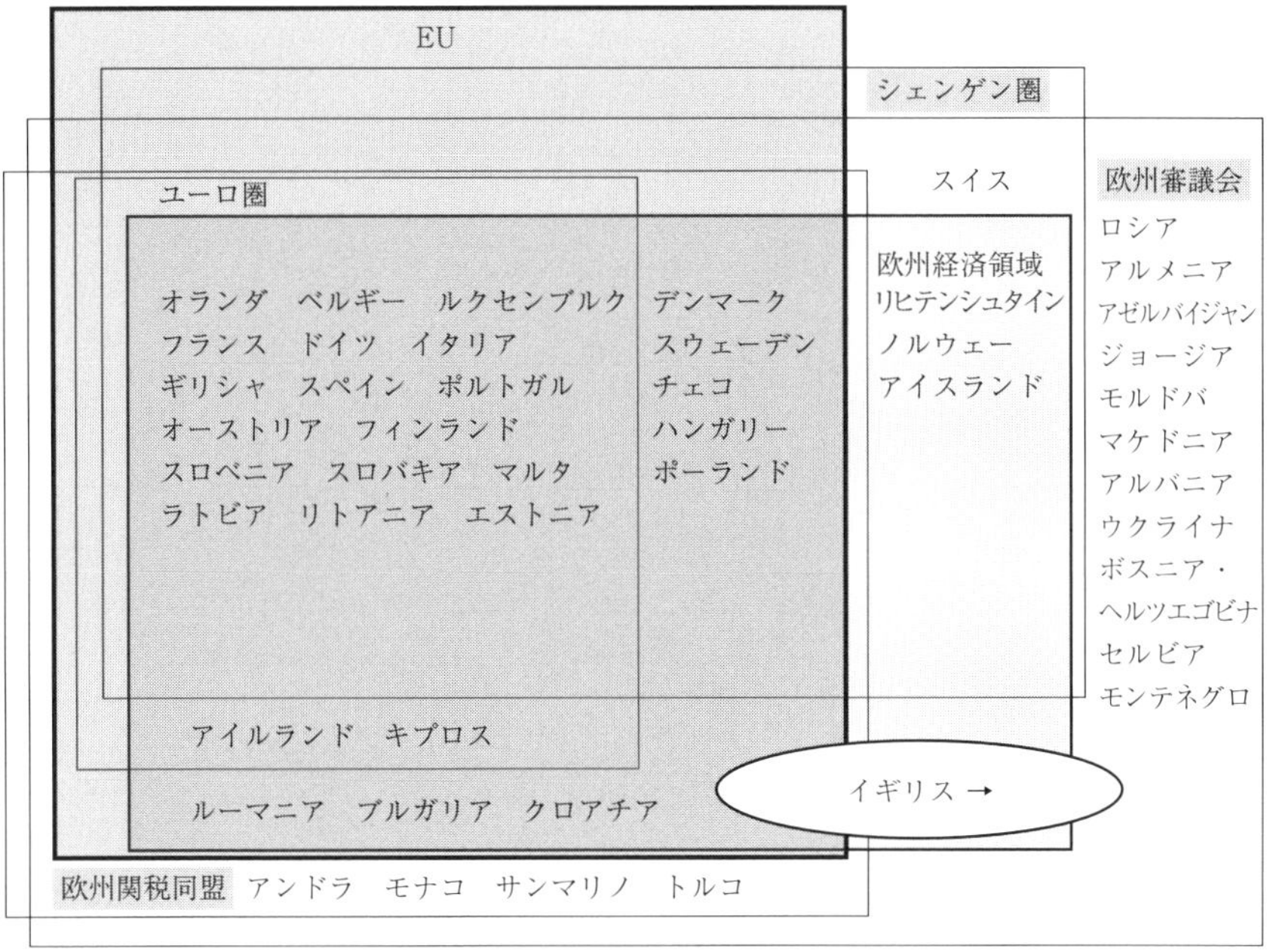

資料2　EU と欧州（2017年）

出典：European Commission, COM(2017)2025 of 1 March 2017.

序章　〝共同体〟ＥＵの探究

〝諸国家の共同体〟としてのＥＵ

ヨーロッパ諸国が加盟するＥＵを〝諸国家からなる共同体〟として捉える。そうすることによって、ＥＵの一面を改めて掘り下げることができるのではないか。そのような関心が本書の起点にある。

ＥＵがいかなる政治組織であるかという問いは、国際政治学やヨーロッパ研究に携わる者の好奇心を長年にわたり刺激してきた。ＥＵは、アメリカ合衆国のような連邦国家であるとはいえないが、諸国家の単なる集まりでもない。そのような中でＥＵは、多少なりとも「超国家性」、すなわち国家を超える性格を帯びているといわれる。あるいは、ＥＵと加盟諸国の間には、他に例をみない独自の権限関係が築かれているという議論もある(1)。国家がどのように超えられており、ＥＵとの権限関係がどのように独自のものであるかについては、多様な解釈がある。それらを広く包容しつつ、政治組織としての独自性と、時に普遍性さえも論じられる懐の深さが、ＥＵを学ぶうえでこのうえない魅力となってきた。

ＥＵを説明するうえで伝統的に有力であった議論は、ＥＵは加盟諸国から自立した共通機関の活動を誘因に形成されたというものである。このような説明は、新機能主義と呼ばれる。それは、政治組織が担いうる機能に着眼しつつ、官僚や政党、あるいは企業が国境を越えて参画するというエリート政治の観点から説明を試みる。そこにおいては、ＥＵが権限をもつ政策分野が、それに隣接する分野へと波及していくと想定された(2)。

新機能主義と異なる説明手法を用いる代表的なものに、リベラル政府間主義と呼ばれるアプローチがある。リベラル政府間主義は、新機能主義のようにＥＵ機関の自立性に重きを置こうとはしない。むしろ、加盟国政府の度重なる交渉と合意とが現在のEUを形作ることになったと説明する。(3) EUをめぐる議論は、いわば新機能主義とリベラル政府間主義の双頭性を軸としつつ、さまざまな学問の潮流から影響を受けてきた。(4)

本書は、こうした議論の動向を批判するどころか、とりたてて参照するものでさえない。というのも、それらの議論の多くは、諸国が統合する過程、言い換えるとEUが形作られる過程を主な論点としている。本書は、そのような過程というよりも、むしろ、EUという組織が保持される力学に比重を置くものである。

EUは危機にあるといわれて久しい。一部の加盟国で顕著となった金融危機や財政危機への対応は、不十分であり、不適切であるとさえいわれている。EUの下では民主主義が軽んじられており、貧富の差も固定化されつつあるという指摘について、説得力のある反論が示されているようにもみえない。頻発するテロや組織的犯罪を防御するうえで、EUが相当に役立ったという評価もまた、ほとんど聞くことがないのである。しかも、このような状況の中で、経済面と政治面で甚大な影響を与えうるイギリスのEU離脱に関する交渉が進んでいる。こうした状況で問われるのは、超国家的なEUの過程ばかりではない。たとえば、EUに加盟する諸国間の共同性もまた問われてしかるべきである。このような関心から、本書はとくに、加盟国間でいかなる共同体が立ち現れているかに議論の主眼を置く。EUを探究するうえで有益な理論的アプローチは、必要に応じて活用することにしたい。

共同体の再訪

共同体の概念は、アリストテレス以降、政治学のみならず、社会学や行政学、人類学および心理学等の広範な学問分野において用いられてきた。国際政治学やEU研究、さらには東南アジア諸国連合といった地域統合に関する研究においても、それは馴染みがない概念ではない。ここで想起するのは、安全保障共同体の概念である。この概念を提唱したのは、アメリカの政治学者ドイッチュであった。ドイッチュと彼の共同研究者は、一九五七年に『政治共同体と北大西洋地域――歴史的経験からみた国際組織』と題する文献を発表した。(5) その中でドイッチュらは、複数の国家の間でも安全保障共同体を築くことができると論じた。

ここでいう安全保障共同体とは、ドイッチュらによると、政治的なコミュニケーションが進んだ集団であった。そのような集団において人々は、一定の習慣を受け入れており、執行のための組織も備えている。このような集団の下で共同体意識をもつ人々が統合されている状況を、安全保障共同体と呼んだのである。[6] ドイッチュらは、こうした共同体を⑴一国の下で築かれるもの、⑵一国の下で築かれないもの、⑶複数の国の間で築かれるもの、⑷複数の国の間で築かれないものの四つに分類した。そのうえで、これらの中の⑶をとくに「多元的な安全保障共同体」と呼び、「今日のノルウェーとスウェーデン」を例示しつつ、こうした共同体がどのような条件で築かれるのかを分析した。[7]

本書にいう共同体は、ドイッチュらがいう多元的な安全保障共同体と重なるところがある。一国の下でしか共同体は築きえないとみなさないことは、ドイッチュらの視点と共通している。人々が一定の習慣を受け入れていることが共同体の存立条件であると想定することも同じである。しかし他方において、本書の関心は、ドイッチュらのそれから若干隔たっている。そうであるがゆえに、ドイッチュらの議論が前提にならない点もある。

ドイッチュらは、国家間の対立が平和裡に、つまり軍事力に頼ることなく解決される可能性を重んじた。青年期に過酷な第二次世界大戦を経験したドイッチュにとっては、軍事力なき解決に着目することが最重要の研究課題だったのであろう。とはいえ、現代世界の諸国家が直面する課題は当時よりも多様化している。経済や金融の分野では、規制なき金融取引や租税回避、国内産業の振興、エネルギー開発等がそうである。社会分野では、労働環境と雇用をはじめ、貧困層の拡大と固定、地方の衰退等が問われている。さらには少数者と移民への不寛容、越境犯罪・テロリズム・サイバー犯罪、環境破壊と気候変動、難民・国内避難民の大量発生まで含まれうる。これだけ課題が多様化すると、軍事分野の問題は依然として深刻であるにもかかわらず、これらの課題の一部として後景化せざるをえない。ドイッチュの研究課題を、現代のヨーロッパにそのまま適用することはできないのである。[8]

もっとも、リージョナルな規模で活動する国際組織をただ表現するために共同体という言葉を用いるわけでもない。誤解を招きやすいのは、ＥＵの前身となった組織の正式名称が共同体の語を含んでいることである。一九五〇年代の西欧六カ国が創設したのは、欧州石炭鉄鋼共同体、欧州経済共同体および欧州原子力共同体という三つの共同体であった。これらの共同体が欧州共同体と総称されるようになり、一九九三年のEU誕生へと繋がる(9)。後述するように、欧州石炭鉄鋼共同体の創設に関わったジャン・モネらは、創設する組織の下で諸国が協働することを期待していた。三つの共同体の加盟諸国が、欧州の、もしくは共同体の一員であることを意識したがゆえに効果的に協働できた面もあったであろう。しかしながら、一九五〇年代に共同体の名称が用いられたことと、その加盟国が実際に共同体を築きえたかは分けて考える必要がある。

本書が共同体という言葉を用いるのは、三つの組織が共同体という名称であったことと直接に関係するものではない。EU加盟国間で観察しうるプリミティブ(根源的)な関係性を表現したいがために、この言葉を用いるのである。

国家間のプリミティブな共同体

国家間の関係は、人間の相互関係とさまざまな点で異なる。協調関係は築けても、それは恋愛関係まで築くことはできないであろう。離縁ないし絶縁したくても、相手国が近隣に位置していれば否応なくなんらかの関係を続けなければならないであろう。国家は多元的な組織である一方、一枚岩的な主体では必ずしもない。それゆえ政府間の関係が冷え込み、時に断絶する場合であれ、民間団体によって、あるいは議員間や自治体間で交流が続くこともある。国家間関係と人間の相互関係はこのように異なるが、双方の関係が完全な別物であるとも本書は考えない。

複数の人間が一つの共同体を築くには、最低限の相互扶助が必要である。一定の価値観や規範を共有することも重んじられる。価値観と規範を共有できないメンバーを共同体は、自らの名において制裁しつつ、他の共同体に対して排他的もしくは閉鎖的になることもあるだろう。そして当の共同体もまた、時間の経過とともに再編および分裂することもある。このような共同体は、ドイツの社会学者テンニエスがゲマインシャフトと呼んだ集団に近い。ゲマインシャフトは自然発生的に組織された血縁集団のように考えられるが、本書がいうプリミティブな関係性と重なる含意がある。本書は、このような類の共同体観は国家間の関係を考察する際にも有用であると仮定する。とりわけＥＵに加盟する諸国の相互関係を考察することを通じて、現代ヨーロッパの動態を理解する一助となることが本書の目的である。

このようなプリミティブな共同体は、ＥＵをめぐる行動の端々から観察することができる。ヨーロッパ統合の父と称されるフランスのモネは、欧州石炭鉄鋼共同体の設立交渉に臨む他国の代表を前に、次のように語ったという。「各国の利益を排して話し合うだけで、一つの解決を得ることができましょう。ここに集うわれわれが従来のやり方を変えていくことができれば、欧州全体の精神も次第に変わっていくでしょう」[10]。石炭鉄鋼共同体が関係諸国の冷徹な国益計算の賜物ではあったことはしばしば指摘される。フランスやオランダにとってこの共同体は、隣国ドイツのエネルギー源を統制することに直接関わることができる手段を供するものであった。ドイツはこの共同体の正メンバーとなることによって、国際社会に本格的に復帰する契機を得ることができた。域外国であるアメリカとしても、ソビエト陣営に対抗しうる結束した欧州を得ることができたのである[11]。しかしここでは、モネが、設立交渉に集う理由でなく、集い話し合おうとする事実そのものを強調したであろうことに注目したい。そうしたモネの強調に他国の代表が共感したのであれば、本書にいう共同体の萌芽が石炭鉄鋼共同体諸国の間でみられたと考えうるからである。

あと一つ、より近年の例を挙げよう。国家財政が破綻する危機に苦しむ加盟国にギリシャがある。富裕な加盟国であるドイツがギリシャへの支援を強化すべきであるという主張は、当のギリシャのみならずフランスやイタリアからも出た。フランスやイタリアがこのように主張するのは、ギリシャの長引く危機が自国の経済に悪影響を及ぼすという考えからであろう。とはいえ、そのような考えのみで主張したわけではないはずである。ドイツによる支援は、ＥＵの通貨運営を今後も安定的に継続させるうえで鍵を握る[12]。ＥＵの今後の運営を案じるために支援の強化を求める主張は、これらの諸国が共同体を築いているがゆえに出てくるものでもある。

二〇一六年六月のイギリス国民投票の結果が出た時にも、共同体としてのＥＵの素顔が浮き彫りになった。イギリスを除くすべての加盟国の首脳らは、EUからの離脱に賛成する票数が残留支持を上回った投票結果を尊重すると表明した。そのうえで首脳らは、単一市場を利用するには、物・人・金・サービスという四つの自由移動のすべてを受け入れることが求められると述べた[13]。人の自由移動に消極的であったイギリスに対して、他の三つの自由移動だけを都合よく享受させる意思がない旨を即座にほのめかしたのである。ポーランドの元首相であり、欧州理事会の常任議長を務めていたドナルド・トゥスクもまた、似たことを繰り返している。加盟国首脳との会談を終えたトゥスクは、「アラカルトの単一市場が生まれることはない」と言明したのである[14]。アラカルトとは、本来は献立から一品ずつ選ぶ形式のことを指す。それがひいては、旨味のあるEUの政策だけをつまみ食いすることを暗喩するようになっていた。トゥスクは、EU単一市場における諸々の政策の中で、取り入れたいものだけをイギリスが取り入れることはできないと牽制したのである。

加盟国首脳やトゥスクによるこうした表明は、EUからの離脱が相当の経済的打撃を受ける行為であることをイギリスに知らしめるためであった。もっとも、それだけではなかっただろう。同国に厳しい姿勢をみせることによって、離脱を画策すれば同様のリスクを負うであろうことを他の加盟国に警告する必要もあった。それとともにEUでは、近隣国のEU加盟を検討する時間的および精神的な余裕が、少なくとも一時的に喪失したといわれた。このような加盟国首脳の行動や余裕の喪失は、EUが共同体であるがゆえに起こるものである[15]。

弱者の共同体

諸国家の根源的な共同体は、EU以外にも発生しうる。たとえば東南アジア諸国が結成する東南アジア諸国連合、アラブ諸国によるアラブ連盟といった国際組織も、本書でいう諸国家の共同体に該当することがありうる。

これらの組織は、形成された経緯も異なれば、活動の内容も異なる。価値や規範がどれだけ共有されているか、あるいは共同体としてどの程度団結しているかも状況によってさまざまである。とはいえ、一つ共通することがあるとすれば、それは、これらの組織が他者を知覚することによって結束した時期があることである。東南アジア諸国連合の場合、ベトナムおよびカンボジアの戦争に介入する近隣の強国が他者であった。東南アジア諸国が連合を結成した理由の一つは、これら強国に翻弄されることを避けるためであった[16]。アラブ連盟においては、第二次世界大戦時には枢軸国が、大戦終結以降はイスラエルやアメリカをはじめとする西側先進国が他者であり、それらを知覚することによって結束を強めた。

このような意味での他者は、ＥＵに加盟する諸国にも存在してきた。一九五〇年代の三つの共同体は、ドイツが潜在的に備える経済力と軍事力を効率よく制御するために設立されたといわれる。そうであるならば、それら三つの共同体は、ドイツの力を欧州共通の力に変換することによって安全と繁栄を得るための装置であった。とはいえ、このような装置はまた、ソビエト連邦陣営が東に隣接していたがゆえに生まれやすかった。そしてまた、アメリカの支援を受けつつ組織化することが、西欧諸国の価値と体制を守るうえで不可欠であると判断された[17]。

国際政治学者のシュミッターは、国家間の結束について次のように指摘している。「（結合する諸国家は）結合する目的の達成いかんにかかわらず、外部の国に対してともに立ち振る舞い、あるいはともに威嚇することによってその新しい共同体を活用しようとするだろう[18]」。諸国家の共同体は、弱者の同盟でもあるのだ。東西冷戦の終結後に加盟国は、中・東欧諸国への支援のほか、通貨や外交安保といった分野でも共通政策を模索した。その政治過程は、フランスやドイツをはじめとする諸国の国内要因や相互取引によって説明することもできよう。しかしそれとともに、加盟国は他者であるアメリカから自立して行動する機会をうかがってきた。「アメリカ化」に等しいグローバル化から、「社会的で文化的な欧州」を防衛する。あるいは「単独行動主義のアメリカ」には「多国間主義のわれわれ」は与しない。ＥＵ加盟国は、アメリカを他者とすることによって相互の結束を強めようとした[19]。

諸国家の共同体を考えるには、このように、共同体諸国と外部国との関係も視野に入れなければならない。さらにいえば、イスラム系移民等、共同体の領域内部にある特定の集団を他者化すること（othering）が、共同体の存在を正当づける変数になりえよう[20]。本書はこれらの動態を探究しないものの、これらがＥＵに与える影響を軽んじるわけではない。

ＥＵへの知的接近は、ＥＵの下で国家間統合が深化し、かつその加盟国が増加するにつれて広がりをみせた。多次元統治という観点は、そのような中で提起された興味深いものの一つである。これは、さまざまな政策分野での統治が、ＥＵ、加盟国および地方の各々の次元において、ならびに異なる次元間の相互作用を通じて展開されているという議論を生んだ。

このような議論は、ＥＵによる超国家的な統治の過程や、あるいは超国家的な統治に向けた加盟国の関与に焦点が当てられがちな状況へのある種の異議申し立てであった。ＥＵによる集権的な統治の限界やその非民主的な性格が感知されるにつれて、ならびに補完性および比例性の原則がＥＵに取り入れられるにつれて、それは新鮮味と説得力を兼ね備える観点として注目されるようになった。

ＥＵへの接近のあり方はまた、地球規模でみられる国家の変質という脈絡にも関連づけられている。すなわち、貿易、金融および情報等の分野におけるグローバル化は、各国が独自に政策を実施する裁量を狭めた。バスに乗り遅れまいとグローバル化に追従する国家は、黄金の拘束服を着せられているのである[21]。このような状況に、ＥＵはどのように関わってきたのだろうか。ＥＵはグローバル化の推進者として機能しているのか、もしくはその防御者として立ち振る舞うことがあるのか。ＥＵを推進者として位置づけるのであれば、現代欧州で深刻になった「民主主義の赤字」は、解決するべき課題というだけではないことになる。つまりそれは、課題であるとともに、「欧州」が生き延びるために犠牲にした帰結ということになる[22]。

さらに留意するべきは、ＥＵは現代的な意味での帝国であるという議論も興隆したことである。ここでいう帝国は、概念上さまざまに定義づけられよう。とはいえ、そこに共通するのは、国家間の関係が不均整なかたちで秩序づけられているという認識である。政策分野によって政治権力の形態にばらつきがあること、ならびに帝国の周辺部と域外の境界が不明瞭であること等が特徴となる[23]。

ＥＵに対してはこのような多様な接近があるのだが、それらは大方、ＥＵと現代欧州についての社会科学研究を豊かなものにしている。このような環境の下で共同体という旧来の概念を持ち出すことには違和感もあろう。とはいえ、たとえば多次元統治は、EU加盟国が共同体のような関係性を保ち続けているがために実現している。EUが仮にグローバル化の防御者となるのであれば、「何を」「何から」防御するかが、政策的のみならず、感覚的な次元でも共有される必要があるだろう。さらにいえば、ソーシャル・ネットワーキング・サービスが普及したこともあるのだろう、欧州の内外で利己主義的で排外主義的な言説が横溢している。このような状況にEUがどのように向き合うかは、共同体としてのEUの性格をおそらく左右する。このような理由から、共同体は、現代のEUを議論するうえでも一定の意味をもつ概念であると思われる。

なお、EUは帝国であるという議論については、本書の終章において少しばかり言及することになるだろう。

本書の構成

本書で抽出するのは、贈与、価値および先行統合という三つの様相である。これらの様相を各部で取り上げることによって、EUがどのような諸国家の共同体であり、かつそれがどのように変容しているのか解析を試みることになる。

本書の第Ⅰ部で取り上げる様相は、EUを〝贈与の共同体〟として捉えるものである。贈与は、フランスの社会学者であるモースが主著『贈与論』で提起した概念として知られる。第Ⅰ部では、この贈与という概念を鍵に、EU諸国間の関係を議論する。最初に取り上げるのは、主要機関の一つである理事会の決定制度である。理事会は、加盟国政府の閣僚級の代表者からなるEUの中核的な機関であるが、そのような機関で特定多数決と呼ばれる多数決制を用いる。その制度が導入される経緯、ならびに活用状況を省みることによって、国家間の〝譲りあい〟がEUの基底にあると論じる（第1章）。

そのうえで、改めて贈与の概念を加盟国間の関係に接合する。EUがどのように〝贈与の共同体〟であるといえるのか、また、伝統的な国際政治学はなぜ国家間の贈与を射程に入れてこなかったのかを考える。そのうえで、

〝贈与の共同体〟としてのEUが弛緩するようになった現況に触れる（第2章）。

第Ⅰ部の最後に注目するのは、EUの東方拡大、すなわち中・東欧諸国への拡大を開始する一九九〇年代前半の動向である。この時期においては、既存のすべての加盟国が拡大に肯定的というわけではなかった。ここでは、拡大にとりわけ慎重であったフランスが徐々に拡大を受容する過程を例示する。その作業を通じて、現在の共同体としてのEUがどのように築かれたのかを議論する（第3章）。

第Ⅱ部では、〝価値の共同体〟を主題にして近年のEU理解に努める。一定の規範やルールをその構成メンバーがどの程度共有できているかは共同体の存立を左右する。この意味において、加盟国とEUが「共通の価値」であると定める人権尊重、民主主義、平等および法治といった価値が共有される状況は、加盟国間の結束を図る指標となりうる。(24) ここでは、EUが域外の諸国・地域に展開する人権外交に着目にして、人権の規範がどのように共有および促進されているかを探究する（第4章）。

次いで、EUが設置した基本権庁に目を転じたい。二〇〇七年にすべての加盟国は、オーストリアのウィーンに基本権庁をおくことに合意した。この機関は、文字どおり人権保護の問題に対応するためのものであるが、具体的にどのような問題について、どの程度自立的に活動できるのか。設置に向けた争点、機関に与えられた権限および活動内容を概観することによって、人権保護がいかに実践されうるのかを展望する（第5章）。

続いて着目するのは、現代欧州で頻発するテロリズムへの対応である。テロに対応する意思と能力はEUでも高まりつつあるが、市民の安全を確保することは人権を不可避的に制限する。このような安全と人権のジレンマがどのように表れるかを、二〇一五年のフランスで起きたシャルリ・エブド事件の前後期に着目して概観する（第6章）。

第Ⅱ部の後半では、EUの共通の価値を構成する法治の問題を俎上に載せる。二〇一〇年代のEUでは、一部の加盟国が法治を侵食しているという理由で批判された。しかしながら、加盟国によるそのような侵食を抑制し、是正する効果的な手段をEUはもたない。自国の憲法裁判所や中央銀行の独立性を低下させたハンガリーの事例を題材に、ＥＵが対処しうる範囲を明らかにする（第７章）。また、ハンガリーと似た事例にポーランドがある。ハンガリーと同じ旧共産国であり、同じ二〇〇四年にＥＵに加盟した同国でも、憲法裁判所の任免をめぐる問題が法治原則に対する脅威であるとみなされた。この問題に対するＥＵの行動を引き続き考察する（第８章）。

第Ⅲ部で取り上げるのが、先行統合である。ＥＵでは、一部の国が先行して統合する制度が導入されている。「より緊密な協力」（「強化された協力」とも訳される）と呼ばれる制度がそれである。この制度が導入される以前においても、国境管理政策（シェンゲン協定）や通貨政策（ユーロ）の共通化等に際して先行統合が許容されてきた。そうした中で先行統合を制度化することは、ＥＵの共同体としての性格になんらかの影響を与えるのではないか。このような関心から、「より緊密な協力」がいかなる過程を経て導入されたかを議論する（第９章）。

このような議論の後に問われるべきは、「より緊密な協力」が実際に実行されている状況についてであろう。そこでこの点を把握するために、越境犯罪の取り締まり、家族法および特許保護という三つの分野における実行の試みを紹介し、そこにおいて提起された論点を整理する（第10章）。

以上の内容をまとめつつ、終章において〝諸国家の共同体〟としてのＥＵを展望する。ＥＵはこれまで、エリートや域内大国が主導する非民主的な組織であると批判されてきた。このような批判は、単一通貨ユーロの危機、他の加盟国からの移民の流入、雇用の伸び悩み、各国の伝統や文化の軽視、あるいはテロ対策の不調といった状況を受けて高まっている。ＥＵの将来をさらに不確実なものにしているのが、イギリスのＥＵからの離脱である。終章では、これらの動向とともに、〝共同体〟ＥＵがどのように変容したのか、またどのように再編しうるのかに言及する。

第Ⅰ部　贈与の共同体としてのＥＵ

欧州石炭鉄鋼共同体の設立条約に署名する６カ国の代表たち
（1951年，フランス・パリ）（AFP＝時事）

第1章　多数決制の起源と成立

――〝譲りあう〟欧州政治の展開――

EU理事会が多数決を用いることを、EUに加盟するすべての国家が了承している。この現象を国際政治学の伝統的な視点から説明することは難しい。

EUは、加盟国に代わって広範な政策分野で立法、行政および司法の権限を行使する。その中で理事会は、EUによる立法を審議し、採択するという核心的な役割を担っている。

EUの多くの政策分野では、理事会のみが立法過程に関わるわけではない。立法案を作成するのは、欧州委員会という別機関である。法案が採択されるには、欧州議会の承認を得る必要もある。しかしながら理事会は、EUの立法に携わる主要機関としては唯一、加盟国の代表者、それも閣僚級の代表者からなる機関である。(1) そのような代表者であるからには、自国の利益を徹底的に促進もしくは擁護しなければならない。それにもかかわらず、理事会では多数決が通常の決定手続きとして制度化されているのである。(2)

ウェストファリア・システムと呼ばれる近代国家の体制は、国家が各々に主権をもつという規範が支えてきた。政府間の組織が加盟国の全会一致で決定することは、この規範の延長線上にあるものである。たしかに政府間の組織が、全会一致ではなく単純多数決や「三分の二多数決」をもって決定することはある。とはいえ国連総会が典型であるように、その決定がただちに各加盟国の政策に変更を迫ることは通常はない。政策が変更されるには、各国議会による批准といった手続きをさらに踏む必要があるのである。EU理事会の場合、そのような手続きを踏む必要はなく、原則として決定がEUの立法に直結する。そのような分野はさすがに加盟国が締約する基本条約で定まっているものの、加盟国は、欧州委員会がいかなる立法案を提示するかを完全に予測することはできない。[3] 日常的に提出される立法案に、自国の意思を逐一反映させることもできない。加盟国にとって理事会は、自国が承服しかねる立法案を投票に付してしまう不確実な機関なのである。

　国際政治学では伝統的に、主権をもつのは国家のみであり、かつその状況が変化しないことを前提としてきた。力の政治（power politics）に特徴づけられる世界では、国家の形態が生存には最適である。このような明快な思考が、そうした前提の土壌になってきたのだろう。[4] しかしこうした前提にこだわるかぎり、理事会における加盟国の行動を説明することは難しい。というのも、票決で敗れることを甘受する加盟国は、主権を自ら放棄したことになりかねないからである。この状況を説明する最も容易な方法は、ＥＵ加盟国はすでに欧州連邦国家を形成していると理解することである。そうすれば、理事会の多数決は、単にドイツ上院と同様のそれを導入したにすぎないことになるからである。とはいえ、たしかにＥＵは連邦的な性格を備えるものの、連邦国家にまでは至っていない。それゆえに、理事会の票決をドイツ上院から類推することは尚早である。

　本章では、理事会の多数決制は「譲りあい」が国家間で表れ出たものであると考える。このような考えに基づいて、ＥＵが多数決を用いる意味を検討したい。

　譲りあいという言葉から連想するのは、人間による互いの譲りあいであろう。人間が共存するうえで必須であるこの営為を、[5] 本章では国家間の次元に応用する。ただし、そのような営為を国家が円滑にとれるとはみなさない。誰と何を、いつどのように譲るかは、人間の心理と複雑に結合している。そのような営為を、利他的な感覚を欠くようにみえる国家が器用に示せるようには思えないのである。[6] もっとも、国家が一部の隙もなく譲りえない組織と断じるべきでもない。そのような組織であることが自明ならば、国家はそもそも外交交渉など行わないだろうからである。ゆえに本章では、若干奇妙ではあるものの、一定の歴史的および政治的な条件が満たされた下では、多数決が譲りあいの手段になることもあると想定したい。

　なお、本章にいう多数決制は、特定多数決制（qualified majority voting）と呼ばれるＥＵ理事会独自の制度を指す。

理事会は、特定多数決制とは別に、単純多数決制も併用している。さらには全会一致制も残存する。理事会において全会一致制は、EUの基本条約を通じて徐々に特定多数決制に切り替えられた。それとともに、警察協力や防衛等、新たにEUが活動する分野では全会一致制が導入される傾向がある。これらの動態については、本章では触れない。

1　理事会の多数決制――概容と運用

原加盟である西欧六カ国が三つの欧州共同体、すなわち石炭鉄鋼共同体、経済共同体および原子力共同体に託した役割と権限は各々に異なっていた。とはいえ、そのいずれにおいても理事会は主要な位置を占めてきた。(7)

制度の概容

多数決制は、これらの共同体が設立された当初から導入されている。現行の制度は賛成国数と合計人口を要件とする二重多数決となっているが、これは、移行期間を経て二〇一七年から実行されているものである。ここでは、二〇一七年まで運用されていた制度を紹介しておこう。この制度では、次の三つの要件を同時に満たすことによって多数決が成立したとみなされていた。(8)

三つの要件とは、次のようなものである。第一の要件は、人口規模に合わせて異なる票数を各国に配分したうえで、賛成国の合計票が一定数に達することである。たとえば、最も人口の多い上位四カ国はドイツ、フランス、イタリアおよびイギリスであるが、これらに二九票ずつ配分される。次いで人口の多いスペインとポーランドは各二七票、七番目に多いルーマニアが一四票と徐々に減少する。そして、人口の最も少ない四〇万人ほどのマルタが、最少の三票となる。加盟二八カ国の票数を合わせると三五二票となる。このうち二六〇票の賛成を得なければならない。割合にして七四%ほどである。

第二の要件は、賛成国の人口の合計が、加盟国の総人口の六二％を超えることである。賛成国の人口を考慮する点では、第一の要件と同じである。もっとも、第一の要件では、人口の多い加盟国が不利となる票配分であった。上位四カ国のドイツ、フランス、イタリアおよびイギリスは、各々にマルタの一〇倍以上の人口をもつ。それにもかかわらず、マルタの一〇倍に満たない票数しか配分されていなかったのである。さらにいうと、上位四カ国の中でも、ドイツは八〇〇〇万人の人口であるにもかかわらず、六〇〇〇万人ほどである他の三カ国と同じ二九票であった。第二の要件は、このような不均衡をある程度是正しようとするものであったと察せられる。

第三の要件は、過半数の加盟国が賛成することである。つまり、二八カ国のEUでは一五カ国が賛成する必要があった。先の二つの要件は、各国の人口が考慮されていた。それに対してこちらは国の数である。人口の多少を問わず一国と数えるがゆえに、伝統的な国家間平等の原則に依拠する要件であるといえる(9)。

制度の概容は以上の通りである(10)。これら三つの要件を同時に満たすことは、たとえば国連総会が用いる諸国家の「三分の二多数決」に比べて難しいことが分かるだろう。しかしそれでも、多数決の一形態であることに変わりはない。自国を含むいくつかの国が反対であっても、他の大多数の諸国が賛成であれば、賛成諸国の意思がそのまま理事会の意思となってしまう。投票で負ける可能性を、すべての加盟国が受諾している制度なのである。

制度を運用する

投票で負ける可能性がある限り、立法案に賛成する諸国は「可決連合」を、反対する諸国が「否決連合」を各々に目指すことになる。ただし、加盟国が実際に反対票ないし棄権票を投じる機会は多くはない。多数決制を用いて理事会が承認する立法案は、年平均で一〇〇件から一六〇件ほどである。ハエス・レンショーとウォレスの研究によると(11)、一カ国以上が反対票か棄権票を投じたのは、そのうち二割の案にすぎないという。

両名の研究は、一九九九年から二〇〇四年までの期間を対象としていた。他の先行研究によると、より近年の動向も同様であるか、もしくは二割より低い数値さえ示している。たとえば二〇〇四年以降の三年間には、三一五の立法案が多数決制の下で承認された。反対票が投じられた事案は、このうち三七件であった。一二％弱という割合である。棄権票の方は一九件であり、六％となっている。[12]仮に反対票と棄権票を合わせても一八％ほどとなり、二割に届かないのである。名目上は多数決であるものの、その大半は、実のところ加盟国の総意に基づいて下されるのである。

反対票と棄権票の双方が多くない理由は二つ考えられる。一つに、理事会の承認を受けて成立するEUの立法は、その多くが加盟国の協力を得て初めて円滑に実施できる。[13]そのために理事会は、一部の国が協力に躊躇するような立法案よりは、すべての国が受容できる妥協的な案を採択する傾向がある。ある立法に強い抵抗をみせる国では、EU自体への反発も高めかねない。[14]理事会議長や法案提出者である欧州委員会は、このような事情を汲んで、多くの加盟国の賛意を得ようとする。国内の支持に敏感な各国政府も、自らが投票で負けた記録を残したくはないだろう。

もう一つの理由として、理事会構成員である各国の政府関係者間では、信頼関係が成り立ちやすい。日常的に提出される立法案を、彼らはともに審議する。その結果、とうてい合意できない立法案でない限りは合意しようとする空気が醸成される。[15]各国がEUに派遣する常駐代表の存在も大きい。彼らは、自国政府と打ち合わせを重ねつつ、立法案を作成および修正する欧州委員会担当者とも接触する。この回路を通じて委員会が、各国の事情を察知し、立法案に反映させることもあるという。[16]

こうして理事会では、反対票も棄権票もあまり投じられない傾向にあるのである。しかしながら、たとえこのような傾向にあるとはいえ、理事会による多数決制の運用を、全会一致のそれと同一視するべきではない。EUの基本条約が定める多数決制を受け入れた以上、加盟国は、可決連合から排除される圧力にさらされる。否決連合を結成できない圧力にもさらされる。こうした圧力は一時的なものではないため、国政選挙を経て新たに成立する国家政府も同じ圧力にさらされていく。立法案の命運を各国が握れる全会一致とは、意思決定への緊迫感が異なるのである。

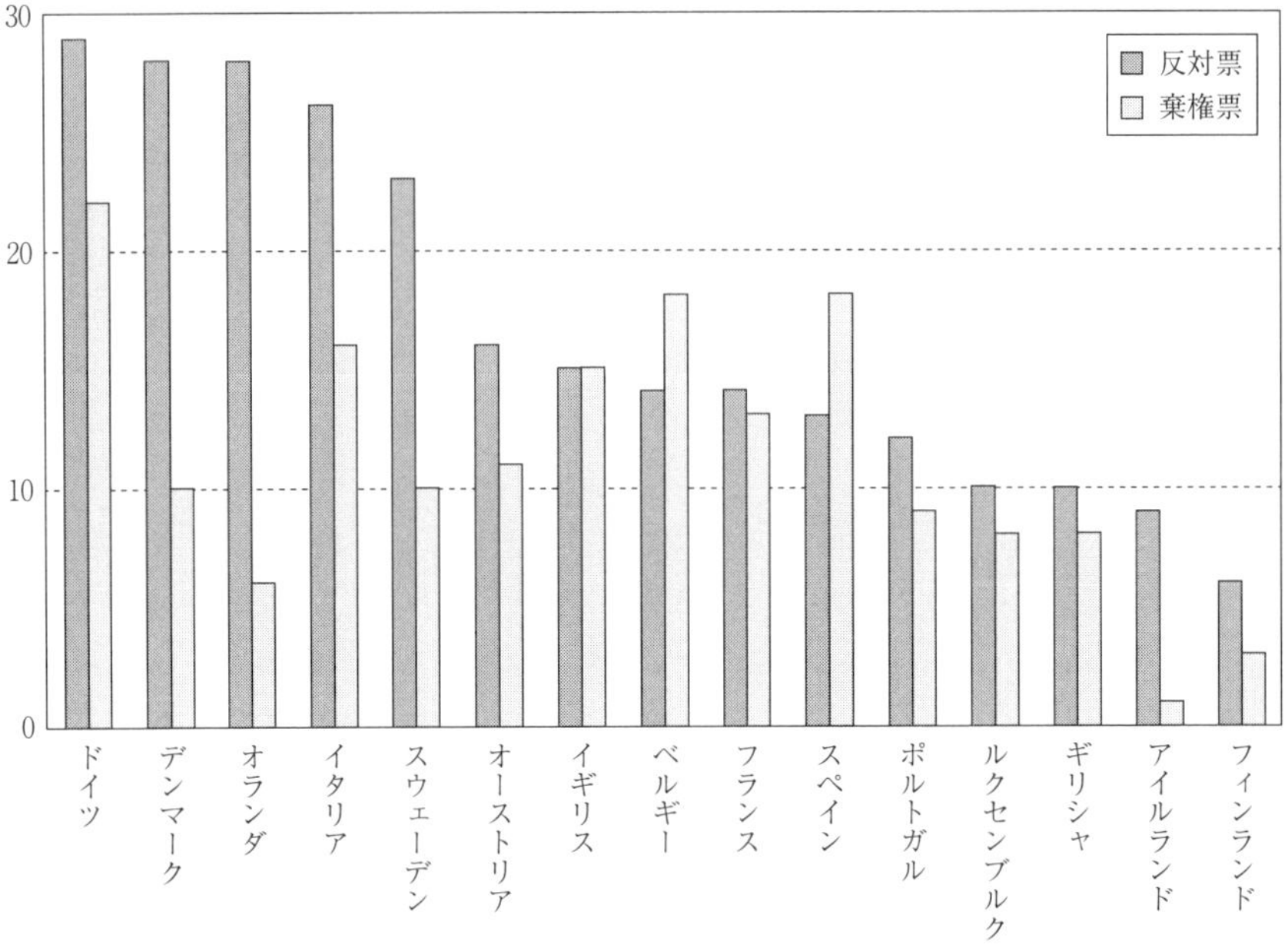

図1－1　加盟国による反対票と棄権票（回数，1998～2004年）

出所：Fiona Hayes=Renshaw and Helen Wallace, *The Council of Ministers*, second edition, Palgrave, 2006, p. 284, Table 10.4 に基づく。

ハエス・レンショーとウォレスによると、反対票と棄権票は域内市場や共通農業政策といった分野で投じられやすい。しかも、これらを投じる回数は、加盟国によってまちまちである（図1-1）。このような偏りはあるものの、すべての加盟国がそれなりの回数を投じていることは確認できる。留意したいのは、域内の大国であり、あるいは富裕国であるドイツ、イタリアおよび北欧諸国が多く投じていることである。これらの諸国が不賛成ながらも決定に従おうとする状況は、どこかノブレス・オブリージュ（高貴な者が負う義務）を想起させる。大国もしくは富裕国とみなせるあらゆる諸国が一律に多く投じているわけではない。けれども、このような側面が多数決を機能させるうえで鍵を握ってきたと考えられる。

　理事会においては、まずは総意を形成することが図られる。しかしながら、「可能なかぎり総意を形成する」ことと「総意を形成しなければならない」ことは同じではない。投票で敗れる可能性を互いに許容する「譲りあい」が、理事会における多数決を可能にしている。

2　石炭鉄鋼共同体の多数決制——無粋な出発

理事会の多数決制は、六カ国にとって初めての共同体である石炭鉄鋼共同体で早くも導入された。もっとも、当時の制度は洗練さに欠いた、中途半端なものであった。

石炭鉄鋼共同体における理事会の設置

石炭鉄鋼共同体の中核に位置づけられたのは、最高機関と呼ばれる執行機関である。六カ国は、石炭鉄鋼共同体の目的を達成するための独立した権限を最高機関にあてがった。六カ国は、最高機関の構成員の職務が「超国家性をもつ」ことも認めた。一方の理事会は、この最高機関の行動を「加盟国政府の行動と調和させる」[17]ために設置された。最高機関と加盟国を仲介する機関として、それは位置づけられたことになる。

フランス代表として石炭鉄鋼共同体の設立に尽力したモネは、理事会を設置することに否定的であった。透明な意思決定を志向することによって最高機関の正当性は確保できると、当初は楽観していたのである。しかしながら、他国の代表、とりわけベネルクス諸国の代表らがこれを設置するように求めた。彼らがその根拠としたのが、一九五〇年五月九日にフランス外相が発した、いわゆるシューマン宣言である。ベネルクスの代表らは、この宣言にある「（最高機関の）決定を上訴するための適切な措置を設けることになろう[18]」という一文を強調した。彼ら代表は、この「適切な措置」に言及しながら、各国閣僚が最高機関を統制する機関が必要であると主張したのである[19]。

モネの回顧録によると、最高機関の権限に対するベネルクス諸国の警戒は、予想を超えて強いものであった。石炭鉄鋼共同体の設立交渉期に朝鮮戦争が勃発したことは、国家的な権威や枠組みを政府代表らに再認識させることにもなった。このような情勢から、モネは、理事会を設置することに同意するのである[20]。理事会の正式名称は、特別閣僚理事会であった。その名称から深読みすれば、それはあくまでも特別に設置された理事会ということになる。

多数決制と各国の思惑

以上にみた理事会設置の経緯が、無粋な多数決制を生んだ遠因である。すなわち、設立交渉に参加した六カ国は、理事会の役割に対するイメージを十分に共有することができなかった。そのような状況が、理事会の決定方法にも反映されてしまったのである。

もっとも、理事会が部分的にではあれ多数決を用いることには、早期から基本合意があったようである。すべての事案を全会一致で決定するような理事会は、石炭鉄鋼共同体の活動を停滞させかねないからである。理事会の設置を求めたベネルクス諸国が、最高機関を重視するモネに配慮した側面もあっただろう。とはいえ、いかなる多数決制を構築するかについて、各国の意見はかなり隔たっていた。

多数決の票配分を、石炭鉄鋼の生産量に比例させる。このように考えたのは、ドイツ代表である。同国の生産量は、六カ国中最多であった。六カ国合計で二億九〇〇〇万トンとなる年間生産量のうち、同国は、半分近い四六％の生産量がある。当時は国際管理下に置かれていたザール地方を除いて、これだけの生産を誇っていたのである（図1-2）。したがって同国が、理事会での発言権を確保するために生産量に着目したのは自然であった。ドイツおよびフランスに次ぐ三番手の生産量であるベルギーも、同様の考えをもっていた[21]。

他方、このような配分に反対したのがイタリアとオランダである。石炭鉄鋼の生産があわせても五％ほどしかない両国は、生産量ではなく消費量を反映する票配分となるべきであると提起した。オランダはまた、各国に平等に配分することも説いている。最高機関の構成員数は、フランス、ドイツおよびイタリアの域内三大国に有利な配分であった。オランダは、理事会の票配分でも不利になることを警戒したと察せられる。

票配分の問題を、モネは次のように捉えている。「これまで経験していないことに一歩を踏み出すのは、多くの者にとってあまりに危険である。拒否権は、大国間の関係における安全弁であり、小国の大国に対する安全弁でも

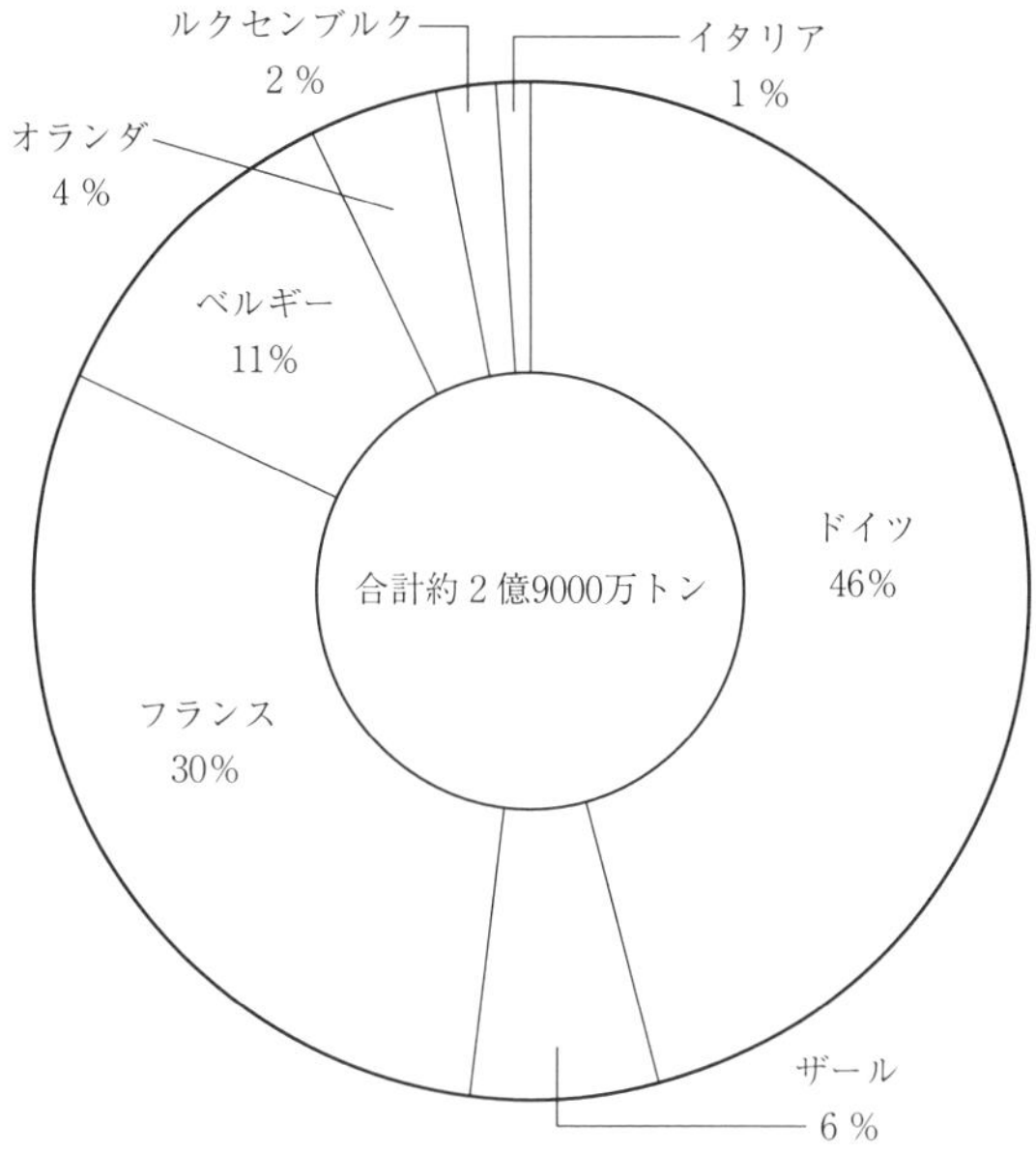

図1－2　6カ国とザール地方の石炭鉄鋼生産量（1950年）

出所：P.-H. J. M. Houben, *Les counseils de minitres des communautés européennes*, A. W. Sythoff, 1964, p. 42.

ある」[22]。多数決制を導入することは、大小を問わずすべての関係国にとって生みの苦しみとなる。このことを、モネは理解していた。

交渉を経て各国が合意した制度は、政治的な妥協がにじみ出たものとなった。一例を挙げると、理事会が独自に決定できる事案と、最高機関の決定に理事会が同意を与える事案とで決定方法が異なっている。これらの双方の事案について、石炭鉄鋼共同体設立条約は、二つの要件が満たされれば採択できると定める。一つは、過半数の加盟国が賛成することである。あと一つは、共同体における石炭鉄鋼の総生産のうち、二〇％以上を生産する一カ国が賛成することである。ここまでは双方の事案ともに同じであるが、最高機関の決定に同意するという後者の事案にのみ、緩やかな要件を付加している。すなわち、過半数の加盟国の賛成が得られない場合であっても、二〇％以上の生産国を二カ国含む半数の加盟国が賛成するのであれば、理事会として決定できるとする[23]。何とも無粋な制度であるといえよう。

この制度を無粋にした根源は、二〇%以上という基準を設けたことにある。この基準に明らかに合致する加盟国は、ドイツとフランスの二カ国である。図1-2によると、フランスは、ザール地方を除いても全体の三割を生産している。他方において、三番手のベルギーは、一割ほどの生産にとどまる。つまり、フランスとドイツのみが、確実にこの基準にみあうことになる。そして、当該分野の産業構造が根本的に変化しないかぎりは、両国のみがこの基準に合致し続ける、と予測できるのである。

二〇%という基準を設定したのは、容易に想像できるように、フランスであった。モネは、次のように回想している。「私は、これによって誰が最大の利益を得たかをいぶかることはしない。(…)。従うべきは平等という物差しであり、計算や取引などはこれにそぐわない(24)」。票の配分に当たって大事なのは、損得などではない。平等こそが大事なのである、というわけである。ただし、ここでいう平等は、六カ国間の平等ではなかった。それは、母国フランスおよび隣国ドイツの二国間の平等を意味していた。ドイツが最初、票数を生産量に比例させる考えであったことはすでに触れた。そのような票配分に賛成しなかったのが、モネである。モネによると、生産量に比例させれば、ドイツを「過度に有利な」立場においてしまう。「(シューマンによる)五月九日の宣言の精神にもそぐわない逆差別」とさえなる(25)。そのような状況を避けるために、モネは、ドイツのアデナウアー首相を説得して二〇%基準に落着させた。

「二〇%以上の生産国」がこの二カ国を指すことは、これら両国の思惑が、理事会の決定を大きく左右することを意味する。これら両国のいずれにも、国連安全保障理事会の常任理事国が享受するような類の拒否権はない。しかしそれでも、一部の国家に特別の地位を与えたことは、石炭鉄鋼共同体が「共同体」を名乗るだけに不恰好であるといえよう。

石炭鉄鋼共同体設立条約によると、理事会が多数決制を用いる事案は、全部で一六である。それに対して、全会一致を要する事案は一七にのぼる。こちらの方が多いばかりでなく、対外関税率の決定など重要なものも、すべて全会一致を要することになっている。このような割振りは、条約の起草時における各国の取引の結果であっただろう。すなわち、ドイツと同等の地位を欲するフランスが、二〇％以上という名をとる。他方、少数の大国による専制的な統治を警戒するベネルクスは、全会一致という実をとった。このような取引である。

いかなる取引が実際にあったかは分からない。もっとも、そのように勘ぐられるまで瞭然さに欠いたのが石炭鉄鋼共同体の理事会であった。いずれにせよ、曲がりなりにも六カ国は、多数決制を備える理事会に合意した。国家間で「譲りあう」政治は、不恰好な形ではあるものの、石炭鉄鋼共同体の設立時に起源をもっていた。

3　経済共同体の多数決制——簡明な制度へ

経済共同体に目を転じよう。石炭鉄鋼共同体の六カ国は、経済共同体を新設するに際して、経済共同体独自の理事会を置くことにした。この理事会は、加盟国代表からなる共同体の主要機関であった点で石炭鉄鋼共同体の理事会と共通する。もっとも、多数決を用いる事案は純増した。くわえて、制度自体もより洗練されたものとなった。

経済共同体理事会の役割

経済共同体理事会の多数決をみるうえで注意するべきは、それが石炭鉄鋼共同体理事会よりも重要な役割を負わされたことである。双方の理事会の役割の違いは、およそ双方の共同体の運営手法の相違に拠っている。六カ国は、石炭鉄鋼共同体の最高機関に高度に自立的な権限を与えた。それが可能であったのは、石炭鉄鋼分野に活動を限定していたことが大きい。他方、経済共同体が取り組む課題は、共同市場の構築をはじめ、より広範囲にわたる。しかも、それらの課題の多くは、石炭鉄鋼共同体以上に慎重かつ漸進的に対応するべき性格のものである。このような理由から、石炭鉄鋼共同体最高機関に比肩するはずの経済共同体委員会には、最高機関ほどの権限が与えられなかった。その結果、経済共同体理事会の比重が高まることになる。

六カ国が合意した経済共同体設立条約は、「加盟国の一般的な経済政策を確実に調和させる」役割を経済共同体理事会に与えた。このような役割は、石炭鉄鋼共同体理事会とさして変わらない。しかしながら、条約はさらに、「決定権限を行使する」役割も与えている[26]。ここに理事会は、立法案の採否を決するという核心的な役割を担うこととなった。

このような理事会の役割については、経済共同体を構想した各国代表らが早期から合意していた。この周到さが、経済共同体理事会の多数決制を簡明にしえたと考えられる。経済共同体の青写真を描いたのは、一九五五年から翌年に招集された六カ国の政府間委員会であった。この政府間委員会――議長を務めたベルギー外相の名を冠して「スパーク委員会」と呼ばれる――は、外相会議に提出した報告で次のように述べている。「一般的な対策を練ることは、加盟国の権限であるために、共同市場の運営に決定的な影響を与えてしまう。したがって、一般的な政策をめぐる（経済共同体委員会という）共通機関の提案に迅速に合意し、かつこれを的確に調整しなければならない[27]」。加盟国が運営に直截に干渉するような経済共同体は望ましくない。そのような状況を回避するには、経済共同体委員会が作成する立法案が、加盟国によって効果的に受諾される工夫が必要である。このような関心から、スパーク委員会は、各国代表が集う理事会が多数決制を用いることを勧告するのである。「（経済共同体委員会という）共通機関の提案に依拠しながら、つまり客観性を確保しながら、全会一致というルールを特別の場合や一定期間の経過後に撤廃することは可能であろう[28]」。

客観性のある経済共同体委員会の提案を、理事会が可能な限り多数決で採択する。このような経済共同体の制度構想を、六カ国は早期より共有できていた。制度構想の共有に苦心した石炭鉄鋼共同体とは対照的であった。

多数決制の論議

スパーク委員会後に六カ国が合意した理事会は、次のような多数決を用いることになった。ドイツ、フランスおよびイタリアに各四票、オランダとベルギーに各二票、ルクセンブルクに一票を配分する。そして、以上を合計した一七票中、一二票の賛成があれば理事会の決定とする、というものである[29]。

これは、委員会の提案に基づいて決定する場合である。委員会提案に基づかない場合には、さらに、六カ国中少なくとも四カ国の賛成を得るという要件が加わる[30]。一二票の賛成は、各々が四票をもつ三大国のみで集まってしまう。委員会の提案に基づかない場合には、三大国のみで成立させないようにしたのである。条約上は、委員会の提案に基づいて決定するべき事案が圧倒的に多くなる。

このような多数決の制度は、ドイツ上院のそれを想起させる。一九四九年に公布されたドイツ憲法は、人口に応じて異なる票数を国内各州に配分した。そして、一定の賛成票が集まれば、それをもって上院の決定とするのである[31]。このようなドイツの決定方法は、経済共同体に先立つ「政治共同体」の設立計画で意識されていた[32]。政治共同体は設立に至らなかったものの、意識そのものは経済共同体へと継承された。

こうして経済共同体の多数決制は、石炭鉄鋼共同体のそれに比べると分かりやすいものとなった。ただし、六カ国が即座には合意できなかったことにも触れなければならない。とりわけフランスとオランダは、容易に賛同しようとはしなかった。

これら両国が賛同できなかったのは、個別の事情による。フランスは何よりも、共同市場の段階を多数決で進めることに否定的であった。六カ国は、一二年を費やして共同市場を築くことに基本合意していた。四年ごとの三段階に分けて進めるのが、その計画の内訳である。このような段階を計画する中、フランスは、第一段階の最終年に、多数決ではなく全会一致の決定をもって次の段階に移行する必要を訴えたのである。同国のピノー外相によると、それは、拒否権を保持するための全会一致ではない。あくまでもそれは、第二段階への準備が整ったことを、責任のある加盟国政府として保証するための措置であった[33]。

フランスの訴えにも理はある。第一段階において各国は、一九五七年当時の関税率から原則として二五％を引き下げることになる。他の加盟国からの輸入については、第二段階の開始までに内国民待遇を設ける義務も負う。このような作業を円滑に実施していくには、国内の管轄機関の協力を仰がざるをえない。すべての加盟国が納得したうえで第二段階に移行することも肝要なのである。

オランダは、多数決制の導入は原則として許容しながらも、「四―二―一」の票配分を問題視した。この配分では、自国とベルギーが三大国の半分の票しかもたない。その結果、相対的に有利となる三大国が、理事会の運営に強い影響をもつことになる。オランダは、そのような状況を憂慮した(34)。

両国の姿勢は以上のようであったが、政府間の協議を経て妥結したのである。フランスの訴えを受けた五カ国は、第二段階への移行を、状況に応じて二年まで延期できることにした(35)。オランダについては、委員会の提案は全会一致でのみ修正できることを確認した。提案を容易には修正させないことによって、三大国の影響を抑止することができる。同国をこのように説得した(36)。

フランスと妥結し、オランダを説得できた一端は、経済共同体の制度イメージを六カ国が早期から共有できたことにある。ピノーと協議したドイツのブレンターノ外相やオランダのルンス外相は、全会一致を極力排除しようとした(37)。両外相によると、全会一致は、「共同市場の感覚とエスプリ」とは両立しえないものであった。あるいはスパークも、後に著した自伝の中で次のように述べている。「国際連盟を破綻させたのは、全会一致のルールであった。全会一致を含意する拒否権は、国際連合の安全保障理事会の力も弱めてしまっている(38)」。国際連盟が重要な事案を決定するには、連盟の理事国からなる連盟理事会（もしくは連盟加盟国からなる連盟総会）の全会一致が必要であった。国際連合の安全保障理事会においては、常任理事諸国が拒否権を応酬する状況であった。スパークは、全会一致を当然視する組織はその目的を達成できないと評価するのである。彼の自伝によると、スパーク委員会の他のメンバーも同様に評価していた。「経済共同体設立条約の起草者らは、危険を感知していた。多数意思が優勢となるべきであり、全会一致の決定は例外的な状況に限定するべきである、と彼らは考えていた」。続けて、このような考えこそが「大きな前進」であり、「特定多数による決定を受容する重要性を高める」ことに寄与した、と述懐するのである(39)。

経済共同体の目的と運営手法は、国際連盟および国際連合のそれと相違する。国際連盟と国際連合は、主には集団安全保障のための組織である。六カ国が経済共同体を設立した背景にも、欧州地域の安全保障に対する願いはあった。とはいえ、当時の六カ国は、経済共同体が軍事分野で活動することを想定したわけではない。したがって、双方の国際機関における意思決定のあり方を単純に比較しても仕方がないであろう。しかしながら、それでもスパークは、国際連盟や国際連合の経験から多数決制を求めた。いかに経済中心の統合であれ、運営に際して国家政府の政治判断を要する点では、経済共同体もそれほど変わりない。スパークは、このような意思決定の本質に切り込んだのである。

スパークは、石炭鉄鋼共同体の多数決制を模倣しないことに自覚的であった。彼によると、石炭鉄鋼共同体の票配分は、各国個別の状況を斟酌することに失敗している。経済共同体理事会の多数決が「実情と調和する票配分」となるように求めたのは、そのためであった[40]。「実情と調和する配分」が何を意味しており、それが経済共同体にいかに反映されたかは明らかではない。しかしながら、彼のこのような意識が簡明な多数決制に資したことは推察できよう。

4　「ルクセンブルクの妥協」とその後

ストレスとしての「譲り」

可決連合の成立をもって決定できる事案であっても、まずはすべての加盟国の総意を得ようとする。理事会におけるこのような傾向は、三共同体が設立された当時からあったようである。経済共同体委員会で長らく事務局長を務めたノエルは、次のように証言する。理事会が多数決によって決定できる機会は、一九六〇年代半ばまでに一〇〇を数えた。しかしながら、実際に票決を行ったのは、うち一二回にすぎなかったのである、と[41]。この証言に従えば、当初から加盟国の総意を重視する傾向にあったことになる。

ただし、見方によっては、一二回という数は少なくはない。六カ国という限られた顔ぶれであるがゆえの多数決の難しさがあっただろう。それを考えると、一〇〇中の一二という割合は、むしろ、多数決の実践を促すスパークらの期待に沿っていたとさえ捉えられる。しかも、経済共同体委員会の委員長は、委員会に加えて欧州議会――当時は「総会」である――の権限強化を図ったハルシュタインであった。加盟国は、このハルシュタインの委員会の下で、意思決定の圧力をしばしば受けたであろう。

加盟国が圧力を受けるという脈絡から想起するのが、フランスのドゴール政権がもたらした空席危機である。あるいは、時代が下るものの、イギリスのサッチャー政権の動揺も、類似する例として挙げることができる。

フランスがもたらした空席危機は、経済共同体の農業政策をめぐる同国の不満に端を発するものである。同共同体の設立後に発足したドゴール政権は、自国の農業を保護するためにその共通農業政策を利用しようとした。しかしながら、多くの加盟国は、ドゴールの意図に賛同しなかった。しかもハルシュタインが、当該分野に欧州議会を関与させつつ、固有財源の導入や基金の運営などを理事会の多数決で決定させようとしたのである。(42)ドゴールはそもそも、経済共同体が加盟国から自立して活動することに否定的であった。(43)このような背景から、フランス政府は、経済共同体機関の会合をボイコットするようになった。

一九六五年の夏から半年続いたボイコットは、(44)各国外相が妥協したことによって一応の終結をみた。それは理事会が、委員会の提案に基づいて多数決を用いるにあたり、「一カ国以上のきわめて重要な利益が危うい場合」の政治的な妥協である。フランスは、そのような場合は、全会一致が達成されるまで協議を続けるべきであると主張した。同国の主張に他の五カ国は同意しなかった。しかし実質的には、その主張を撤回させるには至らなかったのである。

この妥協――成立地から「ルクセンブルクの妥協」と呼ばれる――は、国家間において多数決を用いることがいかに難しいかを物語っている。たしかに共同市場においては、多数決を多用する段階に近づいていた。ハルシュタインも公言したように、(45)理事会に対する委員会の影響力も強まるはずであった。経済共同体におけるこのような変化を防いだわけであるから、「妥協」は、フランスの望む形での妥協ではあった。しかし逆にいえば、フランスは、「妥協」を要求せざるをえないほど、多数決制にストレスを感じていた。

同国のクーブドミュルビル外相は、国民議会を前にして、次のように言明している。「とくに対立が政治的なものであり、自らの手に負えないような時に、委員会は自らの観点を押し付けるべきではない[46]」。これは、ボイコット中の言明である。より後年には、以下のように述べた。「きわめて重要な問題であるにもかかわらず加盟国に強要しようとする共同体は、存続することができない[47]」。いずれも端的にではあるものの、そのようなストレスを吐露しているといえる。

のちのサッチャー政権も、同様のストレスを感じとっただろう。一九七三年に経済共同体に加盟したイギリスは、他の一部の加盟国とともに「ルクセンブルクの妥協」を有効視していた。そのような中で、「妥協」を無効とする理事会が現れるのである。すなわち、一九八二年五月の理事会は、共同体域内の農産物価格を決定するために招集されていた。サッチャー政権で農相を務めるウォーカーは、その協議中に例の「きわめて重要な利益」に言及した。それにもかかわらず、議長国ベルギーのケールスメーカー農相が票決に踏みきったのである。イギリスは、慌てて反対票を投じた。別の二カ国は、棄権にまわった。しかしながら、賛成票数が共同体条約の規定に達したことを理由に、ケールスメーカーは、提案が採択されたことを宣言した[48]。

イギリスの動揺は明白であった。当時の状況を分析した金丸によると、票決時に怒声を飛ばしたウォーカーは、経済共同体の政策決定過程への信頼を失ったと語っている。同国のピム外相は、経済共同体に加盟する条件が変化した事件であったと指摘した。サッチャー首相も「まったく先例のない出来事」と位置づけ、「検討しなければならない重大問題をかかえた」と述べたのである[49]。域外国アルゼンチンとの戦争を遂行中であったイギリスは、ドゴールのフランスのように、EC機関の会合をボイコットするまでに至らなかった。とはいえ、「妥協」が突如として無効とされた衝撃は大きいものであった。

多数決制の強靭さ

以上にみたように、加盟国にとって多数決は、ストレスと動揺の原因となりうる制度である。すべての加盟国にとって、あらゆる政策分野において、それが恒常的に原因となるわけではないだろう。しかしながら加盟国は、自らが主権をもつと意識する組織であるだけに、票決で敗れる可能性には神経質にならざるをえないのである。

それにもかかわらず、加盟国は、現在に至るまで多数決制を廃止していない。それがどのように運用されているかは、すでに触れた通りである。「妥協」は、結局のところ、完全に効力を失ったのである。

「妥協」が効力を失う主な背景は、一九七〇年代の経済不況を脱せないという焦燥にあった。一九八五年に組織された臨時の政府間委員会は、「経済成長を回復させた日本およびアメリカとは対照的に、欧州は一四〇〇万人にのぼる失業者を一〇年たっても減らせていない」[50]と危機感を露わにした。「真の域内市場」を築くには「多数決こそ要請される」と報道するメディアも現れた。[51]このような情勢を受けて、加盟国は、欧州経済の再生を図る手段として多数決に回帰していくのである。

多数決に回帰する決意を示したのが、翌一九八六年の単一欧州議定書である。議定書において加盟国は、域内市場のために各国の法律を接近させる必要を認めた。そのうえで、そのような接近を多数決によって進めることに合意したのである。[52]ただし、すべての国が、多数決による決定を無条件に許容したわけではない。とりわけイギリスとアイルランドの要求に従い、多数決を是認しながらも国内法が優先される可能性を残すことになった。[53]

イギリスはしかも、「妥協」が依然として有効であることを折に触れて強調した。単一欧州議定書の批准を審議する同国下院において、ハウ外相は、「最終手段としてのルクセンブルクの妥協は、実際何も変更されておらず、影響も受けていない」[54]と述べた。その後も一九九〇年のハード外相が、あるいは一九九四年のチョーカー開発相さえもが、「妥協」の存在に言及するのである。[55]しかし他方では、同国は「妥協」の効力を主張しつつも、多数決の範囲が拡がることには反対しなかった。そのような妙技を、同国は、一九九二年のマーストリヒト条約をめぐる交渉でもみせたのである。

「妥協」が実際に効力を失ったのは、一九八〇年代半ばを境にしてである。ある観察者によると、「きわめて重要な利益」に言及する加盟国が理事会の決定を阻めたのは、一九八五年六月のドイツが最後である。その三年後にギリシャが言及したものの、諸国の理解をえられず失敗に終わっている。[56] 欧州の経済情勢に危機感をもつ多くの加盟国は、迅速に域内市場を築くことに賛同した。そうした諸国を中心に、「妥協」は遺物と化していった。

さらには、いわゆる補完性原則も注目を集めていた。[57] 国家を含む下位組織の自立性に配慮することから、この原則が「妥協」に代わりうる手段とみなされたふしがある。「妥協」は、このような状況の中で静かに退場していったのである。[58]

省みれば、多数決を諦めることは、加盟国にとってそれほど困難ではなかったはずである。ウェストファリア・システムの下では、国家を拘束するあらゆる事案は全会一致で決定されることが通常の姿である。加盟国がストレスを感じてまで「譲る」必要は、本来的にないわけである。にもかかわらず、多数決で決定するべきという要請が、「妥協」後も相次いだ。程度の差はあれ、以下に挙げた決議や報告は、そのような要請の一部をなしている。一九六六年三月の欧州議会決議、一九七二年三月のアドホック会議報告（ブデル報告）、一九七四年一二月の加盟国首脳会議声明（パリ・コミュニケ）、一九七五年のチンデマンス・ベルギー首相による『欧州同盟についての報告』（チンデマンス報告）などである。[59]

前出の臨時の政府間委員会のように、そのような要請を行うことに失敗した例もある。[60] もっとも、そのような例は多くはない。全般的には、多数決を求める声が脈々と発せられた。それが欧州次元の言説となり、ひいては「妥協」を相対化する役割を担うことになった。ＥＵ加盟国が「譲りあう」余地は、こうして生き残ったのである。

5　ＥＵのアイデンティティとしての多数決

加盟国による「譲りあい」の作用に留意しながら、各国の閣僚級の代表からなる理事会の多数決制がいかに導入され、かついかなる含意をもつかを考察してきた。石炭鉄鋼共同体の特別閣僚理事会では、その制度はかなり不格好であった。より洗練された制度となったのは、次の経済共同体の理事会においてであった。

理事会に代表を送り込む加盟国は、多数決制の下でも総意を見出そうとする。しかしながら、全会一致の保証がないことは、各国の日常的なストレスとなる。ドゴールとサッチャーの両政府のみが、多数決にストレスを感じ、あるいはそれに動揺したわけではないだろう。ＥＵの基本条約は、この四半世紀の間に幾度も改定された。そのたびに加盟国は、多数決が適用される範囲、成立の要件および票数配分をめぐって対立している(61)。

それでも加盟国は、多数決制を保持してきたのである。経済不況をめぐる焦燥感がその核心的な動機であったことはすでに触れた。単一市場を築くという目的を諸国が共有できたがために運用しやすかったこともたしかだろう。とはいえ、ひとたび不況を脱し、単一市場を完成させた後も、多数決制は運用され続けた。そればかりか、経済以外の政策分野でも多数決制を用いるようになっている(62)。ここに多数決制は、ＥＵのアイデンティティとして定着しているのである。

多数決制の定着は、国家に利益のみをもたらすわけではない。国家間の多数決は、たしかに諸国による集団的な意思決定を円滑なものにしうる。その一方で、それは、国家単位の民主主義を弱めかねないであろう。理事会の審議には、国家代表者間の外交交渉という側面がある。そうである以上、理事会の決定に国内政治と同等の説明責任を求めるには限界があることもたしかである。

多数決が、ＥＵ以外の地域にも適用できる政策オプションであるとは即答できない。これを制度として導入することは、固有の歴史経験をもつ欧州であったがゆえに可能であったとも考えられるからである。キリスト教会の支配や絶対王政から近代の国民国家を建設したことは、主権を相対視する独特の思想基盤を提供した(63)。二〇世紀前半の二度にわたる世界戦争で国家の限界を先駆的に学習したのも欧州人であった。ＥＵの多数決を、こうした史的脈絡を抜きに語ることは難しいだろう。

第2章　贈与の共同体としてのEU
——組織原理の一面——

この章では、EUを贈与の共同体と位置づけることによって、従来見すごされてきた一面に接近してみたい。

EUのいかなる面が見すごされてきたのか。EUをめぐる議論には、大別して二つの潮流があった。一つは、加盟国とEU機関をはじめとする諸々の行為主体が、EUの制度をいかに創造し、あるいは変化させるか、という関心である。あと一つは、EUの制度的枠内において行為主体がいかなる行動をとるか、という関心である。いずれも重要な関心ではあるものの、EUが組織化される原理に十分な注意を払えているわけではない。その原理とは、主要な行為主体である加盟国が自ら身を削るという原理である。加盟国が自ら身を削ってこそ、EUは諸国家の共同体として存続しうる。この原理は、ヨーロッパの国家間にのみ該当するわけではないだろう。それは、地域の次元のみならず、よりグローバルな次元における国家間統治を実現するうえでも要件となりうる。しかしながら、緊密な相互関係を築いた加盟国であるがゆえに、EUはその原理を観察しやすい典型的な組織であるように思える。

贈与の概念が、このような本章の目的を遂行するうえでの起点となる。この概念を世に広めたのは、フランスの社会学者マルセル・モースであった。一九二五年に発表した『贈与論——太古の社会における交換の諸型態と契機』（以下「贈与論」とする）の中で、彼は、アメリカ北西部からポリネシア、メラネシアに及ぶ部族集団の営為に着目した。これらの営為を贈与として概念化することによって、集団内や集団間の関係がいかに秩序づけられているかを論じている[1]。本章は、EUの見すごされている一面を照射するためにこの概念を活用するものである。

1　国家間の贈与——モースからの展開

市場の営為、贈与の営為

モースの贈与論は、ポトラッチと呼ばれる競覇的な行いをはじめ、さまざまな要素を包含している。しかしながら、それが長年にわたり注目を集める最大の魅力は、贈り、受取り、かつ返礼するという一連の営為が、人間の社会生活にとって普遍的な意味をもつことを示唆するからである[2]。贈り、あるいは返礼する中身は、多岐にわたる。農産品や毛布などの生活用品、装飾品の他、女性や奴隷が集団間で授受されることもある。ただし、授受される中身には、副次的な重要性しかない。贈与論は、営為が続くこと自体に価値を置く。

贈与の営為は、市場の営為とは区別される。モースによると、市場における交換を決定するのは、資本家やビジネスマンによる「冷徹な」損得勘定である。そこでは、「純粋に打算的で、個人主義的な」経済が優勢となる。他方において、贈与は、このような損得計算や打算とは異なる土壌の上に成り立つ。すなわちそれは、すでに何かを受取ったと知覚するがゆえに行われ、かつ保たれる[3]。

このように贈与論は、収支が不均衡な状態にあることを前提としている。そして、この不均衡こそが、人間やその集団が共同体を保つための核心にあると考えるのである。このことは、われわれの身近にある町内会やアマチュアの運動サークルを想起すれば分かりやすい。というのも、これらの組織が円滑に活動を続けるには、通常、誰かが幹事役を引き受けなければならない。一部の成員が他の成員以上の仕事を担う——つまり、贈る——ことによって、初めてその組織は、安定的に運営することが可能となる[4]。

社会学者の小坂井は、贈与は合理性を積極的に破る姿勢から生まれると述べて、次のように続ける。「相手が何をどれだけ必要としているか、贈る側にどれだけの能力や余裕があるかによって贈るべきものが決まる」[5]。「お互いに信頼すればするほど、人と人との間に行われる交換の収支決済は曖昧でよい。信頼があれば、公平な決済が保証されると言うのではありません。その反対です。収支均衡がとれるかどうかなど問題にならない、それどころか収支の不均衡を積極的に受け入れられる状態を信頼関係と呼ぶのです」(6)。信頼というものは、収支の不均衡を前提として成立するという指摘である。

この指摘を言い換えるならば、損得に基づいて行動するような集団では共同体を保持できないことになるだろう。もっとも、贈与の形態と多寡を、その営為に関わらない第三者が評価することは難しいに違いない。誰かがある特定の相手にプレゼントを渡す時、その中身と価格が適切であるか第三者が判断することは容易ではないのである。ゆえに第三者は、贈与があることはかろうじて観察できようが、贈与の当事者ほどの感得をもつことはできないであろう。

国家間の贈与と手段

贈与がもちうるこのような性格に留意しながら、贈与論を本章の問題関心に接合したい。

本章で仮定するのは、次の二点である。モースが着目したのは、西欧化をいまだみない、部族集団における贈与であった。それとともに、彼は、国家によっても贈与は行いうることを示唆している。その示唆に基づいて、本章は、国家間でも贈与の関係は築くことが可能であるとする。これが、第一の点である。

国家による贈与にモースが言及するのは、贈与論の結論部においてである。そこにおいてモースは、母国フランスを念頭に置きつつ、人々の相互扶助や企業の共済組合だけでは贈与は成り立ちえないと論じた。とりわけ労働者は、その生活と労務を社会および雇用主に提供している。それに対して、雇用主が賃金を払うのみでは返礼したことにならない。したがって、「共同体を代表する」（モース）国家が、雇用主とともに不足分を補わなければならない。具体的には、労働者の失業、疾病、老齢および死亡に際しては国家が援助するべきであるとする(7)。

このようにモースは、国家による贈与を労働の論理から根拠づけている。しかしながら、諸国家の間に存在しうる贈与については、ほとんど何も論じていない。「部族らは、殺しあうことなく対峙し譲りあうことを学んだ。諸階級、諸国家および諸個人も、この文明世界において学ぶべきである」(8)。このように道義的な見解を述べるのみである。部族と国家、とりわけ立憲的で民主的な性格を備える国家が組織上相異する点は、多々あろう。とはいえ、部族のみが贈与の当事者資格を備えているとは必ずしも言えないはずである。贈与においては、所有するなんらかのものを、まずは自ら手放す。手放した場合、自らはその分、以前よりも弱体化する。けれども、相手も同じようにその所有物を手放すのであれば、互いに安定した関係が保持される。このような力学は、国家間でもあってしかるべきである。

すでに触れたように、部族が贈与するのは、しばしば物品であり、あるいは女性らであった。国家間において贈与があるとすれば、贈与のリストには異種のものが含まれよう。財政、金融、技術、食糧および住居等を支援することが、その中心を占めるはずである。これらの支援の中で、受け手が贈られたと知覚するものが贈与となる。人道援助や無償の開発援助が、その典型であるように考えられる。

第二に仮定するのは、贈与の手段である。贈与は、通常、金銭や物品をはじめ、物理的なものの移管と費消を伴う。しかしながら、贈与をそのように限定的に捉えるべき理由はない。現にモースは、次のように述べている。「交易するためには、まず槍を捨てることができねばならない。そうして初めて、人々は、部族間、民族間および個人の間で首尾よく交換することができたのである」(9)(傍点引用者)。槍は、部族にとって武力の象徴であり、アイデンティティでさえあるだろう。相手集団と交易するために、モースは槍を自ら手放すことを求めている。

このことから、武力を放棄することも国家による贈与である、と一般的に論じることはおそらく短絡である。とはいえ、それは、特定の関係性の下では贈与となる可能性がある。ある爆弾の製造と保有を禁ずる条約があるとしよう。その条約の締約国は、締約するという行いによって、軍事行動の非人道性を軽減するべきであるというメッセージを贈ったのである。後年この条約を締約した諸国の中には、メッセージに返礼した国もあるだろう。

人類学者のクロード・レヴィ＝ストロースによれば、贈与される物品や金銭には、単に実利的な次元を超える現実性が備わる。すなわち、それらには「威力、権力、共感、身分、情動などの媒体であり道具」が備わる。威力や共感を生む行いの多くは、贈与として現れ、かつ、これを受取るように求める(10)。このような観点に従えば、贈与の手段は、物品や金銭といった物理的なものである必要はない。たとえば、外交交渉において相手国に貸しをつくることがありうる(11)。その場合、交渉相手国の政府が返礼の義務を感じれば、貸しをつくること自体が贈与となる。

贈与の内実を当事者の意識に依存せざるをえないのは、悩ましいことではある。ある贈与がもたらす国家政府の意識変化を、その議事録や外交史料から読みとれることはあるだろう。しかしながら、そのような作業をもってしても、全体像を把握することは難しい。この点を、われわれは認めなければならない。

贈与は、国家間でも行われうる。くわえて、それは、物品や金銭の提供という手段に必ずしも限定されない。以上において仮定したこれらの点は、モース自らが究明したことではない。それは、彼やレヴィ=ストロースの知見に基づく推論の域を出ないものである。しかしながら、このように仮定することによって、ＥＵのさらなる一面を浮き彫りにする手がかりを得ることができる。

2　ＥＵにおける贈与の実践

贈与の共同体として形容されるに適う、いくつかの条件がＥＵには備わっているようにみえる。ＥＵは、活動分野が広いばかりか、国家がもつ立法権、行政権および司法権の一部を加盟国より譲渡されている。そのような状況は、加盟国間でさまざまな贈与が存在する可能性を提示してくれるだろう。

以下では、現在のＥＵから看取できる贈与の実践例を取り上げてみたい。取り上げる例は二つである。一つは、ＥＵを運営するための財政拠出をめぐるものである。あと一つは、ＥＵ理事会において導入されている多数決制である。

EU財政の拠出

まずは、財政の拠出についてみていこう。EUの財政は、日本円に換算して毎年一八兆円前後（約一四〇〇億ユーロ、二〇一二年）の規模である。これは、各加盟国の財政を含めない、EU独自のものである。しかも、近年のユーロ危機および財政危機対策に費やす分は含まれない。それは、フランスやドイツの規模には及ばないものの、中小国のそれと比肩しうる。国家間で設立される機構としては、抜きんでた規模にある。

財源の確保に苦労していることは、加盟国や他の国家間機構とそれほど違わない。EUの財源には、域外からの輸入品にかける関税と課徴金の他、各加盟国で徴収する間接税の一部が充てられる。しかしながら、最も大きな割合を占めるのは、各加盟国からの拠出金である。しかも、相対的に経済力のある加盟国が、そのような拠出金をとくに多く払っている。

欧州委員会の財政報告によると、財政に最も貢献している国はドイツである。二八カ国が加盟するEUにおいて、一国のみで全体の五分の一に匹敵する額を拠出している計算になる。ただし、同国は人口が多い。農業や建設業など国内の諸部門がEUの財政から受取る分も、それなりの額にのぼる。そこで、拠出分から国内の受取り分を差し引いたうえで、かつ、その額を国民一人当たりという尺度で計り直してみよう。その場合、最も拠出額が多いのはオランダということになる。年間約三万二〇〇〇円（二三三ユーロ）の拠出である。次いで、デンマークとスウェーデンが、各々二万八〇〇〇円（二〇〇ユーロ）ほどである。ドイツ（二万一〇〇〇円、一五三ユーロ）が来るのはその後であり、イギリス（一万八〇〇〇円、一三二ユーロ）、フィンランド（一万七〇〇〇円、一二五ユーロ）と続く（二〇一一年実績と二〇一二年実績の平均値。一ユーロ一四〇円で計算）(12)。

イギリスについては還付金を算入するなど、公正な順位になるように工夫した。それでも万全の数値ではない。たとえばベルギーとルクセンブルクは、EU機関の事務所を自国内に多くもつ。事務所の維持費や職員の人件費を受取っているがために上位に挙がってこないという事情がある。したがって、いかに国民一人当たりとはいえ、単純に比較できる数字ではないのである。とはいえ、それでも、経済力のある諸国がより多くを拠出する傾向があることはたしかであろう。

他の国家間機構における国家拠出と比べても、この点は明らかである。たとえば、国際連合の通常予算に対して、日本は年間二八〇億円余を拠出している[13]。これは、国民一人当たりにすると二二〇円ほどである。この額は、国連本体のみへの拠出であり、国連の関係機関や専門機関への拠出を含めていない。しかしながら、仮にこれらを含めるにせよ、オランダ、デンマークあるいはスウェーデンといった国々がEUに拠出する額には遠く及ばない。

もっとも、重要なのは拠出額そのものではない。使途の効果を把握できないにもかかわらず拠出し続けている、という事実こそが重要なのである。EUによる総支出の八割近くを占めるのは、EU域内の農業や地域開発への支援金である[14]。その交付は、各国が合意した目標に向けて、かつ各国が合意した手続きを通じてなされる。しかしながら、これらの支援金がどの部門にどの程度、あるいはどの地域にいかなる形で貢献するかは、交付の段階ではおろか、交付後も適正に評価することは難しいだろう。それでも加盟国は、常々減額を要求しながらも、長年にわたり拠出を続けているのである。

東西統一を果たしたドイツの財政は、旧東ドイツ地域を支援するために窮乏した。それにもかかわらず同国は、EUへの拠出を減らそうとしなかった。EU財政に詳しいリントナーによると、ドイツのこのような方針は、EUの活動を従来どおり維持させたいがためであった[15]。拠出がいかなる効果を生むのか判然とはしない。しかしながら、それでも拠出する。ドイツがこうした姿勢であったとすれば、それは、モースの言う贈与に通じている。

理事会の多数決制

もう一つは、EU理事会の多数決制である。理事会の多数決制については前章で取り上げたので、改めて詳述することはしない。前章では、この制度を通じて加盟国が互いに譲りあっていると論じた。そのような議論もまた、本章が言及する贈与に帰着するのである。

理事会は、EUによる立法のすべてで多数決制を用いているわけではなかった。安保防衛や労働条件をはじめ、全会一致が必要な分野も多く残る。しかも、多数決とはいえ、国家間の単純多数決や「三分の二多数決」といった簡明なものではなかった。特定多数決と呼ばれるそれは、各国の人口も加味するものであり、可決連合をより形成しにくい制度である。さらにいえば、制度上は多数決で採択できる案件でも、その八割以上は、実際には加盟国の総意を得て採択されている。ＥＵが制定する法の多くは、各々の加盟国によって実施される。法がすべての国で円滑に実施されることを見越して、総意が重視されていた。

とはいうものの、それでも全体の一割から二割の案件では、一カ国か、もしくはそれ以上の国が、反対票もしくは棄権票を投じてきたのである(16)。これらの票を投じた加盟国は、自国が賛成しない法案でも理事会の一員として承認しなければならない。各国が主権をもつとされる現行の国際体制の下では、できる限り総意で決めることと、総意でしか決めないことには雲泥の差がある。そして、前者のルールにおいては、各国は、どれだけ勝てるかも、あるいはいつ敗者になるかも十分には予想することができない。

このような理事会の多数決もまた、本章で仮定した贈与の一環であるとみなすことができる。ドイッチュによると、多数派と少数派の顔ぶれが柔軟に組み替わる政治は安定を得やすい。スイス建国が成功した一因は、スイスの各州が互いにそのように組み替わることができたからである。逆に、イギリスとアイルランドの関係を構築する試みは、アイルランド国内のカトリック教徒が常に少数派の地位にあったがゆえに失敗した(17)。このようなドイッチュの説明は、ＥＵ加盟国の相互関係を解析するうえでも有効である。というのも、その関係が安定的に維持されているとすれば、理事会の多数決にその一因があるとも考えられるからである。

多数決制の下では、自国が常に多数派に属せる保証はない。重要な法案で少数派となり、多数決制を事前に拒否しなかったことを後悔さえするかもしれない。この点についてEU研究者のモラブチックは、次のように指摘する。各国が多数決で負けるリスクを受け入れているのは、それによって集団での意思決定が概して効果的になるからである、と(18)。集団での決定が概して効果的であるかは、たしかにある程度の経験から判断できるであろう。とはいえ、それが今後も効果的であるかどうかは、実際にやってみないと分からないのである。理事会の多数決は、リスクの

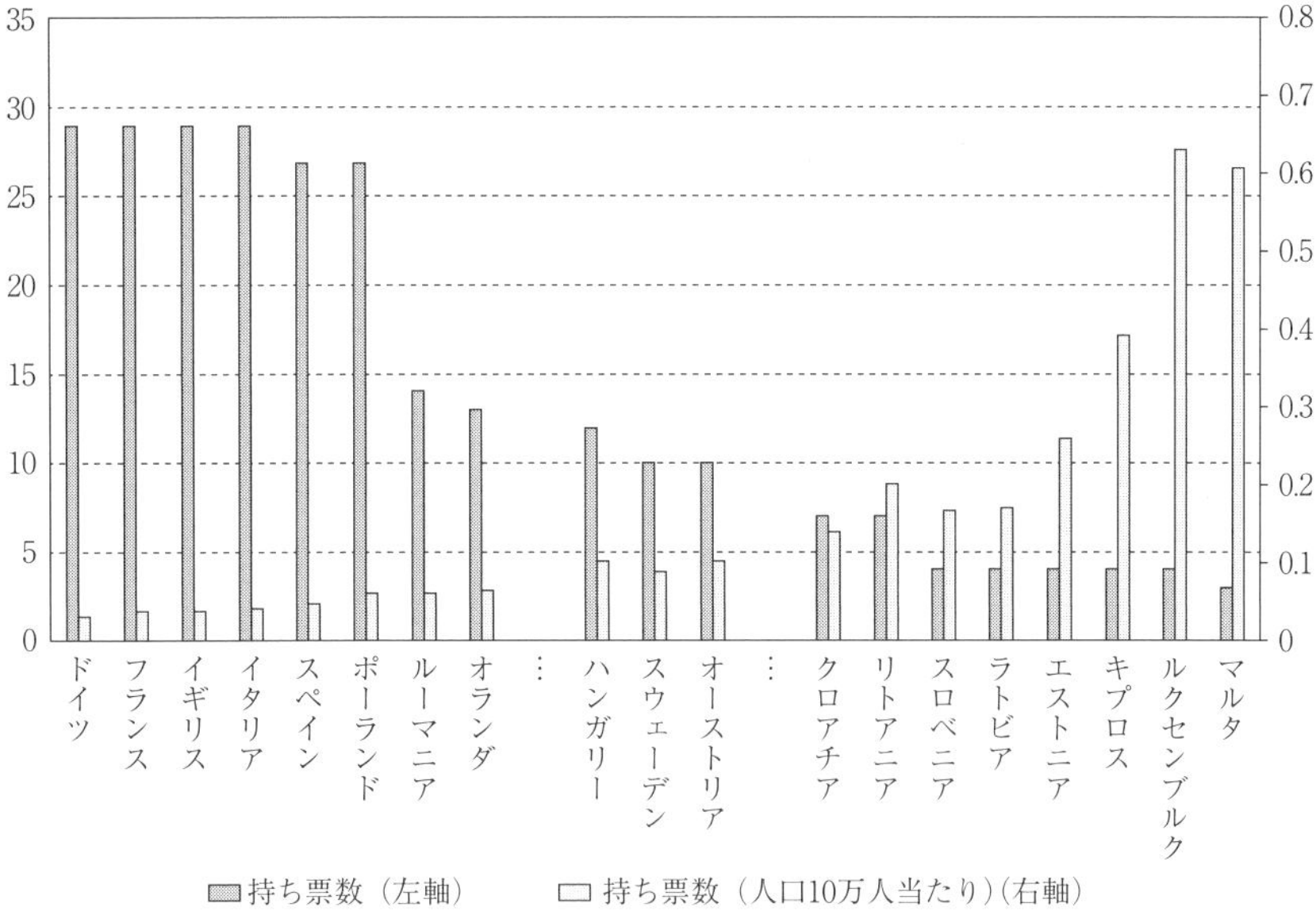

図2-1　EU各国の持ち票数

注：2014年時。なお一部の加盟国は省略した。
出所：山本直「地域統合」出原政雄・長谷川一年・竹島博之編『原理から考える政治学』法律文化社，2016年，211頁。

観点とともに、自ら身を削る営為として捉えることが肝要である。

各国への票の配分にも、改めて留意しておこう。それは各国の人口に応じて配分されるものの、人口の多い国が不利になる配分となっていた。マルタの一〇〇倍以上の人口をもつドイツ、フランス、イギリスおよびイタリア各国の持ち票は、各々、マルタの持ち票の一〇倍に届いていなかったのである。このような配分は、苦肉の策ではあった。EUの立法が加盟国を拘束することを鑑みれば、主権平等原則に基づく一国一票配分には人口大国が賛同しない。逆に、人口差を直截に反映する配分では、マルタやルクセンブルク、キプロスをはじめとする人口小国が反対する。以上の事情を汲んで、人口大国は、自らが不利な状況になることを甘受してきた。とくに人口当たりの持ち票数において、大国の不利はきわだっている（図2-1参照）。

先に触れたように、人口要件のみが可決連合の形成に影響するというわけではない。しかしここでも、大国の地位にある諸国が――思想家サン‐ピエールによる一八世紀の提案を汲んだのかは分からないが[19]——他の諸国以上に身を削る営為を見てとれるのである。このような状況は、国家が互いに抱く警戒心を和らげる効果をもつだろう。

財政の拠出や理事会の多数決以外にも、ＥＵ加盟国による贈与の表現はありうる。加盟国は、ＥＵ司法裁判所が強制管轄権をもつことを許容してきた。あるいは、その裁判所が打ち出したＥＵ法の優位性の原則や直接効果説も大筋において認めてきた。加盟国は、これらの行いによって手放したものを取り返せるのか分からない。というよりも、取り返せたかを測る尺度がないのである。それにもかかわらず、すべての加盟国がこのような行動を示してきたのである。

一般的にいわれるように、共同体が形成されるには、それを構成するメンバーの間で利害が一致している必要がある。さらには、価値観や信条がメンバーの間で似ている必要もある。しかしながら、それだけで共同体を維持していくことは、おそらくできない[20]。政治学者のマイケル・テイラーは、次のようにいう。共同体の形成には、「将来私を助けてくれるだろうという（漠然とした、不確実で、計算できない）期待」を抱きつつ、相手を「いま助ける」[21]ことが求められる、と。このような行いを国家間の関係から看取することは容易ではない。しかしながら、その片鱗をＥＵ加盟国の相互関係から推察することはできよう。

3　贈与論と国際政治学

特異性と不運

モースの贈与論を国家間関係の分析に応用することは、特段奇異な試みではない。応用する対象を、ＥＵに加盟する国々に限定するべき理由もない。無償援助や人道援助を他国に提供することは、贈与の一環となりうるものである[22]。東南アジア諸国連合の域内格差を是正するための基金を要請することも同様である。東アジア共同体の形成に向けて自国に何ができるか問うことも[23]、そのような営為に連なる関心である。

贈与の概念は、経済学や人類学の分野を中心に、長年にわたって注目を集めてきた。(24)しかしながら、こと国際政治学においては、この概念は注目されてこなかった。国際政治学の思考様式が、この概念と生来的になじみにくいことはあるだろう。そこにおいては、力（パワー）や選好といった概念がしばしば用いられる。それゆえに、贈与とはこれら選好や力が特定の環境下で考慮された現象にすぎない、という議論に集約されがちとなる。

ただし、より根本的な原因は、他にある。国際政治学自体が、歴史的に特異な軌跡を辿ってきたことである。この学問の出発点は、国家間の戦争をいかに防ぐかという関心にあった。各国の軍事力が増強され、ナショナリズムが発揚する世界情勢に直面して、その学問は普遍的な使命を帯びるはずであった。けれども、その研究課題は、新現実主義やヘゲモニー論等、アメリカ中心の秩序を維持することへとおよそ矮小化してしまった。(25)

研究課題が矮小化する中、贈与論を彷彿とさせる観点が提示されなかったわけではない。安全保障のジレンマを緩和するために「安全の供与」を有効視する議論は、その一例である。公共財を維持する方策として「自発的な寄贈」に着目する議論も、そのような例に該当するだろう。(26)これらの議論は、国家が自ら身を削る行いと関わる点において、贈与に近しい。しかしながら、これらの議論には、合理的に行動する行為主体という前提があるようにみえる。(27)先にみたように、贈与とは、費用便益分析や損得勘定によっては説明できない営為である。国際政治学と贈与論が近接する機会はあったが、結合するには至らなかった。

贈与論にとっては、不運な経緯もあった。国家が身を削ることの重要性は、国際政治学の泰斗であるエドワード・H・カーも説くところであった。カーは、著書『危機の二十年』の中で、次のように述べている。「現行の秩序から最も恩恵を受ける諸国は（…）そうでない諸国が受け入れられる譲歩を行う（make concessions）ことによってのみ、その秩序を保ちうると考えられる」(28)（傍点引用者）。ここでいう譲歩が何を指すのか、カーは十分には論じていない。とはいえ、こうした見方が贈与論と合流する可能性は、皆無ではなかっただろう。しかし周知のように、ナチスドイツへの宥和を支持したかどで、彼は批判の矢面に立たされてしまう。その結果、たしかに『危機』は国際政治学のバイブルとなるものの、同書で彼が展開した譲歩の勧め――そのように名づけて差支えなければ――

は軽んじられることになった。(29)

国際統合論との親和性

贈与論にとってさらに不運であったのは、一九五〇年代から六〇年代にかけて興隆した国際統合論との接点をもてなかったことである。当時脚光を浴びた新機能主義と交流主義は、統合（integration）の定義や分析手法において相違があった。もっとも、諸国の関係が緊密になる質的変化を捉えようとする点で、双方は通じる。それゆえに双方は、国際統合論という名称で括られた。

前者の新機能主義は、近接する諸国の政治的および経済的エリートにおける認識と態度の移行が統合をもたらすと想定した。「新しい中心」である共通機関の意思決定を、彼らエリートが期待するようになる。石炭鉄鋼分野で始まったヨーロッパ諸国間の統合は、経済共同体および原子力共同体へと広がりつつ、不可避的に進展するだろう。新機能主義を率いたエルンスト・B・ハースは、その様相は波及の効果であり、広範な政策分野において「超国家的な」意思決定が下されていくと論じた。(30)

ドイッチュが主導した後者の交流主義においては、物や人、あるいは情報が往来する態様を重視した。これらの往来が頻繁である諸国間では、「私たち感情（we-feeling）」が芽生えやすくなる。その結果、安全保障のジレンマを克服する、あるいは経済政策などを互いに融通する国家間共同体が形成されるとする。(31)

交流主義においては、エリートの認識や態度ではなく、集団間の社会的な相互作用が議論の糸口となる。また、超国家的な決定が下されずとも、国家間の統合は深まりうる、とみなす。こうした点で相違する一方で、両者は、その各々の視座に贈与論と近しいものを内包している。たとえば、ハースが論じる超国家的な意思決定は、諸国がその決定権限の一部を譲渡して初めて可能となる。したがって、それは、当の国家による贈与なしには生まれないとみなすことができる。ハースはまた、各国のエリートがそのような意思決定を期待し、これに忠誠を示すようになると想定した。(32)しかしながら、この想定は、彼らの期待や忠誠がいつ、どの程度強まるかまでは展望できない。

合理的な損得計算では捉えきれない要素をもつ点でも、それは贈与論に通じるものがある。

贈与論は、交流主義の思考とも和合するだろう。ドイッチュによれば、困窮する近隣国を適切に支援できるか否かが、当該国間における共同体の成否を左右する。支援のあったアメリカ諸州の間では、合衆国への円滑な建国をみた。他方において、ジャガイモ飢饉への対策を怠ったイギリスは、アイルランドとの共同体を創れなかった。こうした事例から、相手国に自らの資源を費やせるかどうかが鍵となる。(33) 相手に資源を費やすことを重視する思考は、まさしくモースのそれと違わない。

しかしながら、それでも国際統合論との親和性は、限定的に捉えるべきであろう。というのも、これら統合理論と贈与論とでは、問題関心のあり様が異なるからである。統合理論は、国家間の関係がいかなる条件の下で、どのような過程を経て統合に向かうかに焦点を当てるものであった。そこにおいては、過去から現在へ、あるいは現在から将来に向けた脱国境的な行動や現象が主な焦点であった。対してモースは、部族間における実践を紹介し、かつ解析する作業に大方とどまる。その実践をめぐる時間的な変遷に踏み込むには至っていない。

モースの作業にドイッチュやハースが留意したかは分からない。しかしながら、国際統合論が後にみせる精緻化の傾向は、贈与論とは親和しなかった。たとえば、統合による利益が等しく分配されていると行為主体が認めることによって統合は深化する、と考えられた。(34) このような考えが、利益の等分という発想を否定的に捉える贈与論と反りが合うようにはみえない。

4　共同体の解体

停滞する贈与

ＥＵに話を戻そう。本章の主眼は、ＥＵを贈与の共同体と位置づけるところにあった。もしこのような位置づけができるのであれば、そのような共同体は、どの程度堅固なのだろうか。

モースは、世界各地における贈与の諸形態を描写することによって、その本質に迫った。とはいえ彼は、贈与の営為がなぜ、いかにして停滞するかまでは論じていない。部族集団にとって贈与は、しばしば宗教的な意味をもつ。そうであるがゆえに、贈与が停滞することを彼らは全力で回避するであろう。モースは、このように捉えていたふしがある。他方において、現代の国家ではそのような宗教性は希薄である。それだけ停滞の余地もあると考えることができる。

そこでここでは、次のいずれかの場合に贈与が停滞しうると想定してみよう。一つは、相手国が返礼を怠ったと知覚する場合である。あと一つは、相手国がそもそも受取りを拒んだと知覚する場合である。これらの場合、贈与は停滞し、ひいては収支勘定という、かの異質の感覚が次第に強まっていく。このような推論に基づいて近年のEUを観察することも可能であろう。先に言及した理事会の多数決制がその題材となりうる。

理事会の多数決制を、加盟国は、三共同体を設立した一九五〇年代から導入している。特定の事案において拒否権を行使できないことを、すべての加盟国が当初から許容しているのである。麗しきノブレス・オブリージュや利他主義が、往時を支配していたわけではない。多くの国は、自国の発言力がなるべく担保される制度になることに執心した。それでも多数決制が導入されたのは、あらゆる事案を全会一致に委ねる危険を諸国が認識していたからである。(35)その危険をいかに克服するかという関心が、拒否権を自ら手放す贈与として表れていた。

多数決制は、その後、紆余曲折を経験した。一九六〇年代には、フランスのドゴール大統領が制度自体を拒絶している。一カ国以上の「きわめて重要な利益」が危険にさらされる場合には票決を行わないという「ルクセンブルクの妥協」は、これを契機に生まれた。さらには、その「妥協」を有効視したイギリス・サッチャー首相は、一九八二年五月の理事会が票決をもって農産物価格を決めたことに憤慨した。(36)

ドゴールとサッチャーによるこうした反応が、国家としての威信や主権を保持することにのみ動機づけられたわけではないだろう。しかしながら、より打算的な見地から多数決制に注文をつける傾向は、彼らの時代以降次第に強まった。「イオニアの妥協」をめぐる加盟国の態度が、これを象徴しているように思える。

「イオニアの妥協」は、ある事案を票決することに一部の国が反対する場合の対応を定めたものである。そのような場合には、理事会は票決を延期し、協議を続けることで各国が合意したのである。イギリスおよびスペインの両国は、一九九五年のEU拡大後も、拡大前の阻止少数（ブロッキング・マイノリティ）を維持するように他の加盟国に求めた。その結果がこの合意であった。これは、先の「ルクセンブルクの妥協」とは異なり、各国の拒否権を黙認するものではない。票決は延期されるが、EUの基本条約や二次立法に定める期限までには実施される。しかも、票決が延期されるには、反対国が一定数に達しなければならない。一国のみの反対では、延期さえなされない[37]。

イギリスとスペインの要求も理解できる。理事会の多数決制は、加盟国にとって、いつ負けるか分からないストレスフルな制度である。賛成できない事案について協議を続けたいという望みは、これら両国のみならず、すべての加盟国が多少なりとも抱いてきたであろう。しかしそれでも、阻止少数を維持しようとする両国の要求は、吝嗇なものといわざるをえない。ドゴールやサッチャーの反応に比べて、不満の表れ方が些末なのである。

同様の不満を呈するのは、両国に限ったことではない。リスボン条約――すべての加盟国が二〇〇七年に署名する――の起草時に、欧州委員会は、多数決制を改正する提案を作成した。ポーランドのカチンスキ大統領は、これを「ドイツ等が勝者となり、わが国が最大の敗者となる」提案であると批判している[38]。この提案が、ポーランドを含むいくつかの国家を不利にする内容であったことは否めない。しかしながら、多数決制を改定することは、すでに長年にわたり模索されていた。その中には、欧州委員会の提案に似たものもすでにあった。このような経緯を知る者にとって、カチンスキの批判は打算的な戦略として映らざるをえなかったであろう。

傲慢と残忍

このような打算は、ユーロ危機と呼ばれる通貨・財政危機への対応にもみられる。危機を収束するために、関係諸国は、理事会が通常用いる多数決制とは異なる多数決制を採用した。それは、国際通貨基金の決定制度のように、各国の出資額に比例して票を配分するものである[39]。このような制度は、危機に迅速に対応できる反面、出資額の多い大国の発言権を強めてしまう。

これまでＥＵは、人権尊重のほか、民主主義や法治を自らの価値として重んじてきた(40)。危機への対応は、民主的な討議と説明責任を軽視しかねない点で、これらの原則に逆行する。もっとも、贈与の観点からは、このような制度の採用は、別の理由から問題視されることになる。すなわちそれは、出資額の少ない諸国による返礼が困難になるがゆえに問題となるのである。

このような決定制度を備えたがゆえに、危機をある程度効果的に収束できた側面もあるだろう。しかしその一方で、出資額の多い大国の意向に沿った対応は、これまで諸国が保ってきた贈与を滞らせることになる。

一般的に贈与は、当事者の数が増えるに従い難しくなる。一九五〇年代に六カ国で出発したＥＵは、二〇カ国を優に超えるまでになった。このような状況下では、贈与によって得たものを、自らの合理的な行動の結果獲得できたと知覚する国も出てこよう。それとは逆に、他国から返礼がないとこぼす声が、大国を中心に出かねない。「ドイツの財力を利用しようとする国は多い。辛辣にいえば、ドイツから搾り取れるだけ取ってやれと思っている国は、少なくない(41)」。「ＥＵに加盟しているがゆえに、イギリスは一日当たり五五〇〇万ポンドの拠出を強いられている(42)」。これらの言説は、その典型的なものである。

搾り取られるドイツという言説は、ＥＵの不幸な状況を反映している。諸国が単一通貨を導入しなければ、二〇〇九年以降の通貨・財政危機は生まれなかったであろう。しかし一九九〇年代の諸国は、これを導入することが欧州が生き残る稀有な手段だと判断したのである。イギリスの拠出額をめぐる言説が誇張であったことも知られている。とはいえ、いずれの言説も、贈与を惜しみたい人々の心理に巧みに取り入ったのである。

共同体のあり方を思索した社会学者のテンニエスによると、「傲慢と残忍の危険」が潜むのは、「自己の意のままになる者に対して恩恵をほどこそうとする傾向や気持ちが優越感よりも弱い場合」である(43)。自らの経済力や社会的地位に優越感をもちつつ、贈ることを惜しむ。共同体が解体し始めるのは、その瞬間においてである。このような局面にＥＵが差し掛かっていないということは難しい。

5　ウィン・ウィンと贈与の共同体

本章は、モースの知見に基づき、ＥＵを、その加盟国の贈与によって成り立つ共同体として描いた。そのような共同体の性格は、ＥＵを運営するための財政の拠出や理事会の多数決制に端的に表れている。もっとも、その成員である国家の損得勘定が前景化することによって、共同体は解体しうる。その兆候が、近年のＥＵにまったくみられないとはいえない。

贈与の要諦は、それが合理的な算段によっては計りえないところにある。国際政治学が贈与論に着眼しなかったのは、行為主体は合理的に行動するという前提を自明視したからである。このような国際政治学の傾向は、ＥＵ研究にも影響している。リベラル政府間主義論、拒否権プレイヤー分析、あるいは加盟国とＥＵ機関の「勝ち負け」を査定する研究は、そうしたものの一部である(44)。他方において、コンストラクティビズムをはじめ、行動の合理性から距離をおこうとする視座がある。国際政治学が贈与論を受容できないわけではないだろう。

もっとも、贈与の共同体が、その当事者である集団の権力構造や多元性とは無関係に形成されうることは認めなければならない。たとえば、他国との共同体のあり方をめぐっては、エリート・民衆間の対立が顕在化しうる。このような現象を、贈与論は汲み取ることができない。というよりも、独裁制を敷く諸国によってさえ贈与は可能である。中世期の東アジアでみられた朝貢関係もまた、贈与の共同体として位置づけることができよう。欧州統合の理論を精査したペントランドは、いかなる体制の国家が国家間統合に適しているのか指標はないと鋭く論じている(45)。これと同じことが、おそらくは贈与にも当てはまるのである。むしろ、贈与という営為がもつ普遍性こそが、分析の道具としての汎用性を制約しているとさえ捉えうる。

しかしながら、それでもモースの議論は、ＥＵの組織を解明するうえで無二の視座を提供している。共同体を存続させるために、その成員である国家が身を削るべきである。このような規範を示唆する視座は、他にはない。国際政治学は、対立か協力かという択一的な論点に偏りがちであった。そのような論点は、協力を通じて得をしあう、いわゆるウィン・ウィンの関係として定式化されることがある。しかしながら、そのような関係を続けるには、裏面にある譲りあうべき関係が不可避的に要請される。国際政治学が軽視するこの裏面に、贈与論は光を当ててくれるのである。

第3章　東方拡大の胎動とフランス

――国家間取引とギャップの生成――

ＥＵを拡大するのか否か、つまりその加盟国を増やすのか否かは、既存の加盟国にとってしばしば敏感な政治課題となってきた。近隣にあるどの国を、いつどのように加盟させるかは、ＥＵの将来に決定的な影響を及ぼしうるからである。なかでも難しい判断を迫ったのは、中・東欧諸国へのいわゆる東方拡大に際してであったと思われる。二〇〇四年と二〇〇七年の拡大によって、加盟国数は一五から二七へと急増した。それは、〝諸国家からなる共同体〟の外観が根本的に変わる瞬間でもあった。

東方拡大は、東西冷戦が終結した時期に端を発している。一九九一年一二月にオランダのマーストリヒトで開かれた欧州理事会は、ＥＵの設立に基本合意するかたわら、「欧州の多くの国が加盟を模索するか、あるいはその意志を明らかにしている」ことに初めて留意した。[1] 翌年六月にはポルトガルのリスボンで欧州理事会がもたれたが、そこでは「中・東欧諸国の加盟準備を支援するために（…）これら諸国との協力および政治対話を強化する」ことを確認した。[2] デンマークのコペンハーゲンで一九九三年六月に開かれた欧州理事会は、加盟に向けて諸国が満たすべき諸々の基準を提示することになった。[3]

欧州委員会が東方拡大の準備に関する白書を発表したのは、一九九五年五月のことである。この白書は、中・東欧諸国がＥＵの単一市場に参加するための工程表を示すものであった。[4] 新規加盟する中・東欧諸国の顔ぶれが確定したわけではなかったものの、この頃に東方拡大はほぼ不可逆的な計画になったとみてよい。[5]

こうして東方拡大は胎動するのであるが、既存の加盟国の一部は、当初、東方拡大を実行することに明らかに否定的であった。北大西洋条約機構や欧州審議会の一員になることは反対しないまでも、中・東欧諸国が自国と対等な地位をもってEU入りすることに容易には賛同しない国があったのである。本章では、そのような国の典型であったフランスに着目する。フランスは、隣国ドイツとともに欧州統合の外観に決定的な影響を及ぼしていた。しかし東方拡大に限っていえば、当初から前向きというわけではなかったのである。そのフランスがなぜ東方拡大を受容していったのかを、本章では歴史的制度論を用いて考えることにする。

歴史的制度論は、新制度論と呼ばれるアプローチの一派である。ただし、同じ新制度論でも、たとえばリベラル政府間主義とは着想と説明方法を異にする。加盟国を主な行為主体としたうえで、それが制度の影響を一定程度受けるとみる点では双方は変わらない。異にするのは、リベラル政府間主義は、加盟国間の取引、ならびに取引の結果としての合意が欧州統合を牽引してきたと論じる。それに対して歴史的制度論は、国家の主体的な行動ではなく、むしろ、そのような行動を取り巻く状況の変化を考慮する。国家が取引を行う現在の状況は、以前に国家が置かれていた状況から変化している。そのような時間の経過に主眼を置くことによって、国家の行動をリベラル政府間主義とは別の角度から説明しようと試みるのである。

フランスは、なぜ東方拡大に否定的であったのか。そして、なぜ否定的であったにもかかわらず東方拡大を受容したのか。拡大が実現するには、EUの制度上、すべての加盟国がそれに同意することが必要である(6)。フランスが否定的な姿勢を貫けば、東方拡大は実現しないか、あるいは準加盟といった形態にとどまっていた可能性もある。以下ではまず、歴史的制度論の視座を紹介する。次いで、フランスが東方拡大に否定的であった理由を、当時の大統領ミッテランの言説を手がかりにしながら推察する。そのうえで、フランスが拡大を受容する経緯を読み解くように努めたい。このような作業を通じて、〝諸国家の共同体〟としてのEUがそのメンバーシップを増やす内実の一端を把握することができるだろう(7)。

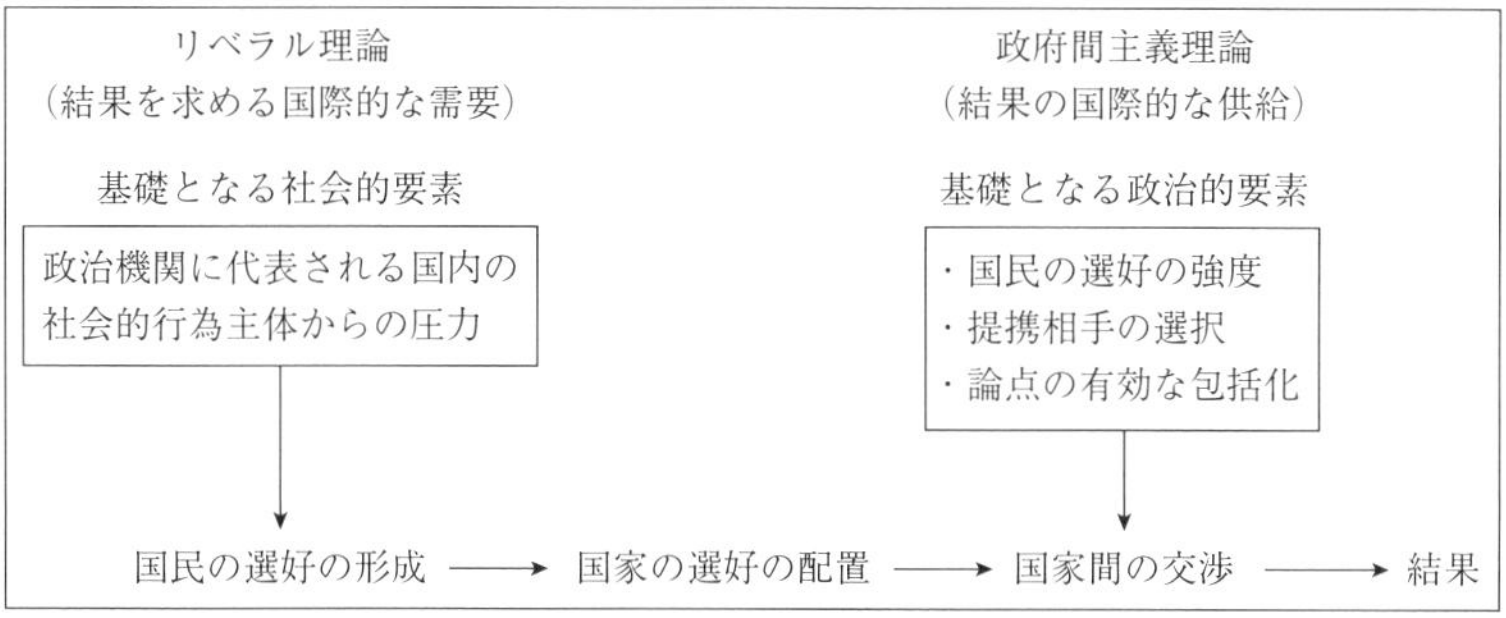

図3-1　リベラル政府間主義の分析枠組み

出所：Andrew Moravcsik, "Preferences and Power in the European Community : A Liberal Intergovernmentalist Approach," *Journal of Common Market Studies*, vol. 31, no. 4, 1993, p. 482.

1　歴史的制度論の視座

国家間交渉の脈絡

歴史的制度論が最も重視するのは、行為主体の相互関係自体というよりも、むしろその関係を埋没させる時間のベクトルである。そのような時間のベクトルを重視するのは、リベラル政府間主義による説明では不十分な動態がEUには観察できると考えるからである。

リベラル政府間主義は、一九九〇年代にモラブチックによって主唱された。それは、国際政治と国内政治に連動性を見出す二次元ゲーム論に着想を得つつ、一方では国家の選好が形成される過程、ならびに他方において、特定の選好をもつ複数の国家が互いに交渉および取引を行う過程の双方を分析する。そのような分析を行うことにより、相互に依存する加盟国の選好の配置が、それら国家の対外行動を決定づけることを論証しようとするのである（図3-1参照）[8]。それゆえにリベラル政府間主義は、新機能主義のように、EU機関やエリートの国境横断的な活動をとりたてて評価するものではない。EU機関は、各国間の交渉と取引を円滑にする手段としては重要である。とはいえ、その重要性は副次的なものである。各加盟国を中心に据える合理的な行動が、欧州統合の軌跡に実質的な影響を及ぼしてきたとする。

しかしながら、長年にわたる欧州統合の軌跡を、加盟国による相互の

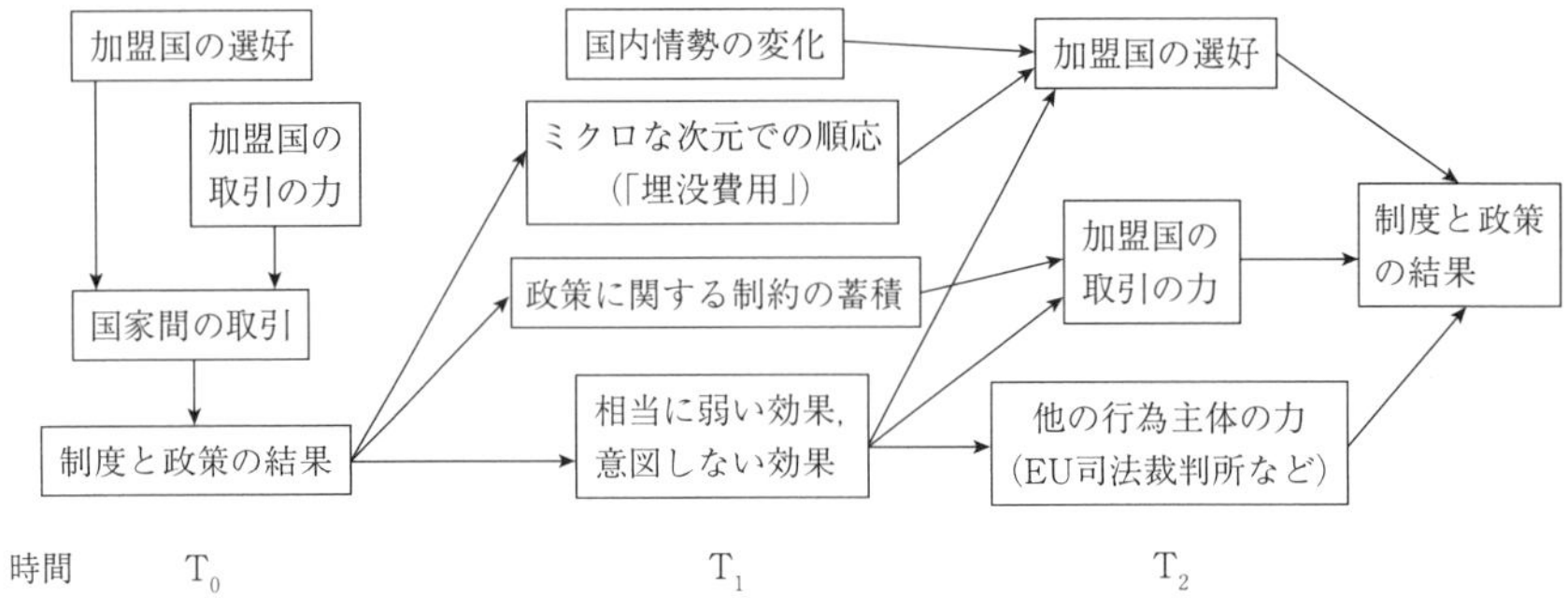

図3-2　歴史的制度論の視座

出所：Paul Pierson, "The Path to European Integration: A Historical Institutionalist Analysis," *Comparative Political Studies*, vol. 29, no. 2, 1996, p. 149.

交渉、取引および合意という観点のみから理解することには不足する点もある。というのも、ある時点で行うか、もしくは達成される交渉、取引および合意とその後一定時間が経過した時点におけるそれらとは、時間に隔たりがある。後の時点で交渉が行われる脈絡は、前の時点で行われる交渉から相当異なっているであろうと想定されるのである。この脈絡の変化をリベラル政府間主義は考慮できていない。その欠落を補うのが歴史的制度論だという位置づけである。

代表的な歴史的制度論者の一人であるピアソンによると、(9)リベラル政府間主義と歴史的制度論の着想の違いは、図3-2のように示すことができる。リベラル政府間主義は、T_0における加盟国間の交渉、取引および合意に着目する。歴史的制度論は、そうではなく、それらの交渉、取引および合意が長期的にもたらす帰結に注意を払う。このような注意を払うことによって、T_1においてギャップ、すなわち加盟国の選好とEUの現状との間のギャップが生まれている可能性を指摘することになるのである。ここで、加盟国がギャップを埋めようと努めることもできなくはない。しかし一度それを埋めることを怠ったとしよう。そうなれば、次の交渉が始まるT_2で国家がとりうる選択肢は、さらに狭まることになる。

選択肢を狭める要因

このようなギャップは、国際組織全般で観察されうるものの、とくにEUにおいて発生しやすい。ピアソンは、その要因を四つ挙げている。第一の要因は、ＥＵの主要機関である欧州委員会やＥＵ司法裁判所が、自立的に、かつ加盟国間の統合を深化させる方向に行動するというものである。このような行動は、頻繁にみられるものではないかもしれない。とはいえ長期的にみれば、それらの日常的な行動を、加盟諸国が完全に統制できているわけでは必ずしもないとする。

第二に、ＥＵによるある政策分野での取り組みが、しばしば他の政策分野に波及することである。ここでいう波及は新機能主義の中心的な概念であり、ピアソンはこれを借用するかたちとなっている。広範な分野に取り組むＥＵでは、政策課題の密度が高いため波及が起こりやすい。そのようなＥＵの状況を、加盟国が逐一制御することは容易ではない。

第三の要因として挙げるのは、各国の有権者の短期的な関心である。一般的に有権者の関心の対象は、雇用の回復や社会保障の維持など短期的なものが多い。そのために加盟国もまた、そのような時間的制約に縛られる。時間に縛られる国家は、欧州の長期的な利益を常に念頭に置きながら、ＥＵ条約の改定交渉のほか、理事会や欧州理事会の審議に関わるわけではない。その結果、国家の選好と現状のギャップが広がっていく。

そして第四に、各国で起こる政権交代である。政権交代によって国家の選好が刷新されることがある。とはいえ、それがＥＵの現状と寸分違わずに一致する保証はない。新たに成立した国内政府もまた、ＥＵの現状との不一致がある中で行動していかざるをえないであろう。

ＥＵにおいてはこのように、ギャップが生じやすい構造が形成されているのである。もっとも、ピアソンの議論がここで終わるわけではない。ＥＵに加盟する諸国が、一度生じたギャップを埋めることは難しいと続けるのである。容易に想像できるのは、ギャップを埋める国家の試みには、欧州委員会をはじめとするＥＵの機関が抵抗をみせることである。国家に固有の論理があるのと同様に、ＥＵの機関にも固有の論理がある。これら両方の論理が自然に収束するわけではないであろう。それとともに見逃せないのは、ＥＵが、いくつかの加盟国の要請に応じて政策を変更できるほど柔軟な組織ではないことである。「欧州統合の過程に新たな段階を記す」とＥＵ条約前文にあるように、ＥＵには国家間の統合を進める使命がある。ギャップを埋めることを図るにせよ、そのような使命と調和しなければ他国やEU機関の賛同を得ることは難しくなる。

国家以外の行為主体は、EU機関のみではない。EU機関のほか、地方政府（地方自治体）、企業、民間団体あるいはメディア等がそれに含まれよう。留意するべきは、これらの行為主体の多くは、加盟国の選好とはしばしば無関係にEUの現状に順応していくことである。これらの行為主体が順応するのであれば、EUの現状を変更することはそれだけハードルが上がる。加盟国にとっては埋没費用がかさんだと把握できるのである。ピアソンの表現を借用するならば、加盟国は、主体的に統合を進めているのとともに、統合に「閉じ込められて（locked-in）」もいるのである。

歴史的制度論にピアソンが着目したのは、主にはEUによる社会政策の策定と実施を説明するためであった。しかしながら、この制度論の考え方は、社会政策のみならず、フランスが東方拡大を受容する過程を省みるうえでも有効である。次に中・東欧諸国とEUの関係に対するフランスの基本姿勢を確認しておこう。参考になるのは、同国のミッテラン大統領の号令下で進められた欧州国家連合の構想である。

2　欧州国家連合と東方拡大

ミッテランの一九九〇年年頭演説

東西冷戦の象徴であった「ベルリンの壁」が崩れた一九八〇年代末以降、中・東欧の各国では欧州共同体への加盟を望む声が高まった。既存の加盟国においても、このような声に呼応する議論が出るようになった。ドイツ連邦議会議員の一人は、東方拡大を東西ドイツの統一とあわせて、次のように語っている。「われわれは、欧州共同体が将来、東欧各国も包み込んで、全欧規模に拡大する可能性を視野に入れながら統一問題を考えている。ドイツ統一を、イギリス、フランスそしてソビエト連邦からも祝福されるものにしたい(10)」。欧州共同体と加盟国は、域内市場を築く只中にあった。そのような中、中・東欧諸国が欧州共同体に加盟することを歓迎する風潮がみられた。

しかしながら、東方拡大に向けたミッテランの方針は否だったのである。このような方針は、彼が提唱した欧州国家連合構想から読み取ることができる。

彼がこの構想に言及するのは、一九九〇年一月に行った年頭演説においてである。演説の途中から、彼は欧州の将来に触れることになる。「（…）今後の欧州は、これまで半世紀にわたりわれわれが認識してきたそれとは明らかに異なっていくだろう。欧州は、昨日までは二つの超大国に依存していたが、人が家に帰るようにその歴史と地理に帰ることになった。（…）分裂、細分化の傾向が強まることにより、〝一九一九年の欧州〟が再来するのか。あるいは欧州の建設が進むのか(11)」。冷戦終結は、欧州に新たな課題を提起している。第一次大戦終結時にみられた「分裂、細分化」を避けるために、欧州の枠組みを強化するべきという主張である。

欧州国家連合に言及するのは、このような脈絡においてであった。「欧州の建設は、二段階に分けて行える。まずは欧州共同体のおかげで、その構造は確実に強化されよう。欧州共同体はストラスブールで意思決定を行いつつあるからである。欧州共同体は、ただ存在しているだけでも中・東欧の人々が奮起するのに役立つのである。第二段階は、考案中である。何より私は、欧州国家連合（une Confédération Européenne）の創設を本年中に検討したい(12)」。ミッテランは続ける。「この国家連合は、欧州大陸のすべての国家を、通商、平和および安全保障を扱う共通で常設の組織に集結させるものである。この連合の創設はむろん、中・東欧諸国で多党制、自由選挙、代表制および報道の自由が根づいて初めて可能になろう(13)」。

広範な政策分野を対象とする全欧的な組織であり、中・東欧に民主主義が根づくことで稼働する。年頭演説からは、そのような組織が念頭にあったことを想像できる。しかしいずれにせよ、「欧州の建設」を二つの段階に分けていることに注目する必要があるだろう。すなわち、第一段階で欧州共同体に言及するものの、「存在しているだけでも役立つ」と述べるだけである。中・東欧諸国が共同体とどのような関係をもつようになるのか触れていない。他方、第二段階において、「欧州大陸のすべての国家」が集結する欧州国家連合の創設を検討するとする。もっとも、この連合に中・東欧諸国が参加することは示唆されるものの、どのような連合になるかは「考案中」とするのである。欧州国家連合を全欧的な取り組みと位置づけながらも、中・東欧諸国の共同体加盟を牽制する内容と理解されても仕方のない構想であった。

フランスの国家戦略としての欧州国家連合

ミッテランの欧州国家連合構想は、欧州の将来をめぐるフランスの国家戦略と基本的に合致するものであった。たとえば同国は、欧州復興開発銀行の設立と活動を重視していた。この銀行は、自国の財政負担を最小化しつつ、ソビエト連邦との関係を保持できる点でフランスの国益にかなうものであった。アメリカが中・東欧諸国に過度の影響力を行使することを抑止するうえで有効であるとも判断されただろう[14]。欧州国家連合は、フランスのこのような戦略を補うものであった。中・東欧諸国が順調に民主化しつつ市場経済を導入することは、たしかに同国にとっても利益であった。とはいえそれは、東方拡大という選択肢をとらなくとも不可能なことではなかったのである。東方拡大をミッテランが懸念したのは、欧州共同体の一員となった中・東欧諸国がその枠内においてドイツと結託することであった。中・東欧諸国からの安価な農産品が流入すれば、自国の農業も打撃を受ける。諸国の安価な労働力を活用するために、自国の企業が流出することも予見される。さらには、加盟国の単純な増加は共同体の決定を滞らせるだろう。これらはすべて、フランスにとって避けるべきものであった[15]。

ミッテランは後年、自著『ドイツ、フランス』の中で次のように述べている。「すべての欧州国家からなるEUが指導力を発揮すると仮定すれば、そのような指導力は、既加盟である一二カ国のみを新たな力として興隆させるに違いない。一二カ国はまた、その一時的な気まぐれに従い賛成したり不満を呈したりしながら、中・東欧諸国の命運を主権的に方向づけるに違いない[16]」。東方拡大を実施しても、EUはよくならない。加盟を果たした中・東欧諸国の期待に沿うEUにもならない。このような観点からも、ミッテランは東方拡大に賛成しなかったのである。

欧州国家連合の構想は、当初からそれなりに注目された。フランス国内の有力者であったシラク・パリ市長、ならびに同国の出身であるドロール欧州委員会委員長は、各々異なる理由から構想を批判した[17]。ボルドー近郊の別荘にミッテランを訪問したドイツのコール首相も、「国家連合の構想は、欧州統合の発展にとって価値がある」と述べはした[18]。とはいえ、コールとしては賛否を図りかねていただろう。こうした中、ミッテランは徐々にその本心を明かしていく。

東方拡大に否定的な姿勢が公に示されたのは、一九九一年六月にプラハで開かれた欧州国家連合会議においてである。この会議には、EU加盟国に加えて、中・東欧諸国の首脳も出席した。その席上でミッテランは、ついに「民主主義が未成熟である中・東欧諸国は、加盟を二、三〇年間待つべきである」と発言したのである[19]。迅速なEU加盟を望んだチェコのハベル大統領は、ミッテランの発言に「空虚で、尊大で、陳腐である」と応じた[20]。中・東欧諸国との対立は、こうして表面化していくのである。

中・東欧諸国と対立してでも「EUの融通の利かない門番[21]」の立場に固執したのは、そうすることがフランスの利益にかなうという判断があったからであった。しかしながら、これほど同国が東方拡大に否定的であったにもかかわらず、当時一二カ国のEUは拡大へと動き出す。北欧諸国とオーストリアへの拡大は既定路線となっていた。国民投票で加盟を否決したノルウェーを除き、スウェーデン、フィンランドおよびオーストリアが一九九五年一月にEU加盟を果たした。この「北方拡大」を追う形で、フランスが否とした東方拡大の過程も進み始めるのである。そこに働いた力学を、歴史的制度論を用いて説明してみよう。

3　東方拡大過程における取引の蓄積

東方拡大に否定的なフランスがそれを受容することになったのはなぜか。欧州統合をともに率先したドイツをはじめ、他の加盟国やEU機関に熱心に説得されたようにはみえない。フランスが受容したのは、加盟国間で時折行われた取引の蓄積によるのである。ミッテランをはじめとするフランスの代表は、東方拡大に否定的な立場を梃子にして、自国の要望を他国にのませようとした。そのような行動の積み重ねが、徐々に受容せざるをえない状況へとフランスを追い込んだのである。

以下では、フランスによる取引の事例として(1)連合協定、(2)コペンハーゲン基準と欧州安定条約、および(3)「加盟前の戦略」と欧州・地中海会議を取り上げる。その各々をみておこう。

連合協定と欧州共同体の枠組み

東方拡大の過程が公式に動き出すのは、一九九一年一二月に開かれたマーストリヒト欧州理事会の時期である。この欧州理事会が、多くの国が加盟の意志を明らかにしていることに「初めて留意」したのである。マーストリヒト欧州理事会がこのことに留意した背景には、中・東欧の一部の国と欧州共同体による連合協定（Association Agreement）の署名がある。

連合協定は、域外諸国と主に経済分野で協力するための二者間協定である。冷戦終結期に中・東欧各国と締約された連合協定は、その地理的特性を考慮して欧州協定と称される[22]。このような連合協定をEUが初めて締約したのは、ポーランドおよびハンガリー両国とである。それらの協定は、一九九〇年中に交渉が始まり、マーストリヒト欧州理事会の開催を前に妥結した。それらの協定の前文に、「欧州共同体と＊＊の両当事者は、＊＊の最終目標が、欧州共同体の加盟国となること、ならびに本協定がこの目標の達成に寄与すべきことを認識しつつ（…）」（傍点は引用者）という文言が記載されていたのである[23]。二者間協定であるために、＊＊には、ポーランドかハンガリーのいずれかの国名が入る。いずれの国名が入るにせよ、この文言が記載されたがゆえに、当事者となった両国のみならず、中・東欧の諸国が東方拡大の展望を共有することができた[24]。ひいてはそれが、マーストリヒト欧州理事会による「留意」にも結び付くのである。

問題は、東方拡大に否定的であったミッテランが、連合協定にこの文言が記載されることをなぜ拒まなかったかである。ミッテランがこれを拒めば、EU機関も記載することを躊躇したはずである。この理由は、次のようにいうことができる。欧州共同体が政治的な枠組みとして有用であることを、ミッテランは加盟諸国に再認識させる必要があった。その必要からみれば些細である文言の記載を、妥協する形で受容したのである。

当時のフランスにおける優先課題は、マーストリヒト条約に向けた加盟国間協議を主導することであった。同国にとって、マーストリヒト条約は欧州統合を深化させるためのものであり、拡大云々は二の次の議題である。とはいえ、統合の深化を目指すだけでは、東方への拡大に意欲をみせるドイツやイギリスが納得しないことも事実である。このような他国との相違を受けて、ミッテランは東方拡大に向けて譲歩する。その譲歩が、連合協定前文における前出の文言を生むことになる。

もっとも、ドイツやイギリスを納得させるためだけではなかった。とりわけドイツは、解体しつつあったユーゴスラビア連邦に独自に対応する傾向を強めていた。しかしながら、たとえばスロベニアやクロアチアでの紛争をいかに調停し、あるいはそれらの独立をどのように承認するかは、ドイツのみならず全欧的な課題であるべきである。このように考えたフランスは、ドイツに欧州共同体の枠組みに立ち戻らせる必要があった(25)。

さらには、ソビエト連邦が崩壊した影響も大きかった。ミッテランは、ソビエト連邦のゴルバチョフ大統領（当時）との関係にとりわけ配慮していた。対ソ連経済協力の枠組みとしてフランスは、世界銀行や国際通貨基金でなく欧州復興開発銀行を重んじていた。それというのも、支援対象国でなく対等な連携国であるというメッセージをソビエト連邦に送るためだったのである(26)。しかしながら、そのゴルバチョフは大統領を辞任し、ソ連は崩壊の一途を辿っていく。先行きが不透明になる中でミッテランは、他の加盟国とともに欧州共同体の枠組みを再確認しつつ、中・東欧諸国に安心感を与える必要もあった。そのために、東方拡大に一定の理解を示さざるをえなかった。

このような状況下でミッテランは、加盟が最終目標だと記載する連合協定を許容したのである。むろん、このような記載のある協定が、東方拡大の実現性を飛躍的に高めたわけではない。一九九二年六月にデンマークは、マーストリヒト条約を批准することを国民投票によって否決した（のち可決）。この出来事は、欧州共同体を中心とする統合の正当性に疑問符を投げかけるものであり、早急な拡大の機運を戒めることにもなった。ミッテランも依然として、欧州国家連合を推進することを止めなかったのである(27)。東方拡大の過程は、いまだ未整備であった。

とはいえ、それでもミッテランが、先述した文言を含みもつ連合協定を受入れた意味は小さくない。いかなる政治選択であれ、それを一度受け入れたのであれば、後にそれをなかったことにすることは著しく困難になるからである。マーストリヒト欧州理事会以降も、欧州理事会は定期的に開催された。それらの欧州理事会が東方拡大を議論しやすくなった一因に、ポーランドとハンガリーが先例となった連合協定前文の文言があったのである。ミッテランはその後も、東方拡大に否定的な態度を示し続けた。けれども、一時的であれ譲歩したことによって、東方拡大に向けた〝息吹〟がEUを覆っていくことになった。

コペンハーゲン基準と欧州安定条約

一九九三年六月に欧州理事会は、中・東欧諸国の加盟に向けた基準を公示した(28)。それらの基準は、欧州理事会の招集地からコペンハーゲン基準と呼ばれる。基準には、民主主義の確立や市場経済の機能化が含まれており、短期に満たせるものとは思われなかった。もっとも、基準が公示された事実は、東方拡大に一歩近づくものとして肯定的に受け止められた。

しかし欧州理事会は、何の制約もなくコペンハーゲン基準を公示できたわけではなかった。欧州の安定と回復を目的とする国際会議を開くようにフランスが要求したのである。この要求を他の加盟国がのんだことにより、欧州理事会として加盟基準を公示することができた。

フランスが開催を求めた国際会議は、欧州安定条約会議と呼ばれ、同年春に首相に就任したバラデュールの率先に拠っていた。四月に行った国会演説において、バラデュールは「欧州大陸全域の利益となる新たな均衡は、わが国の指導の下に見出されるべきである」と述べた(29)。少数民族や国境画定をめぐる問題を、ロシアおよび中・東欧諸国も出席する場で討議することを提案していた。

バラデュールの提案は、EUの外相理事会で議論された後、一二月のブリュッセル欧州理事会で採用することが決まった。一九九四年に安定条約の締約交渉が始まり、翌九五年三月に署名に至った。この条約は、共通外交・安全保障政策としてEUが実施した初期の統一行動の一つであった。署名国は、EU内外の五〇余りを数えた。条約に対する評価には、多国間協議のフォーラムとして有効に機能したという積極的なものがあった。他方、一部の参加国の問題をクローズアップする二重基準があったという指摘もなされた[30]。

いずれにせよ、こうして進行した安定条約の過程もまた、ミッテランの国家連合と同様にフランスの戦略の一環だったのである。前出の国会演説においてバラデュールは、「中・東欧の諸国は、相互に経済統合できるほど改革が進むまでは、さしあたり政治的に団結する必要がある」（傍点引用者）と述べた[31]。彼は、少なくとも安定条約の交渉を進める間は東方拡大の過程を減速できるとふんだのである。第五共和制で二度目となる保革共存政権において、バラデュールは対欧州政策の前面に立とうとした。これによって彼の外交は、ミッテランのそれと一線を画するという分析がある[32]。しかしこの分析は、安定条約については当てはまらない。中・東欧各国の安定を全欧的に支援することは、EUを東方に拡大せずとも可能である。このような考えは、ミッテランの欧州国家連合と調和するものであった[33]。

バラデュールの提案に、中・東欧諸国は最初は好意的であった。中・東欧六カ国とEU諸国による一九九三年九月の閣僚級会合は、彼の提案を「最重要の発展の一つ」であるとみなした[34]。しかしその後、国境の画定をめぐる問題が協議対象から外される等するうちに、安定条約の存在意義が問われていく。

安定条約への疑念は、三二カ国の首脳が出席した欧州審議会サミットにおいて高まった。サミットでは、欧州委員会のファンデンブルック対外政策担当委員が民主主義に基づく安全保障の重要性に言及した。そのような民主主義への手段として安定条約の締約が目指されることを歓迎したのである。しかしながら、ファンデンブルックに続いて演説したハベルは、現在の欧州は想像力を欠いているとしたうえで、EUが「保護主義のエゴイズム」を帯びつつあると批判した。ルーマニアのイリエスク大統領も、西欧諸国が新たな経済障壁を高めていると懸念を示した[35]。

中・東欧諸国はこのような疑念を、ブリュッセル欧州理事会の開催時期にも呈している。諸国は、自国が関わる国境および少数民族の問題はすでに解決しつつあると主張した。したがって、諸国にとって安定条約は、現状と

「相容れない」（ポーランド）ものであり、「時代錯誤」（ブルガリア）のものでさえあった。チェコとスロバキアの両国は、同条約を、良好な近隣関係の構築に有益ではないとしてEUの首脳らに抗議した(36)。

一九九四年には、中・東欧諸国の不満はより強まったようにみえた。スロバキアのクカン外相は、ドイツ外相との会談において「わが国は（安定条約という）多国間の次元でなく、二国間の次元で諸問題を解決していきたい」と意見した(37)。チェコのジェレネツ外相は、安定条約の交渉が始まる前に以下のように述べている。「欧州の安定を管理するのは、欧州審議会と欧州安全保障協力会議の両機関で足りる。チェコは安定条約に同意しない可能性がある(38)」。ポーランドとチェコの外相は、イギリス外相を前に次のように語った。「バラデュールの計画は、東方拡大を延期させるためのフランスの策略である(39)」。安定条約に懐疑的であった政治家は、EU内部にもいた。イタリア選出の欧州議会議員であり、欧州緑の党に所属するランゲーは、次のように指摘している。「安定条約は巧妙な静観（wait-and-see）戦略であり、支援というよりも、むしろ障害である」と(40)。

しかしながら、バラデュールの外交は、イギリスやロシアを含む関係主要国の支持を取り付けることに成功していた(41)。一九九五年一月の欧州審議会総会での演説において、バラデュールは次のように述べている。「欧州審議会には、欧州のすべての国家を加盟させるという目的がある。他方において、EUと西欧同盟は、きわめて野心的な事業であるために、欧州全域に拡大する予定ではない(42)」。このように述べることが可能であったこと自体、東方拡大をめぐるフランスの体面は保てていたことを意味する。

もっとも、フランスがその体面を保つことができたとはいえ、安定条約がEUの東方拡大を阻止できたわけではない。フランスはただ、欧州理事会がコペンハーゲン基準を公示することに同意する条件として欧州安定条約を発議できたにすぎないのである。安定条約を協議する間、東方拡大の過程はたしかに遅滞したかもしれない。とはいえ、連合協定の締約からコペンハーゲン基準への公示に至る脈絡は、東方拡大の展望を不可逆的に高めることになった。

「加盟前の戦略」と欧州・地中海会議

フランスが関わった取引をもう一つ挙げることができる。一九九四年一二月にドイツ・エッセンで開かれた欧州理事会は、「加盟前の戦略（Pre-Accession Strategy）」と呼ばれる東方拡大の方針を承認した。(43) 翌年六月のカンヌ欧州理事会は、拡大の実現可能性を高める前出の欧州委員会白書も承認した。(44) フランスは、これらの承認に賛同する条件として、EUが地中海沿岸諸国に財政支援を行うことを受け入れさせたのである。

欧州安定条約の場合と異なるのは、イタリアおよびスペイン両国と密接に連携している点である。アルジェリアやモロッコ、あるいはエジプトにEUとして支援するうえでは、たしかにこれら両国と連携する必要がある。しかしながら、EU域内における地理上の勢力をみた場合、南欧に位置する両国との連携はさらなる意味を帯びる。すなわちそれは、北方と東方への拡大に傾注するドイツを抑制するためにも重要なのである。一九九五年一一月には、理事会議長国であるスペインの下で欧州・地中海会議が開かれた。欧州・地中海地域で自由貿易地域の設立を目指すバルセロナ宣言が、この会議で採択されることになった。(45)

フランスにとってEU・地中海関係が重要であることは、ミッテランの特別顧問で欧州復興開発銀行の初代総裁も務めたアタリが指摘する通りである。アタリによると、中・東欧にまで広がる欧州空間を夢想するのがドイツである。大西洋をまたぐ連合の構築に執着するのがイギリス、アメリカおよび中・東欧の諸国である。このような中、フランスが望む欧州を建設するには、「五〇年代に決められた欧州統合のための優先順位」を「根本的に変えなければ」ならない。EU加盟を済ませた北欧諸国と連携してから南欧を立て直すのでは遅い。北欧との力の均衡を図っていくために、まずは南欧諸国との協力が欠かせないとする。(46)

地中海沿岸諸国との協力が要請された背景には、フランスの事情にかかわらず、それなりの理由があった。人口の増加と移動、あるいは宗教原理主義の台頭といった問題が欧州を脅かしつつあった。(47) 実際にEUは、共通外交・安全保障政策の下で当該問題を扱うことを想定していたのである。地中海諸国の相互関係が安定していたことも、協力のための好材料であった。あるいは、長年標榜していたEU加盟をモロッコが撤回したことは、EUと地中海諸国の協力をおそらくは円滑なものにした(48)。

しかしそれでも、地中海諸国との関係をみるうえでは、フランスが果たした役割を軽んじることはできない。一九九〇年には、ローマで欧州・地中海沿岸の九カ国会議が開催されていた。このような会議を開催できたのも、一九八三年と一九八七年にミッテランが主導したラバトでの地中海フォーラムの実績に拠るところがあったのである。九カ国会議では、イタリアのデミケリス外相が、欧州安保協力会議をモデルとする両岸間協力を提案した。南欧と地中海諸国が地域として団結する機会は、長期的に醸成されていたのである(49)。

一九九三年にミッテランは、スペインおよびイタリア両国の首脳と相次いで会談した。欧州・地中海会議を開催する案がこの時協議された。これら三カ国が開催を具体的に検討するようになるのは、翌九四年のことである。三カ国は相互に連携する必要に迫られていた。漁業問題のもつれからスペインは、ノルウェーのEU加盟を拒む意志を示していた(50)。フランスとイタリアは、北欧諸国の加盟がEU内でのドイツの立場を強めることを危惧していた。このような状況を忖度したわけではないのだろうが、欧州委員会のフランス人委員やスペイン人委員もまた、EUは「欧州の南」にも目に向けるべしと強調するようになっていた(51)。

一九九四年六月のコルフ欧州理事会は、「EUと地中海のパートナーが出席する会議」を開催する計画があることに言及した(52)。その後ミッテランとスペインのゴンザレス首相は、両国が役割を分担することで合意した。一九九五年上半期に理事会議長国となるフランスが欧州・地中海会議を準備し、下半期に議長国を継ぐスペインがこれを開催することにしたのである(53)。一九九四年一〇月には、EU拡大外相会議が開かれた。参加国は、すべての加盟国のほか、新規加盟が内定している北欧の四カ国、ならびに加盟候補となっている中・東欧六カ国である。この会議でもフランスとスペインは、EUは地中海地域への政策を重視するべきであると主張した。

連合協定と欧州安定条約に続き、ここにおいても国家間取引がなされたのである。ミッテランとバラデュールは、エッセンでの欧州理事会を控える一一月にドイツを訪問した。その目的の一つは、欧州・地中海会議の開催についてコールの同意を得ることであった。さらには、地中海沿岸地域の開発に向けた資金をEUから拠出させる必要もあった。コールはこれらの要望を受諾した。それとの引き換えに示した条件が、「加盟前の戦略」がエッセンの議題になることを認めるというものであった(54)。ミッテランとバラデュールは、この条件を承服した。その結果、中・東欧諸国の加盟は、以前にもまして現実味を帯びることになった。

4　東方拡大という経路への依存

本章では、東方拡大の始動期にフランスがどのようにそれに向き合ったかを概観した。同国は、加盟国間の結束という見地から、中・東欧の国の加盟に言及する連合協定を許容した。欧州理事会が加盟基準を公示する見返りに、欧州安定条約の過程を進めようとした。さらには、中・東欧諸国に向けた「加盟前の戦略」を受け入れる代わりに、地中海沿岸地域への支援をEUとして実施させたのである。

東方拡大に反対する立場を、フランスはEU内部でかなりの程度活用することができた。しかしその間にも、中・東欧諸国の加盟に向けた可能性は確実に高まっていったのである。

このような軌跡からは、次のことが明らかとなる。東方拡大が進む過程は、合理的に行動する加盟国間における交渉と取引の結果として説明することができる。リベラル政府間主義が論じるように、たしかにそれらの交渉と取引は、各国の力の差異や各国における選好の配置を反映していただろう。とはいえ東方拡大の過程においては、加盟国間の交渉と取引は、断続的かつ長期的に行われる。そのような時間軸を考慮に入れれば、EUで看過されがちな別の側面が浮き出てくるのである。すなわち、東方拡大という経路はいつしか形作られる。そして、EU内で影響力のある国家でさえ、その経路に抗うことが難しくなり、いつしかそれに依存していく。当該国の選好とEUの現況との間に、ギャップが生成されるのである。

たしかにミッテランは、自らの大統領任期が満了に近づいてもなお、東方拡大を牽制する姿勢を示すことができた。一九九四年五月に行ったコールとの定期会談では、「過度に急ぐ拡大した欧州は、不運にも何も存在しない欧州になるかもしれない」と指摘した[55]。翌年一月の理事会でも、「われわれは急げなくもないが、維持できる歩調は守られるべきである」と性急な拡大を戒めることを忘れなかったのである[56]。しかし皮肉なことに、ミッテランがあれほど反対していた東方拡大が、彼の任期中に現実味を帯びるようになったことは明白であった。彼は、任期中一貫して東方拡大には否定的であった。けれども、否定的な構えを示す行いそのものが、歴史的な展開の中に閉じ込められていた。

フランス大統領は、その後国内選挙を経て、ミッテランからシラクに交代した。そのシラクは、大統領に就任して間もない頃に次のように述べている。「フランスは、地中海と中・東欧の諸国に対する今後五年間の支援について提案する用意がある」。そのうえで、「この提案がカンヌで承認されることを望んでいる」、と[57]。ここでいうカンヌとは、自国カンヌで開かれる予定となっている欧州理事会のことである。シラクは、中道右派政党である共和国連合に所属しており、社会党のミッテランとどこまで政治信条が重なりうるかは議論の余地がある。しかしシラクは、EUの東方拡大に対するミッテランの方針を、少なくとも就任後しばらくの間は継承しようとした。とはいえ、シラクがいかなる姿勢で臨もうとも、東方拡大の過程は後戻りできない地点に達していた。

本章で取り上げた動態は、〝諸国家からなる共同体〟としてのEUの一面を露わにしている。共同体のメンバーシップは、ある時点におけるメンバー間の取引や合意に基づいて増加するという単純なものではない。共同体の既存のメンバーがたとえ望まなくとも、長期的には外部からの新規加入が起こりうるのである。このような現象を、本章は東方拡大を題材に明らかにした。

もちろん、このような現象をみるだけでは、東方拡大が実現した後のEUの変容を議論することはできない。次の第Ⅱ部でみるように、EUは価値の共同体を目指そうとした。人権尊重や民主主義、あるいは法治といった価値が加盟国間で共有される組織を作ろうとしたのである。しかしながら、それが順調に達成されることは容易ではない。その様相をみることにしよう。

第Ⅱ部　価値の共同体の現段階

ドイツ・ポーランド間の国境ゲートを開ける警備員
（2004年，ドイツ・バドムスカウ）（BPA/ullstein bild/時事通信フォト）

第4章　人権外交の展開
――発現・源泉・制約――

人権の尊重や民主主義といった規範を対外的に推進するいわゆる人権外交[1]は、近現代における国際関係の特質となっている。少数派信徒を保護するように外国政府に求めることは、戦争捕虜の虐待や奴隷貿易の停止を要請することとともに、人権外交の歴史的な事例として位置づけられる。規範を順守することを開発協力と連結する「コンディショナリティ」や国際連合を通じた人権の強化は、より近年の試みとして挙げることができる[2]。

このような外交を欧米諸国が主導してきたことは、興味深い現象である。諸国におけるリベラリズムの伝統、植民地喪失の経験、全体主義とホロコーストへの反省が、その根底にはあるのだろう。EUによる人権外交は、その欧米諸国における、一九七〇年代以降の変化に動機づけられてきた。アメリカは、道徳不在と批判された従来の外交方針を転換しようとした。オランダをはじめ、「コンディショナリティ」を実際に導入する加盟国が現れ始めた。ソビエト連邦との冷戦が終結したことにより、民主主義と人権は、新たな国際秩序に向けた中核的な価値として信奉されるようにもなったのである。これらの変化に、欧州統合の動態が重なる。すなわち、マーストリヒト条約を経たEUの権限強化と政策分野の拡張は、対外政策の共通化をもたらした。バルカン半島における人道危機は、中・東欧諸国による「欧州への回帰」の志向等とともに、加盟国がEUとして向き合うテストケースとなった。

EUの人権外交に接近する視角にはいくつかある。その多くは、対外政策の具体的局面における道徳や倫理の比重を問うものである。あるいは、そのための制度的環境を評価するものもある[3]。しかしながら、これらとともに探究されるべきは、欧州諸国間の統合組織として展開する人権外交が、そもそもいかなる特性をもっているかであろう。

　ＥＵが統合組織と呼ばれるゆえんは、経済分野を中心に、加盟国が自らの権限をＥＵに譲渡しているところにある。ＥＵの権限と意思決定の手続きが経済連携、開発協力あるいは外交・安保等の分野で相違するのは、そのためである。[4] ＥＵの枠外における加盟国の外交協力が、ＥＵによる外交として域外国から認識されることもある。このような様相の中、ＥＵの人権外交は、グローバル化が進んだ世界においていかなる独自性をもっているのだろうか。もしくは、それが持続しうるのはどのような条件の下でなのか。このような関心を念頭に置きながら、本章では、次の構成に従い議論を進めていきたい。まず、国際社会におけるＥＵの外交実践を把握するために、世界規模の多国間組織である国際連合（国連）における実践状況を紹介する。次いで、域外諸国との二者間関係における人権外交を、コンディショナリティに着目しつつ概観する。そのうえで、ＥＵの人権外交を正当づける源泉と、逆にこれを制約する要因にも論及する。

1　国際連合における人権外交

　国連は、第二次世界大戦終結期の設立時から、人権と基本的自由の尊重に向けた国際協力を目的に掲げている。国連の場においていかに人権外交を実践するかは、したがって、ＥＵと加盟国にとっての試金石となるものである。

国際刑事裁判所の設立

　幸いにも、国連における人権保護の取り組みには、ＥＵ加盟国が概して協力的である。世界人権宣言を端緒として国連は、各種の人権条約を発効させている。フランスほか、いくつかの加盟国の署名が一部遅れはしたものの、大多数の人権条約には最終的にすべての加盟国が締約してきた。[5] むろん、条文への留保や解釈宣言、さらには各加盟国内での実施状況をみないことには、加盟国による協力の密度は把握できない。しかし少なくとも、加盟国が人権条約の締約に能動的であることは、EUとして人権外交を展開するうえで有利な環境を醸成してきた。

このような環境の証しとなりうる一例が、国際刑事裁判所（以下「裁判所」とする）の設立をめぐるものである。個人の戦争犯罪を国際法廷で裁くべきとする国際社会の関心は、国連憲章第七章の下で旧ユーゴスラビアとルワンダの法廷を設立させた。裁判所の設立は、こうした関心を継承するものであるが、これを迅速に支持し、率先したのがEUである。裁判所の設立を検討する国際会議の開催直後に欧州理事会は、「普遍的で効果的な」裁判所の設立に「強く賛同する」と表明した(6)。裁判所を設立するためのローマ規程の締約国数は、二〇〇〇年代初頭に伸び悩んでいた。そのような時期に各国外相からなるEU理事会は、共通外交・安全保障政策の「共通の立場」を通じて内外の諸国に批准を訴えている(7)。

EUが裁判所の設立を支持する過程については、次の二点を特筆することができる。第一に、裁判所の設立に当初懐疑的であったEU加盟国が、EUにおける協議を経て受容したことである。懐疑的な国には、フランスとイギリスも含まれていた。国連安全保障理事会の常任理事国である両国は、常設される裁判所が同理事会の権限を弱める可能性をとりわけ懸念した。そのような中でEUは、論点を整理しつつ、両国に処方を提示する枠組みとして機能した(8)。

第二に、EUの姿勢は、アメリカとの対比においてきわだっていた。アメリカは、自国の兵士が訴追される恐れから、ローマ規程が採択されることに当初から批判的であった。その批判は二〇〇一年九月にニューヨーク等で起きた同時多発テロ事件以降さらに強まったものの、そのような同国の反応をEUは公式に批判している。翌年六月に招集された加盟国外相からなる理事会は、アメリカ議会が審議を始めた軍人保護法案を「裁判所の運営を著しく損ないうる」ものとして非難した。この法案が成立すれば、同国は他国への軍事援助を削減しやすくなる。理事会は、加盟国を含むローマ規程締約国への援助をアメリカが削減することを問題視したのである。理事会はまた、裁判所に収監される人物を同国大統領が解放できるとしていることに「特段の関心」を示している(9)。九月の理事会も、アメリカが提案する二国間協定が、ローマ規程によって締約国に課される義務と調和しないであろうことを警告し

ている。(10)

裁判所をめぐってアメリカと対照的な姿勢をみせたことは、同時多発テロ事件後の特別な状況下であったがゆえに顕著となった面がある。裁判所の設立をEUが支持したのは、自らの目的遂行のために国際法を軽視するアメリカから距離を置くためでもあったのである。(11)もっともその後、イラクに侵攻するアメリカに協力する加盟国が一定数にのぼった。そうなるにつれて、EUとアメリカの対照性は不鮮明となっていく。しかしそれでも、裁判所の活動に賛同する加盟国の姿勢は揺るがなかったのである。(12)

障害者権利条約の起草

国際刑事裁判所は、重大犯罪を処罰するためのきわめて政治的な企てであった。他方、より日常的な課題への対応にもEUは積極的である。障害者権利条約の起草会議における外交が、これを示している。国連総会が二〇〇六年に採択したこの条約は、EU自らが締約する、EUとしては画期的な人権文書である。加盟国の内務相からなるEU理事会は、締約する際、この条約の下でEUが負うことになる義務の範囲を明らかにした。その後、条約の実施に向けた取り決めを、行動規範の形式で各加盟国と合意している。(13)

EUとその加盟国は、アムステルダム条約、二〇〇〇年一一月の理事会指令および基本権憲章等を通じて、障害者差別を禁止し、あるいは障害者の社会参加を促してきた。(14)障害者権利条約を起草する作業は、EUによるそれまでの取り組みを国連に応用する好機であった。条約の起草会議には、各加盟国からの代表団が正員として参加した。さらに欧州委員会の駐国連大使のほか、雇用・社会問題総局から総局長と局員、ならびに理事会事務局ニューヨーク事務所所員らがEU代表団を組んでオブザーバーとして参加している。(15)

EU代表団は、起草会議において特段の指導的役割を担ったわけではない。しかし彼らは、要所において会議の合意形成に影響を与えている。起草作業を効率化するために部会を提案したこと、ならびに締約国による順守を監視する制度を導入させたことは、そのような影響の一部である。(16)さらには、いわゆる合理的配慮の概念を条約で採用させたことも、条約の性格に決定的な影響を与えることになった。この概念を採用することに消極的な国連加盟国は、国内では採用実績のあるものも含めて一定数存在した。このような状況の中でEUは、障害者団体の支持を得て採用させるに至っている[17]。

オブザーバーであるEU代表団が合意形成に関わるには、起草会議の正員であるEU加盟国代表らとの連携を欠かすことができない。その加盟国代表らは、起草会議に向けてEU理事会内の人権作業部会で事前協議をもっている。この協議においてEU代表団は、当該分野でEUが享受する権限とEU立法の現況を教示しつつ、国家間の立場を調整する役割を担った[18]。これが、先述の影響を与える遠因となった。

国際刑事裁判所と障害者権利条約の二つの例は、国連におけるEUの人権外交実践として紹介できるものである。国連の取り組みをEUとして支持しつつ、これに協力するように内外の諸国に要請する。あるいは、欧州委員会を中心とするEU代表団が、国際会議のみならず、加盟国間の協議に関与する。人権保護をめぐる国連の取り組みに、EUが総体的に対応できているわけではないだろう。とはいえ、加盟国によるEUへの権限委任が限られる中、これらの実践からは、手段を尽くして人権規範を促進しようとする意図を読み取ることができる。

2　コンディショナリティを通じた人権規範の推進

人権および民主主義の規範を、EUは、国連をはじめとする多国間組織の他、域外国との二者間関係においても促進している。促進の手段には、現地での人権保護活動や選挙監視に対する補助金支給等がある[19]。しかしながら、規範をより直截かつ体系的に促進する試みは、コンディショナリティと呼ばれる手段において表れている。一般的にこれは、開発協力や経済連携を開始もしくは保持する際に、相手国における人権保護や民主主義の状況を考慮するものである。そして、これらの状況が悪化する場合には協力関係を後退させ、逆に好転すれば、関係強化に乗り出す。このような行動を織り込むことにより、人権保護に注意する動機を相手国に与えようとするのである。

通商・開発協力・経済連携

ＥＵが通商政策で導入する一般特恵関税制度には、こうしたコンディショナリティがみてとれる。この制度は、貿易上の優遇措置を与えることによって途上国の輸出振興を図るものである。この制度において、人権保護を順守しない国の優遇措置は取り消されることを事前に規定するのである。ＥＵが措置を取り消すのは、合わせて一六の国連条約と国際労働機関条約が定める原則に相手国が「重大かつ組織的に」違反する場合である。さらに相手国が、囚人労働による産品を輸出したり、あるいは資金洗浄についての国際ルールに違反したりする場合にも措置を取り消すとしている。(20)

優遇措置をＥＵが取り消した事例には、ミャンマーとベラルーシがあった。ミャンマーは、強制労働の疑いからである。ベラルーシは、個人が享受する結社の自由と集団取引の権利を侵害したという理由からであった。(21)もっとも、取り消した事例は、以上の二件と多くはない。一般特恵を通じたコンディショナリティは、むしろ、人権強化に傾注する途上国を支援することに重心を移しつつある。たとえば「一般特恵プラス」と称される取り決めでは、人権基準と労働基準に加えて、京都議定書等、持続可能な発展ならびに良い統治に関する二七にのぼる国際条約を実行する国を手厚く優遇している。一五ほどの途上国がこの措置の対象となっている。(22)

一般特恵での取り組みと並行してＥＵは、域外国と締約する連携協定ないし経済協力協定に人権条項と呼ばれる条項を盛り込んできた。それはまた、共通外交・安全保障政策および拡大政策の枠組みを活用してきた。多様な手段により遂行できることに加えて、これらの行動には、コンディショナリティを途上国にとどまらず遂行できる利点もある。

人権条項からみていきたい。人権と基本的自由の尊重、法治および民主主義等を協定の本質的な要素と位置づけつつ、これらの要素に違反すれば制裁措置を講じうる、と定めるのが条項の主旨である。このような人権条項を、ＥＵは、一九八〇年代以降、協定の中に徐々に挿入していった。一九九〇年代には、条項の文面を統一しようとした。二〇一一年時点においては、一二〇を超える域外諸国との協定に人権条項が備わっていると推定される。(23)

人権条項をもつ協定の数が増えること自体、EU外交が地道に人権規範に傾注してきた証しである。協定とは、本来、相応の経済的利益や、より広義の政治的利益を期待して締約される。そのような協定に、人権条項は、民主主義や人権といった規範的な側面を付加することになる。その帰結として、EU内部では、規範的な理由をもって締約に反対する行動が時に勢いを得た(24)。内政不干渉の原則が浸食されることを心配して、EUとの協定に否定的になる相手国も少数ではなくなった。EUは、以前にはおよそ不要であった厄介な論点を提起しながらも、締約実績を重ねてきたのである。

それとともに、人権条項に基づいて実際に制裁措置を適用していることも確認する必要がある。多くの適用事例は、アフリカおよびカリブ海等の旧植民地諸国と結んだ連携協定、通称コトヌー協定に由来する。これまでハイチ、フィジー、コートジボアール、ジンバブエ、中央アフリカ、トーゴおよびギニア等が、適用の対象となっている(25)。EUの基本条約がEUに与える権限の制約上、制裁措置は、欧州開発基金からの融資を凍結し、もしくは減額するものに大方とどまる。しかしながら、これらの措置は、相手国も同意する協定の人権条項に基づいてとられた。その意味において、EU法と国際法の両方の次元において、従来の制裁措置以上に正当性の高い措置となりうる。措置の適用に向けては、相手国が状況を説明し、あるいは弁明する機会も原則として設けている。このような過程を通じて、EUは、二者間関係において人権規範の比重を高めてきた。

共通外交・安全保障政策

EUは、加盟国からの政治的な協力を得つつ、共通外交・安全保障政策を実施している。外相からなる理事会は、二〇〇〇年代半ばより、当該政策の枠内で制裁を実行する際の指針を定めている。指針には、制裁に向けた原則、対象となる機関・団体・個人のリスト、適用の免除、評価方法、国連安全保障理事会決議の実施、法的書面の様式等が含まれる。この指針に従ってEUは、武器の禁輸、政府関係者による加盟国への入国制限、ならびに資産凍結といった措置をとってきた。さらには、残虐な刑罰に代用できる物品や未加工ダイヤの貿易を規制しつつもある(26)。

共通外交・安全保障政策の下でのコンディショナリティは、主にはEUによる域外国への政治および経済制裁として表れる。一九九〇年代にEUは、セルビア・モンテネグロやシエラレオネに対して制裁を科した。後年には、ウズベキスタンおよびイラン等が制裁の対象となっている。[27] ウズベキスタンを例にすれば、反政府運動に「度を超えた無差別な武力」（外相理事会）で応じた同国について、「共通の立場」と「規則」を同日（二〇〇五年一一月一四日）に採択している。「共通の立場」は、当該政策の下で採択したものであり、同国への武器輸出ならびに技術・金融支援を禁止する。それとともに、同国の内務相をはじめとする一二名をEUに入域させない措置を加盟国にとらせている。他方、欧州共同体として採択した「規則」は、「共通の立場」が指示する禁止の一部を「すべての加盟国の経済機関が一様に実行する」ことを目的とする（「規則」前文）。そのために、禁輸する装備の細目に加えて、禁止を実行する加盟国経済機関の名称、所在地および電話番号をリストアップすることになった。[28]

共通外交・安全保障政策におけるEUの行動は、原則として理事会の全会一致をえることが必要である。しかしながら、その決定に基づく欧州共同体の経済制裁は、理事会の特定多数決で実施することができる。[29] 当該政策での行動と欧州共同体の措置は、このような形で連動しうるものである。

EU拡大政策

EUが人権保護と民主主義の状況をとりわけ綿密に査定するのは、EUへの加盟を目指す近隣諸国についてである。「民主主義、法治、人権および少数者の尊重と保護を保証する制度」を欠く国が加盟できないことは、一九九三年六月のコペンハーゲン欧州理事会が示唆するところであった。[30] この示唆に依拠しながら、EUは、加盟候補国における進捗状況を定期的に評価している。具体的には、候補国による自由権、社会権ならびに少数者保護の状況を、国連および全欧的な人権組織である欧州審議会の人権条約の実施状況とともに点検する。さらには、同国の立法府、行政府および司法府の運営状況を、汚職防止策の実施状況、軍隊に対する文民統制、多国間協定の順守状況、国際戦犯法廷への協力状況等とともに確認するのである。[31]

このような査定の方式は、最初、一九九〇年代半ばより始まった中・東欧および地中海諸国への拡大過程において本格的に導入された。これら諸国が加盟した後も、同様の方式がクロアチアやマケドニアといった後続の加盟候補国に実施されている。この方式は、ＥＵの拡大政策において定着していると捉えることができる。

以上のようにＥＵは、通商・開発協力・経済連携、共通外交・安全保障政策および拡大政策のいずれの枠組みにおいてもコンディショナリティを遂行している。ＥＵが活動する動機も、あるいはその活動に域外国が期待する程度――たとえば早期のＥＵ加盟承認があるのかどうか――も、政策分野で相違するだろう。しかしながら、これらすべての分野において、ＥＵは、コンディショナリティの遂行に向けた手段を講じるようになった。このような変化は、ＥＵの活動に人権と民主主義の規範が浸透しつつあることを裏付けている。

3　人権外交の源泉

人権外交の実践状況をこれまで概観してきた。次に、何がこのような外交を可能にし、もしくは正当づけているかに関心を転じたい。当該外交の背景に冷戦終結等があることは先に触れた。もっとも、そうした背景に加えて、国家間統合の組織であるＥＵには固有の源泉が備わりつつあるように思われる。

統合による平和

欧州諸国がＥＵを通じて平和的な状況を実現したことは、そのような源泉の一つに数えることができる。一九五〇年代における三共同体の設立は、二度の世界大戦、アメリカおよびソビエト連邦という超大国の出現、植民地経営からの加盟国の撤退等を動機としていた。加盟国の指導者らは、経済統合という手段によって国家間の敵対を解消し、これを繁栄の礎にすること企図した。このような企図は、ハースやドイッチュといった国際統合研究の先駆者をも魅了するものであった。

面白いのは、設立された欧州共同体とＥＵが、「六〇年以上にわたり、欧州における平和と和解、民主主義および人権を増進してきた」（ノルウェー・ノーベル委員会、二〇一二年）[32]ようにみえることである。一九世紀半ば以降近隣国の軍事的脅威であったドイツは、総じて協調的になっていた。財政・金融危機を経験したギリシャやスペインであるが、それらの政治体制が安定したのはＥＵ加盟を契機としてであった[33]。あるいはＥＵは、旧ユーゴスラビアでのジェノサイドを防げなかったものの、紛争の再発を防ぎ、国家建設を進めるための求心力となっている[34]。

ＥＵのいかなる仕組みや思考、もしくは行動の様式が「欧州における平和と和解、民主主義および人権を増進」してきたかは、間違いなく主要なＥＵ研究課題に含まれよう。もっとも、その核心には、長期にわたる超国家的な意思決定の制度構築があったと察せられる。そこにおいては、中小国の政府であっても発言の場が確保される国際環境があった。理事会の票配分やＥＵ財政の負担をめぐるドイツの譲歩的な姿勢は、他国の警戒を解く作用を及ぼしたであろう。さらには、早期から言論の自由や女性の社会参加を進めたスウェーデン、フィンランドが加盟したことが、ＥＵによる政策の道義性を補ったとも考えられる。こうした諸々の変化が蓄積されることによって、ノーベル委員会のような評価が生まれる[35]。こうした評価は、ＥＵによる人権外交の基盤を強固なものにする。

欧州的アイデンティティ

加盟国の国民が欧州人またはＥＵ市民としてどの程度の帰属意識をもつかは、議論の分かれるところである[36]。しかしながら、少なくとも国家政府の次元では、欧州的アイデンティティと呼べる集団意識が強調されてきた。一九六〇年代における関税同盟の結成は、域外諸国への共通の通商政策を要請した。ソビエト連邦や中東諸国との対話、ならびに途上国への開発援助をＥＵとして実施しながら、欧州政治協力から共通外交・安全保障政策へと制度化を進めることになった。アメリカが奨励する新自由主義や対テロ戦争をいかに受容し、あるいは拒否するかの回答も迫られた。このような道程の中で、加盟国政府は――共和制国家の隆盛を目の当たりにした一九世紀の神聖同盟のように[37]――「他者」を意識しつつ、欧州としての一体感を確認していくのである[38]。

加盟国政府が集団意識をいかに共有するかは、その時々における他者の態様に依存すると考えられる。ただし、そのような意識を表出する際に、民主主義や人権といった価値観への言及がみられることには留意したい。加盟国が世界で能動的な役割を担う決意を示したものに、一九七三年の「欧州的アイデンティティに関する宣言」がある。この宣言において、当時九カ国の外相は、人権を尊重することが代議制民主主義、法治および社会的公正とともに欧州的アイデンティティの基礎をなす、と表明している[39]。一九八六年の単一欧州議定書において加盟国首脳は、欧州が国際の平和と安全に独自に貢献する展望に触れた。そのために法と人権を守り、民主主義の原則を掲げることが肝要である、とここでも述べている[40]。

このような価値観への言及は、社会心理学において自己高揚と呼ぶ事象に通じている。この事象においては、他者との差別化を図ることが、自らを高揚させる効果を生むことになる[41]。リスボン条約によってEU条約に設けられた次の一文も、このような高揚を示すものだろう。「加盟国の元首および政府首脳は（…）人間の不可侵かつ不可譲の権利、自由、民主主義、平等および法治という普遍的な価値を発展させた、欧州の遺産に触発され（ている）[42]」。ここにおいて、人権や民主主義といった価値は、欧州の遺産として位置づけられる。加盟国の指導者らは、このような位置づけ――その当否はさておき――をもって、EUとしての結束を確認する契機とした。EUの人権外交は、このような自己高揚の対外的な表現であるとみなすことができる。

自発的な取り組み

EU域内の人権問題にEUと加盟国が自発的に取り組むことは、説得力のある人権外交を展開するうえで欠かせないものであろう。

加盟国は、自ら死刑制度を廃止しつつ、域外国に対しても、これを廃止するように求めてきた。このような行動は、自発的な取り組みの成功例として紹介される[43]。フランスのミッテラン政権が廃止を決定した一九八〇年代初頭には、当時の一〇加盟国中、廃止国は半数に満たなかった。翻って、現在のすべての加盟国は、あらゆる犯罪についてこれを廃止している[44]。

このような変化は、すべて各国の自主的な判断から生まれたものとは言いがたい。それはむしろ、早期に死刑を廃止した一部の加盟国が、人権団体、欧州議会および欧州審議会と協働した帰結と捉えるべきである[45]。いずれにせよ、ＥＵとして対外的に廃止を求めることは、多くの加盟国が廃止の過程にあったがゆえに容易であったと察せられる。次の場面を想像されたい。わが国を含む、死刑罰を維持することに肯定的な諸国が、死刑廃止を目的とする国連自由権規約の議定書（第二選択議定書）を無効にするように訴える。あるいは、国際刑事裁判所に死刑罰を導入するように提案する。このような訴えや提案が受容される可能性は、もはや無きに等しいものとなっている[46]。ＥＵと加盟国は、このような趨勢が国際社会で形成される一端を担ってきた。

自発的な取り組みの象徴となるのは、独自の人権目録である基本権憲章を起草し、これに法的拘束力をもたせたことである。さらに、人権を侵害する加盟国の権利停止、基本権庁の設置、ならびに人種差別や性差別と戦うための立法手続きを制度化したことも、このような取り組みの一環として位置づけられる。これらの取り組みがいかに実効的であるかは、たしかに慎重に分析するべき課題ではある[47]。ただし、それとともに、これらの取り組みへの関心が、ＥＵ次元において集積しつつある状況にも目を向ける必要がある。国内メディアの自立性を脅かす加盟国に欧州議会が制裁発動を警告したことは、そのような例の一部である。欧州議会は、同性愛者と女性の権利に理解があるとはいえない人物の欧州委員会委員着任を拒絶したこともあった。あるいは、基本権庁は、不適切な亡命認定方法を用いる加盟国を告発している[48]（詳細は第5章参照）。ＥＵが人権問題をいかに内面化できるかは、その人権外交の正当性にとって鍵となりうるものである。

丸腰のイメージ

ＥＵが丸腰の、つまり非軍事的な組織としてイメージされることも、その人権外交に有利に作用する可能性がある。ＥＵに対する域外国の警戒を、そのようなイメージは緩和すると考えられるからである。

このような視点は、イギリスの政策アドバイザーであるレナードの議論に通じる。レナードは、軍事力に頼らずとも存在感を示せるＥＵを、弱いは強い（the power of weakness）と表現する。そして、その弱さが、強いは弱い（the weakness of power）――軍事力が強みどころか弱みにさえなっている――アメリカとは異なる優位性をＥＵに与えている、と分析するのである。[49]

レナードの議論は、軍事力を重んじたジョージ・Ｗ・ブッシュ政権期のアメリカを念頭に置いていた。したがって、同国の政権交代を経た現在から省みれば、それはＥＵとアメリカの対照性を誇張している感がある。他方において、「弱くて丸腰のＥＵ」は、あくまでもイメージにすぎない。現実のＥＵは、徐々にではあるが、共通安全保障・防衛政策を通じて軍事能力を獲得しつつあるとも捉えられる。しかしながら、たとえこのような状況を考慮するにせよ、丸腰というイメージをＥＵから完全に払拭することは難しい。欧米諸国による軍事展開が批判される場合、その矛先が向かうのはしばしばアメリカであり、あるいは一部の加盟国である。そのような中でＥＵは、武装解除や紛争予防といった非執行的な任務を、北大西洋条約機構との関係に配慮しつつ担っている。[50]このようなＥＵの役割は、軍事展開の観点からいえば、補助的ないし副次的なものにとどまる。逆にそれは、平和維持および平和構築を促す「善なる主体」として立ち現れる機会さえ享受することになる。[51]

以上、四つの源泉を挙げてきた。これらの源泉は、定量的なものでも、あるいは排他的なリストを提供するものでもない。しかし他方では、これらのいずれもが、ＥＵにおいて長期にわたり、独特な形で備わりつつあるようにもみえる。ＥＵ域内の世論は、民主主義と平和をＥＵが対外的に促進することに好意的である。[52]このような動向は、加盟国市民が、人権外交を実践するＥＵの有用性を自覚していることの表れであるように思える。

これらの源泉がＥＵにとってどのように独特であり、あるいは持続的であるかは検証する余地がある。欧州対外行動局の設置等、その後の制度的展開も考慮に入れる必要があるだろう。とはいえ、仮にこのような独自性と持続性が認められるとすれば、それはＥＵが、経済分野を中心に統合を深めながらも、依然として分権的ないし多極的な構造を残す組織であることに由来すると推定される。それとともに、経済力と軍事力の双方を独占しようとする個別の主権国家も、あるいは緩やかな政府間協力にとどまる各種の国際組織も、これらの源泉を備えるには必ずしも適さないことが示唆される。

4　制約される人権外交

ＥＵによる人権外交の特性を多面的に把握するために、以下では当該外交を制約ないし阻害する要因をみていこう。このような要因もまた、諸々の角度から示すことができよう。ここでは、次のように整理を図ることにした。

二重基準——他の利益との競合

第一に挙げる要因は、人権を侵害する域外国への対応を一貫させにくいことに起因する。これは、二重基準の問題として集約することができる[53]。前出のコトヌー協定に基づいて制裁措置を適用するのは、ＥＵに対してとりわけ脆弱なアフリカおよび島嶼地域の諸国に限られる。他方、エネルギー分野で依存するロシアには、連携協力の実施を二年ほど遅らせるのみであった。同国がチェチェン紛争で大量の死傷者を出したにもかかわらず、である。あるいは、長年の加盟候補国であるトルコには、欧州委員会が報告するように、政治体制を「前進」させる必要もあったであろう[54]。とはいえ、同国のＥＵ加盟を頑なに拒み続けたことは、第三者には不公平であるように映りもした。これらは、二重基準として想起できる例である。

二重基準の問題は、ＥＵが得ようとする諸々の利益に由来する。経済制裁が対象国の状況を改善する蓋然性は低く、その悪化を防ぐ程度であるといわれる[55]。そうであるかぎり、制裁によって内外から人権擁護者と称賛される利益よりも、相手国との関係を損なわないことによって得る利益を優先することはありうる[56]。近隣国のＥＵ加盟を認めて加盟国市民の支持を失うよりも、加盟を先送りすることで当該国との関係が悪化する方が軽微であるという判断も同様にありうるだろう[57]。しかしながら、一貫性に欠ける対応を域外国に示すことは、人権外交の正当性を侵蝕するところとなる。

隠れ二重基準

二重基準とともに問題であるのは、皮相的な人権外交をもってよしとする姿勢である。北京天安門事件を経た中国への外交に、そのような姿勢がみられる。

一九八九年の同事件後にマドリード欧州理事会は、武器輸出の禁止をはじめ、軍事協力の中断、政治的接触の停止等の措置をとると宣言した[58]。法的拘束力のない宣言であったこともあり、EUは、同国と慎重に対話しつつ、適宜これらの措置を緩和する戦略をとった。対話においてEUは、表現と結社の自由、拷問の禁止および少数者保護を含む同国の人権状況に言及することができた。同国による政治犯の釈放や国連社会権規約の締約をはじめ、対話が奏功したとみなせる成果も生まれた。こうした成果を評価しつつ、EUは、同国が世界貿易機関に加盟すること、ならびに北京で夏季五輪を開催することを支持した[59]。

問題は、武器輸出を解禁する動きが表面化して以降である。二〇〇四年の欧州理事会が認めたように、EUには、対中貿易関係の緊密化を背景に解禁を模索する意思があった[60]。しかしながら、台湾海峡の状況悪化を懸念するアメリカの圧力を受けて、禁輸を維持することにしたのである。もっとも、その後にEUは、禁輸するべき武器の範囲については、加盟国に相応の裁量を残す方針を明確にした。輸出を規制するルールは定めるものの、武器の細目までは関与しないことにしたのである。フランスやイギリスが自国が禁輸する範囲を狭めたのは、その結果であったといわれる[61]。

欧州議会は、禁輸をEUとして継続していることを、団結と一貫性の証しであると称賛した[62]。このような称賛は、伝統的な意味における外交技術の成果であったといえなくもない。EUと加盟国の他、アメリカおよび中国両政府にとっても、最低限受容できる状況ではあったからである。しかしながら禁輸を続けることは、中国による人権侵害への対応ではなく、アメリカからの圧力によって動機づけられることになった。このような観点からすれば、中国へのＥＵの対応は、隠された二重基準とでも呼べるものである。それは、人権外交の意義を長期的には形骸化することになる。

妥協なき態度

人権保護のあり方を国際的に討議する場において、ＥＵと加盟国は、域外国の主張や意見を頑なに受容しないことがある。

国連人権理事会をめぐる行動に、この点は顕著であった。国連事務総長のアナンによれば、新たに設置される人権理事会は、「(旧人権委員会において)失われた信頼とプロ気質」を取り戻すべき機関であった[63]。そのような機関の新設と運営は、ＥＵがその人権外交を実践する好機となりうるものであった。

この好機を、ＥＵはまったく活かさなかったわけではない。四七カ国からなる理事国中八カ国を常時占める勢力として[64]、ＥＵは、人権理事会がスーダンのダルフール問題を協議するように率先した。あるいは、不正選挙や労働権の侵害等で批判を受けるベラルーシが理事国に選出されることも、成功裏に阻んでいる。より重要なことに、国連のすべての国を審査する普遍的定期審査制度は、ＥＵ諸国の支持があったがゆえに円滑な導入が可能であった[65]。これらは、理事会をめぐるＥＵ外交の成果として捉えることができる。

しかしながら、それ以上に顕著であるのは、ＥＵ加盟国の寛容とはいえない姿勢が、他地域より選出された理事国との摩擦を生んでいることである。その兆候は、理事会の制度設計を行う初期段階からあった。人権侵害国を排除するためにＥＵ加盟国は、アメリカとともに、理事国の選出資格を厳格にするべきであると主張し続けた。そのような主張は、非民主的な域外諸国のみならず、インドや南アフリカといった民主的な諸国の賛同さえ得ることができなかった。それにもかかわらず加盟国は主張を続けたために、理事会の設置過程では孤立しがちであった[66]。

ＥＵ諸国の孤立は、人権理事会設置後に定期的に開かれる理事会総会でも明らかになった。イスラム諸国は、宗教を冒瀆する表現や言論についてはその自由を制限すべきであると主張する。経済社会権を保護する観点から、途上国は、自らは富裕国によって救済される権利があると問題提起する。さらには、他地域から選出された理事国の多くは、アメリカ軍基地における捕虜虐待を理事会として非難すべきであると意見する。EUに加盟する理事国は、このような問題提起や主張をあらかた拒絶してきた[67]。そのために、他地域から選出された多くの理事国も、EU諸国の意見に耳を貸さない傾向にある。このような状況下では、EU諸国の効果的な外交実践を期待することはできない。

状況を打破しようとした加盟国もあった。たとえばスウェーデンは、ポーランドをはじめとする加盟国よりも、加盟国ではないニュージーランドやチリとの連携を模索した[68]。中東でのイスラエルの武力行使を批判し、あるいは文化的権利を促進することに賛成する加盟国も現れている。しかしながら、一部の加盟国が非加盟国と連携したところで、他の加盟国がそのような行動に追随しようとはしない[69]。一部の加盟国は人権理事会において指導力を発揮できようが、EUとしての結束はゆるまざるをえないのである。このような状況は、EUとしての人権外交を阻害するだろう。

域内における人権保護の停滞

先述したように、EUと加盟国の自発的な取り組みは、人権外交の源泉になりうるものであった。けれども、そのような取り組みが徹底されているとは必ずしもいえない。

EUは、コンディショナリティ等を通じて域外国に人権強化を求めてきた。とはいえ、当の加盟国が国際社会の求める水準に十分に達していないことがある。たとえば、国連の監視委員会や欧州審議会の欧州人権裁判所は、各国が警察活動に対する苦情を調査するための独立した機関を設置する必要があると勧告してきた。しかしながら、多くのEU加盟国は、いまだそのような機関を設置していない状況である[70]。あと一つの例として、ロマ人等、複数の加盟国にまたがる少数者への抑圧を挙げることができる。欧州委員会が欧州審議会に対応を一任していた往時を鑑みれば、EUによる近年の取り組みはある程度の進展をみている[71]。とはいうものの、最終的な対応は、依然として各加盟国に委ねざるをえない状況である。いくつかの加盟国による無策は、人権団体や欧州議会の批判を受けるところとなる(72)。

国際人権団体であるヒューマン・ライツ・ウォッチの報告に照らせば(73)、EUと加盟国が適切に対応していない問題は広範囲に及んでいる。そのような問題には、異民族・異人種・異教徒への差別と暴力、近隣諸国からの難民の保護、亡命申請者の収容と住環境、同性愛者に対する嫌悪等が含まれる。こうした報告が続く限り、EUが率先垂範の存在として認知されることは難しい。

以上いくつかの要因を挙げたが、これらの要因の多くが、二〇〇四年以降のEU拡大によって増幅した感がある。二倍近くにのぼる加盟国数の急増は、EUによる合意形成および合意内容の実行を、全般的に困難にするだろう。公的行動としての人権保護は、諸々の利害関係者の倫理観や利益認識に依存する。それはしかも、EUが管轄する複数の政策分野に跨る課題である。このような状況が人権外交の妨げになっている。

5　外交経験と実践のゆくえ

複数の国家からなるEUは、その独特な権限の態様にもかかわらず、世界的な多国間組織である国連において、手段を尽くして人権外交を実践しようとしている。それは、域外各国との関係においても、コンディショナリティに表れるように、自らが享受するあらゆる権限を活用しつつ人権規範の促進を試みている。

このような外交の源泉となるのが、欧州諸国間の平和を達成した史的実績であり、あるいは欧州的アイデンティティと呼べる集団意識の醸成であった。非軍事的組織であるというイメージに加えて、域内における人権強化への自発的な取り組みも、EUによる人権外交を正当づけるものとして挙げることができる。本章では、これらの源泉が、長期にわたり、独特の態様でEUに備わりつつあると推論した。EUは、経済分野を中心とする国際統合組織でありながらも、多極的な性格を残している。こうした構造が源泉を生む土壌になっている。

他方において、人権外交を制約しうる要因もあった。そのような要因として、本章は、二重基準問題のほか、域外国に対する姿勢が不寛容であること、ならびにEU域内における取り組みが不十分であることを挙げた。いずれの要因も、おそらくは容易に除去できる類のものではない。むしろ、本文で触れたように、急激なEU拡大がこれらの要因を常態化させている感がある。

EUの外交実践は、これらの源泉や要因の見地から検討する余地を残していると捉えることができる。ただし、「EU対外行動の中心にある人権と民主主義」と題する二〇一一年の欧州委員会コミュニケーションが示唆したように、(74)外交実践を強化するための政策手段は、もはや出尽くしている。その意味において、これまでの経験を踏まえた効果的な実践をいかに継続していけるかが、人権外交をめぐる新たな問題関心として付加されることになる。

第5章　基本権庁の設置と人権統治

――制度と権限――

前章ではEUの人権外交に着目したが、その域内、つまり加盟国国内の人権がどのように保護されるべきであるかも長年の課題となっている。共通農業政策を実施しつつ関税同盟を結成した一九六〇年代には、貿易や財産をめぐる個人の権利を欧州共同体としていかに保護するかが問われた。一九七〇年代から八〇年代にかけては、共同市場のルールを人権とどのように両立させるかという問題に向き合わざるをえなくなった。一九九〇年代以降はさらに、共同市場に隣接する広範な分野にも取り組むようになった。このような分野には、個人情報の保護や公正な裁判の確保をはじめ、前章で触れた障害者の権利、人種および宗教差別との戦い、移民政策、亡命庇護、同性愛等が含まれる。

人権保護は、通常は国家次元の課題である。(1)いまだ国家とはいえないEUが人権保護を要請されるのは、それが個人や企業の生活に直接の影響を与えるようになったからである。くわえて、国家間での統合を進める正当性を維持する観点から、これを自らの統治課題として積極的に掲げてきた側面もある。EUに固有の人権目録である基本権憲章を作成したことは、そのような統治課題に向けた象徴的な例であった。あるいは主要機関も、その政策討議において人権の比重を高めつつある。(2)このような中で人権をめぐる制度構築の動きがあった。従来の「欧州人種主義・外国人排斥監視センター」を「EU基本権庁」へと改造する試みがそれである。本章は、この試みを取り上げることにより、EUの人権統治がどのような現状にあるかを考えるものである。

欧州人種主義・外国人排斥監視センター（以下「監視センター」もしくは「センター」とする）は、EUの独立行政機関として一九九七年にオーストリアのウィーンに設置された[3]。「人種主義と外国人排斥の監視」から「基本権」への機関名の変更が示しているように、監視センターから基本権庁への改造——本章では便宜上、同庁の設置と呼ぶことにする——は、EUとその加盟国が人権統治に本腰を入れた証しとして捉えられるかもしれない。しかしながら、実情は複雑である。人間や企業の生活に関与する権限を、EUは全面的に享受しているわけではない。その権限の程度や行使するための手続きも、政策分野により大いに異なっているのである[4]。したがって、各々が憲法典を備える加盟国といかに協働できるかが、基本権庁を設計するうえでの鍵となるだろう。

以下では、基本権庁を設置する機運がどのように高まったか、基本権庁の組織と役割がいかなる特徴を備えているか、同庁を設置する過程でどのような論点が提起されたか、設置後どのような活動を展開し始めたか、という順でみていきたい[5]。なお、同庁は、リスボン条約の発効前である二〇〇七年に設置された。そのため、たとえば設置に向けて提起された論点には、リスボン条約発効後の現在では論点として成立しないものもある。この点をお含みおきいただきたい。

1　基本権庁設置の経緯

設置に向けた提言

基本権庁の前身である監視センターは、主には人種差別と外国人排斥の問題に対応するために設置された。これらの問題について「客観的で確実かつ比較可能な、欧州次元における」データを収集し提供させることによって、現在の状況や解決法をEUおよび加盟国で共有しようとしたのである。このような目的のために、センターには管理評議会、長官および執行評議会の三機関が配置された。管理評議会は、加盟国とEU機関からメンバーが派遣される最高決定機関であり、センターの予算と活動計画を規律する機関である。管理評議会が任命する長官が、センターの任務遂行や職員管理に責任を負うことになる。執行評議会は、管理評議会のいわば役員会のような機関である。このような目的と組織を備えるセンターが独自の情報ネットワークを整備する等して、当該分野のデータを収集し、かつこれを分析および公表していた。

基本権庁の設置が提言されるようになったのは、この監視センターの活動を礎としてである。基本権庁の設置を求める声は、監視センターを設置した直後からあった。旧ユーゴスラビア国際刑事法廷判事や人権法学者ら多国籍の四名からなる賢人委員会[6]は、一九九七年暮れのウィーン欧州理事会に報告を提出している。「率先垂範――二〇〇〇年に向けたＥＵの人権課題」と題するその報告は、ＥＵ域内における人権保護の現状を省察しつつ、ＥＵと加盟国による改善策を広く提言するものであった。この報告の中で賢人委員会は、人権について情報収集を行う機関を設置することは不可欠であるとした。そのうえで委員会は、既存の監視センターの役割を拡張するか、もしくはセンターとは別の機関を新設する選択肢があるとした[7]。

賢人委員会に続いて提言を行ったのは、アルストンとワイラーである。長年にわたり国際法学およびＥＵ法学を牽引してきた両氏は、一九九九年に共同論文を発表した。そこにおいて、監視センターが必要とされた政治的背景、設置のための法的根拠ならびにセンターの運営方式は、新たに構想しうる人権機関にも応用できると論じている[8]。

翌二〇〇〇年には、フィンランド元大統領のアハティサーリら三名が、同様の提言を行っている[9]。加盟国のオーストリアはこの年、極右政党を政権に入閣させたことから、残りの一四加盟国によって政治制裁を受けていた。三名の提言は、そのような同国の処遇をめぐり、欧州人権裁判所の裁判長が要請したものである。オーストリアへの制裁を解除することを念頭に置きつつ、三名は、すべての加盟国が欧州に共通する価値を適正に遵守しているかをＥＵとして監視する必要があると回答した。このような必要の一環として、充実した人権機関を設置するように提言した[10]。

以上のように、基本権庁の設置に向けた提言はなされていた。もっとも、実際に設置するための機運は容易には高まらなかった。具体的な機関像を構想したうえでこれを実現することが、きわめて難しそうだったためであろう。人権の保護には司法・立法・行政の三権すべてが関わるが、これら三権をＥＵは全面的には享受していない。ゆえに、新しい人権機関がい﹅か﹅な﹅る﹅人権をど﹅の﹅よ﹅う﹅に﹅、かつど﹅の﹅程﹅度﹅保護するべきかを、ＥＵとして合意しなければならない。しかも、EUの基本条約によると、このような機関を設置するには理事会における全会一致が要件とならざるをえない[11]。つまりは、理事会の構成員である加盟国政府の総意を得ないことには、いかなる機関も設置できないのである。

人権とは、国家政府や地方政府をはじめとする公的機関と個人の法的関係である。しかしそれは、そのような関係であるとともに、道徳、宗教の教義、価値規範および文化的な要素ともしばしば結び付く。このような特性のある分野で新しい機関を模索することは、間違いなく骨が折れる作業となる。機運が盛り上がりにくかったのも、いたし方がない面があった。

設置に向けた困難は、アルストンとワイラーの提言にも暗示されている。たしかに両氏は、「新たに構想しうる」人権機関が必要であるとした。しかしそれは、監視センターを改造することによってであり、センターとは別の機関をゼロから新設することではないと言明している。改造する方が政治的および行政的に容易だからである、というのがその理由であった。さらに両氏は、新しい機関はいかなる人権政策の実施にも責任を負うべきでないと意見している。当該政策をEU次元で遂行する責任を負ってきたのは、既存のEU諸機関である。ここに新たに責任を負う機関を設けるとなれば、EUの現行の制度配置にメスを入れざるをえなくなる。このような状況が予測できるだけに、両氏は議論の収拾がつかなくなることを危惧した[12]。

EU関係者の考えも、両氏のそれと似たようなものであったと思われる。二〇〇二年には、欧州憲法条約を起案するための諮問会議が招集された。諮問会議は、加盟国政府や欧州議会のほか、加盟国議会等からも代表が幅広く参加する一時的な協議体であった。とはいえその会議は、欧州とEUの将来を広く議論する反面、人権については限定的に討議するにとどまった。主な議題は、数年前に作成されていた基本権憲章をどのように憲法条約に組み込むかであった。あるいは、すべての加盟国が加入する欧州人権条約に、法人格をもつEUをいかにして加入させるかであった[13]。監視センターを改造する構想は、それが独立行政機関だったこともあろうが、憲法条約から切り離して対応するべき課題と位置づけられた。

当時に作成した監視センターの活動報告の中で、欧州委員会は新しい人権機関の設置を検討するつもりはないと述べている。「一部の関係者が支持するような、センターを人権庁に改造する等の抜本的な改革案を発議する予定は（委員会には）ない」、としたのである。[14] 基本権庁が設置される機運はこのように低調であった。

設置規則の採択へ

このような状況を急転させたのが、二〇〇三年一二月にブリュッセルで開かれた欧州理事会である。欧州理事会に参集した加盟国首脳は、「人権分野でEUの政策を形成するという観点」に立つのであれば「人権についてのデータを集めて分析することが肝要である」と結論した。そして、そのために「既存の監視センターを強化して、人権の公庁に拡充することで基本合意した」と表明したのである。[15] 人権の公庁——のちに基本権庁と名付けられる——に拡充するという基本合意は、それまでの経緯からすれば唐突であった。[16] 当時の欧州理事会は、憲法条約案に合意できず、成果に乏しいものがあった。その中で最低限の成果を示せる一つが、監視センターを強化することだったのだろう。この基本合意に従って、欧州委員会は、センターの改造に向けた意見公募を実施しつつ、[17] 改造した場合の影響評価を外部機関に委託した。[18] 委員会はその後、欧州議会の決議[19]も考慮しつつ「基本権庁を設置する規則案」をまとめたのである。[20] 二〇〇五年六月に公表されたこの規則案を、以下では便宜上「二〇〇五年規則案」と呼ぶことにしたい。

二〇〇五年規則案がEUの規則として採択されるには、これを受け取った理事会において全会一致を得る必要があった。というのも、基本権庁を設置するための法的根拠が、当時効力をもっていたEC設立条約の第三〇八条だったからである。同条によると、理事会は、欧州共同体の目的を達成するためになんらかの行動が必要な時に適切な措置をとれる。もっとも、広い政策分野において特定多数での議決が認められる理事会も、同条を根拠にする場合には全会一致で議決しなければならない。「欧州共同体の目的を達成するため」の措置には、潜在的にさまざまなものが含まれる。潜在的にそうであるがために、すべての国がその措置に同意することが重んじられるという論理なのである。この点については多様な意見があるようだが[21]、EUでは人権機関を設置することもこのような措置の一部として位置づけられている。

二〇〇五年規則案をめぐる理事会の審議は、アルストンとワイラーが危惧したほどには紛糾しなかった。審議には、各国の司法相らが参加した。後述するように、審議では規則案に少なくない数の争点が出され、少なくない修正も加えられた。また、争点の一部は、最後までうやむやとなった。しかしそれでも、翌二〇〇六年中には、理事会は基本合意に達することになった。二〇〇七年二月には採択するに至り、監視センターを基本権庁へと改造することが正式に決まったのである[22]。

理事会の全会一致を得たことは、すべての加盟国が基本権庁の設置に同意したことを意味する。このことは、基本権庁にたしかな正当性をもたせるであろう。と同時に、それは、いずれの加盟国も受容できる新味なき機関になったことを暗示するものでもあった。

2　基本権庁の概観

基本権庁の組織

理事会が二〇〇七年二月に採択した規則——「二〇〇七年規則」と呼ぼう——を参照しつつ、基本権庁がどのような組織であるかをみておきたい。二〇〇七年規則によると、EUが基本権庁を設置するのは「EU機関ならびにEU法を実施する加盟国が基本権を尊重し、もしくは尊重に向けた方針を定める際に、これを支援させ、かつ専門知識を供与させる」ためである[23]。この目的に沿って、規則は四つの機関と二つのネットワークを設けている。四つの機関とは、管理評議会、長官、執行評議会および科学委員会である。基本権プラットフォームとフラネットが、二つのネットワークということになる。

管理評議会は、基本権庁の最高決定機関として位置づけられる。各加盟国と別組織である欧州審議会が各々に任命する一名に、欧州委員会の代表二名が加わる構成である。彼らの任期は五年であり、再任はない。この評議会が毎年、基本権庁の作業プランと報告書を作成する。また長官を任命し、同庁の年次予算も決定する[24]。

管理評議会が任命する長官が、同庁の任務遂行に責任を負うことになる。管理評議会が作成する作業プランを実行に移し、予算執行と人事権を担うことになるのである。長官候補者の名簿を作成するのは、欧州委員会である。候補者は、理事会と欧州議会の面接を経て、管理評議会によって選任される[25]。

執行評議会は、管理評議会と長官を補佐する機関である。管理評議会の議長、副議長および彼らを除く二名の管理評議会構成員と一名の欧州委員会代表からなる[26]。

以上、簡潔に管理評議会、長官および執行評議会をみた。これらは、監視センターの制度配置をほぼ踏襲するものである。それに対して、科学委員会は、基本権庁の作業に科学的根拠のある良質さ（scientific quality）をもたせるために新たに設けられた。それは、一一名の独立した専門家よりなる。彼らは、管理評議会が欧州議会に諮問した後に任命される。少なくとも年四回の会合をもち、同庁の任務遂行を全般的にチェックする機能を担う[27]。

二つのネットワークにも触れておこう。これらのうち基本権プラットフォームは、利害関係者との間で情報交換と専門知識の共有を進めるためのものである。それは、人権団体のほか、労働組合、雇用者団体、職業団体、キリスト教会および他の宗教団体、大学、専門家らからなることになる。基本権プラットフォームは、長官の責任において結成され、(1)作業プランを作成する管理評議会の相談を受けること、(2)報告を行う同評議会にフィードバックを行い、フォローアップを支援すること、(3)基本権庁の活動に関わる会議やセミナーの結果と勧告を長官と科学委員会に通知すること、といった役割を期待される[28]。

基本権プラットフォームは、在野の知見を基本権庁が活用するうえでパイプ役になると想定されている。それに対してフラネット――フラとは基本権庁（Fundamental Rights Agency）の頭文字をとったものである――は、同庁が基本権についてのデータを収集し分析するための、より公的な実働ネットワークである。同庁は、フォーカル・ポイントと呼ぶ窓口機関を各国ごとに指定する。そして、これらフォーカル・ポイントがもち寄るデータの統合を図るのがフラネットということになる。[29]

基本権庁はこのような組織をもつが、次の点に留意しておこう。

まず、右にみた組織の形態からは、加盟国に配慮しながらも効果的な運営を試みていることがみてとれる。管理評議会にはすべての加盟国が代表を送り込むことができるため、その代表を通じて自国の意思を評議会に反映させることができる。この状況は、前身の監視センターから変わらない。もっとも、基本権庁では、いくつかの決定事項で三分の二多数決や単純多数決を用いることが可能になった。[30]監視センターでは、あらゆる事項を全会一致で決めようとしていた。しかしその後、二〇〇四年および二〇〇七年の東方拡大に従い、評議会の構成員数がセンター時から急増した。全会一致では円滑な決定がより難しくなったために、部分的にこれらの票決制度を導入したのである。

加盟国とともに欧州委員会が組織運営に参画していることも留意する必要がある。先に触れたように、欧州委員会は、管理評議会と執行評議会の双方に代表を送り込むことができる。とりわけ管理評議会に二名の代表を送り込めることは、監視センターに一名しか送り込めなかったことを想起すれば重要な変更である。対応するべき人権問題がセンターに比して増えうることが増員された一因であろう。とはいえEUにおいて欧州委員会は、政策提案から加盟国間の利益調整、ならびに政策の執行およびフォローアップまで幅広い行政機能を担う。このような機能は、独立的な機関として設置される基本権庁でも担わせなければならない。欧州委員会からの代表の増員は、このような関心の表れでもあるだろう。

さらには、全欧四七カ国よりなる欧州審議会との関係に腐心していることも確認したい。基本権庁が活動する分野は、伝統的に審議会が取り組んできた分野でもある。EUの司法裁判所がしばしば判例を参照する欧州人権裁判所は、審議会の下で効力をもつ欧州人権条約に基づいて設置されている。欧州社会憲章のほか、生命倫理や情報技術等に関わる人権保護も、審議会が先駆けて扱ってきた。したがって、基本権庁の設置に際しては、審議会との役割の重複を避け、両者が共存する環境をEUとして整える必要があるのである。このことから二〇〇七年規則は、審議会が管理評議会に一名を送り込めるとした。さらにEUは、同庁との定期協議の開催、情報交換およびデータの共有等について審議会と協定を結んでいる。(31)

基本権庁の任務

このような組織をもつ基本権庁に、二〇〇七年規則は次の任務を課している。

（a）加盟国、EU、非政府組織等による研究や監視結果といった情報とデータを収集、記録および分析し、普及させること、

（b）データの客観性と信頼性を高めるために、欧州委員会、加盟国と協力しながらそのための方式と基準を設けること、

（c）欧州議会、理事会および委員会の要請があれば、科学的な研究調査や予備調査を行い、もしくはこれらを補佐すること、

（d）自ら率先して、あるいは右の三機関の要請に従って、特定の主題についての結論や意見を作成し、公表すること、

（e）基本権庁の活動対象となる基本権問題について、良い実践の例を重視する年次報告を公表すること、

（f）自らの分析、研究および調査に基づいて、課題報告を公表すること、

（g）自らの活動について年次報告を公表すること、

（h）基本権の公共意識を高めるために、ならびに自らの作業を知ってもらうために、市民社会と対話すること。(32)

「情報とデータを収集、記録、分析し普及させる」、「方式と基準を設ける」、「調査を行い補佐する」、「結論や意見を作成し、公表する」。こうした記述からは、基本権庁の目的が支援と供与にあることが改めて読みとれる。基

本権庁が何がしかの強制力をもつような機関ではないことが、ここに表れている。

　さらに二〇〇七年規則が、以下の含意をもつことも確認しておきたい。

　第一に、ＥＵと加盟国の双方が基本権庁の活動から益すると想定していることである。すなわち、同庁による支援と専門知識の供与は、ＥＵおよび加盟国のいずれもが対象となっている。ただし加盟国については、「ＥＵ法を実施する加盟国」とわざわざ記してある。「ＥＵ法を実施する」という表現は、ＥＵ司法裁判所の判決を参考にしている。[33]同庁が加盟国内のあらゆる人権問題に立ち入る機関とはならないように、あらかじめ抑制がかけられているのである。

　第二に、基本権庁には、広範な人権の中でもとくに市民的および政治的権利、すなわち自由権に類される諸権利の保護を重視させようとしている。二〇〇七年規則は、任務の遂行に際しては「ＥＵ条約第六条二項に定める基本権」を参照するべきであると述べている。ＥＵ条約第六条二項は、ＥＵは「欧州人権条約によって保護される基本権」と「加盟国に共通する憲法的伝統から生じる基本権」をＥＣ法の一般原則として尊重すると定める。これらの基本権は大方自由権に類されるのだが、基本権には他にも経済的および社会的諸権利、いわゆる社会権やさらにはＥＵ市民権がある。ＥＵ条約に右の文言がある以上いたし方のないことであるが、基本権庁は広範な権利にくまなく対応する機関では必ずしもなくなることが推察できる。

　第三に、基本権庁の活動が、既存のＥＵ機関の権限を侵さないように配慮していることである。ＥＵ司法裁判所は、ＥＵの立法行為が合法であるかを判断する。あるいは、加盟国によるＥＣ設立条約の義務不履行の問題に対応するのは、欧州委員会である。二〇〇七年規則は、基本権庁は合法性を判断せず、義務不履行の問題に関わるものでもない、と述べている。[34]ＥＵにおける現行の制度体系を変更しないことが、あらかじめ明確にされている。

　第四に、理事会の承認を得て初めて基本権庁は、中期的な活動計画を立てることができる。ＥＵの独立行政機関の多くでは、多年次枠組みと呼ばれるこの活動計画を、欧州議会への諮問の後、欧州委員会の承認をもって採択することができる。しかし基本権庁に限っていえば、欧州議会への諮問を経て必要となるのは欧州委員会ではなく理事会の承認である。[35] 人権分野におけるＥＵの活動はとくに慎重を要する。そのように判断したがゆえに、理事会は、加盟国目線をもつ機関として自ら同庁の統制に関わることにしたのである。

基本権庁の組織と任務については、以上の通りである。組織については、加盟国および欧州審議会との政治的関係に配慮しつつ、欧州委員会との連携を含む効果的な運営を進めようとする意図が読み取れた。とはいえ、その任務は、基本的に支援的なものにとどまるものであった。また、ＥＵ法における自由権の問題に、対応範囲を限定する傾向があった。基本権庁の活動は、既存のＥＵ機関の役割を脅かすものではなく、理事会によって方向づけられる。自由権への対応を中核としつつ、かつ、理事会によって事前に統制される機関としてそれは設計されることになった。

3　設置に向けた争点

基本権庁の設置に向けてどのような事項が争点となったのだろうか。二〇〇三年一二月の欧州理事会の結論以降、民間人権団体や欧州議会から活発な意見が出た。[36] もっとも、ここでは、欧州委員会の二〇〇五年規則案を審議した理事会に焦点を当てることにしたい。当時の理事会には、各加盟国の司法相が出席した。そのこともあって、権利保護のあり方をめぐる見解の相違が如実に表れることになった。

基本権憲章への連結

最初に紹介する争点は、基本権憲章（以下「憲章」とする）を基本権庁の活動に連結させるべきかという問題である。憲章は、二〇〇〇年に作成された、ＥＵとして初めての人権目録である。五四の条文からなるそれは、「より基本権を目にみえるようにする」と前文にあるように、保護されるべき諸権利の中身を人々に周知することを目的としていた。このような経緯を鑑みて、欧州委員会は、「ＥＵ条約第六条二項に定める基本権」のほか、「基本権憲章に詳しく定める基本権」を基本権庁は参照するべきであると提案した[37]。「EU条約第六条二項に定める基本権」とは、先述のように、大方のところ自由権を指す。それに対して憲章には、自由権に加えて、EU市民権および社会権に類される権利を含んでいる。欧州委員会は当初、基本権庁の設置によって憲章が「より実体化する」ことを期待した[38]。委員会は、包括的な文書である憲章を連結させることが同庁の理念に適合すると考えた。

しかしながら、理事会においては、委員会の考えに賛同しない加盟国が出た。憲章は、法的拘束力を備える文書ではない。したがって、基本権庁の活動を憲章と連結させれば、EUの人権体制が混乱しかねない。このような懸念を表明したのである[39]。協議の結果、理事会は、二〇〇七年規則の条文ではなく、その前文において憲章に言及するにとどめた。すなわち「基本権庁は、欧州人権条約を含む、ならびに基本権憲章に示されるような、EU条約第六条二項に定める基本権をその任務において参照するものとする。憲章との強い結び付きが、基本権庁の名称に反映されているのである」としたのである[40]。

憲章はたしかに二〇〇七年規則において言及された。とはいえその意義は、あくまでも象徴的なものにとどまることとなった。

加盟国への制裁の手続き

EU条約は、「自由、民主主義、人権と基本的自由の尊重および法治」は「加盟国に共通の原則」であると明記している[41]。そのうえで、同条約の第七条が、これらの原則に違反しそうな加盟国を警戒し、場合によっては加盟国資格の部分停止という制裁を科す権限をEUに与えてきた。EUが実際に制裁を科した例はいまだないものの[42]、基本権庁を第七条の手続きに関わらせるかが争点となった。欧州委員会は、体系的かつ継続的に関わらせることは同庁には荷が重いと考えた。ただし、第七条にいう「独立した人物」として専門知識を提供する程度であれば可能であると提案した[43]。

この提案に賛同する意見が理事会では多かったものの、別の問題が提起された。それはEC設立条約に基づいて設置される基本権庁が、EU条約の中で定める第七条の手続きに関われるのか不確実だという問題である。EC設立条約は、文字どおりEC（欧州共同体）を設立して、その運営を根拠づけるための条約である。他方でEU条約は、ECのみならず、共通外交・安全保障政策や司法・内務協力を規律する。それはまた、EUとしての理念、原則、加盟および離脱の手続き、主要機関の役割等を掲げる条約でもある。つまり双方の条約は、いずれもEUの基本的な条約ではあるものの、目的と次元を異にしているのである。

第七条との関わりをめぐっては活発に議論されたものの、基本権庁を関わらせることに最後まで難色を示す加盟国があった[44]。結果的に理事会は、二〇〇七年規則を採択する際に宣言を行うことによって、議論をひとまず収束させたのである。その宣言とは、次のようなものであった。「諸条約、ならびに基本権庁を設立する（二〇〇七年）規則は、ある加盟国の状況についての報告を独立した人物から得ようと決めた理事会が同庁から支援を受ける可能性を妨げるものではない。理事会は、以上のように考える[45]」。二〇〇七年規則の本文ではこの点に触れないものの、第七条の手続きに関わらせる可能性も否定はしないことで決着をみた。

司法・内務協力における活動

現代の欧州において人権課題は、亡命庇護、組織犯罪、汚職、児童虐待およびテロリズム等の分野に広がりをみせている。しかしながらEUは、これらの分野についてては、原則として加盟国間の協力を通じて対応するしかない。EUの三本柱構造の中で超国家的な統治を行えるのは、第一の柱であるECに限られる。それに対して、右に掲げる分野の大半は、ECではなく第三の柱である司法・内務協力に属するからである[46]。

したがって、EC設立条約に基づいて設置される基本権庁は、このままではこれらの人権課題に関わることができない。そのために欧州委員会は、EC設立条約を根拠とする二〇〇五年規則案に加えて、第三の柱での活動資格を与える法案を発議した。この法案は、二〇〇五年規則案とは異なりEU条約が根拠となる。「EU条約第Ⅵ編に言及される分野で基本権庁の活動を可能にする理事会決定案」が法案の名称である(47)。

この法案を受理した理事会では、意見は割れた。多くの加盟国代表は、二〇〇五年規則案とともにこの法案を支持した。しかしながら、いくつかの加盟国が、この法案の法的根拠が不十分であるといった理由で反対した。結局この法案は採択されず、代わって理事会として以下の宣言を行うことで妥結したのである。「理事会は、基本権に関する全般的な専門知識を基本権庁が得るであろうことに留意しつつ（…）立法過程においてEU諸機関が、そのような知識を司法・内務協力の分野でも適切かつ自発的に活用してよいものとみなす。また、この全般的な知識は、加盟国が望む場合にもこれを活用してよいとみなす(48)」。先述した制裁の手続きと同様に、この法案についても理事会は合意できなかった。ただし、当該分野における基本権庁の専門知識をEU機関と加盟国が自発的に活用することは許容するとした。

域外国についての活動

EUに加盟していない域外諸国の人権状況に基本権庁を関わらせるかも、争点となった。欧州委員会は当初、関わらせることに前向きであった。連合協定や、あるいは人権条項を備える協定をEUと締約する域外国の状況については、欧州委員会の要請に基づいて同庁に調査させることが有益であるとした(49)。

連合協定は、EUが域外国と締約する各種の協定の中でも、とりわけ密接な協力を進めようとするものである。人権条項は、前章で触れた通りである。それは、人権や民主主義といった要素に違反した締約国との協力を停止できる旨、協定であらかじめ定めておくものであった(50)。EUにおいて欧州委員会は、このような条項を備える協定と連合協定の運営に強い影響力をもつ。協定相手国の状況を基本権庁に調査させようとした動機には、以上のような背景があった。

しかしながら、このような欧州委員会の考えに理事会は同調しなかった。理由はいくつかある。たとえば、基本権庁の責務が、これによって過重となる懸念があった。同庁の資源は、人的にも財政的にも制約されている。域外国の調査にも着手することになれば、ＥＵ域内に関する業務に支障がでる恐れがあったのである。さらには、ＥＵには加盟していない欧州審議会加盟国が潜在的な活動対象国となることも、理事会が躊躇する理由となった。審議会は、審議会設立規程や欧州人権条約に基づき、審議会加盟国の状況をこれまで調査してきた。先年解散した欧州石炭鉄鋼共同体よりも歴史のある審議会には、長年の活動実績もある。したがって、そのような審議会の役割と重複しかねない基本権庁は望ましくないという声が、理事会であがった。[51]

これらの点を勘考した理事会は、対象とする域外国の範囲を縮小することにした。すなわち、ＥＵへの加盟候補となっている諸国、ならびに旧ユーゴスラビア地域で加盟を希望する諸国に対象を絞った。そのうえで、これらの諸国を管理評議会にオブザーバー参加させる仕組みを作ったのである。このような仕組みについて理事会は、次のように説明している。「対象となる諸国の立法を、これによってＥＣ法と徐々に整合させることができ、良い統治とノウハウも諸国に転移させることもできる」。そして、こうした取り組みを通じて「欧州統合に向けたこれら諸国の努力を支援する」（二〇〇七年規則前文）のであるとした。欧州委員会の意図とはかなり異なる結論となった。[52]

欧州審議会との関係

欧州審議会との関係についても議論がある。審議会は、全欧的な機構として、ＥＵに先駆けて欧州の人権問題に取り組んでいる。そのためにＥＵは、独自の人権機関を設計するに際して、審議会の意向を尊重せざるをえない状況にある。[53]

基本権庁の設置をめぐっては、早期より審議会事務総長らがアプローチしていた。[54]しかしながら、最も包括的と思われるアプローチは、ルクセンブルクのユンケル首相による報告である。審議会に集った各国首脳の委任を受けて作成された同報告は、ＥＵとの体系的な関係構築を提言するものであった。そこにおいて、ユンケル首相は、設置される基本権庁は審議会による人権保護体制を補強する必要があるとした。そのうえで、「同庁の任務を、ＥＵ法の実行に際して提起される、つまりＥＵ内部の法体制のみについて提起される人権保護に制限することが基本である」と述べている。[55] 基本権庁の機能を審議会の従来の機能と競合させるべきではないと指摘したことになる。

審議会とのあらゆる重複を避けると二〇〇七年規則が記述しているのは、[56] このような脈絡に負っている。管理評議会に審議会の一名が参加するという先述の制度配置は、そのためでもあった。二〇〇七年五月には、審議会とEUが『了解の覚書』を採択している。この覚書においては、審議会の人権文書がもつ一体性、有効性および効率性を基本権庁が尊重するものとした。[57] 翌二〇〇八年には、基本権庁と審議会が情報交換や人的交流を進めることで合意した。[58] 審議会との関係は、このような形で模索されている。

以上、基本権庁の設置に向けての争点を紹介してきた。紹介を通じて明らかとなったのは、理事会における審議を通じて、同庁が無難な機関となったことである。ここでいう無難な機関とは、自国の意思を離れて活動する同庁を望まない加盟国にとって無難という意味である。基本権庁は、憲章と法的に連結する機関ではなくなった。加盟国への制裁手続きや司法・内務協力への制度的な関わりにも曖昧さが残った。さらには、同庁が調査できる域外国の範囲も限定されてしまった。理事会に代表される加盟国は、自らに不確実な結果をもたらす機関を設置しないように極力注意したのである。

4　設置後の基本権庁

任務の遂行

二〇〇八年二月に理事会は、基本権庁の多年次枠組みを採択した。これは二〇一二年までの同庁の活動計画となるものである。この枠組みに従って、同庁は次の課題に取り組むことになった。(a)人種主義や外国人排斥といった不寛容な行為、(b)性、人種あるいは民族の出自、宗教、信条、障害、年齢、性的指向に基づく差別、ならびに少数者に属する人々への差別、以上が複合した差別、(c)被害者の救済、(d)子供の権利、(e)亡命、移住および移民の統合、(f)入国査証と国境管理、(g)EUの民主的な運営に向けたEU市民の参加、(h)情報社会、とりわけ私生活の尊重と個人データの保護、(i)有効かつ独立した司法へのアクセスである。

これらの中で、とりわけ(a)と(b)は、ＥＵとして目新しい課題ではない。基本権庁の前身である監視センターの下ですでに着手されていた課題である。その一方で、(d)と(g)は注目するべきであろう。これらは、センターよりも広範な活動が期待されるがゆえに設定できた課題である。さらに興味深いのは、(e)、(f)および(i)である。これらはいずれも、司法・内務協力に属する課題だからである。先述のように、基本権庁に司法・内務協力での活動を認めるかは、加盟国間で賛否の分かれるところであった。結局、理事会は活動を承認しなかったものの、当該協力を部分的に活動対象とすることは許容したのである。このような許容の姿勢は、理事会として柔軟なものであった。

理事会がこうした課題を設定した下で、基本権庁は任務を遂行しつつある。情報とデータの収集分析、研究調査および課題報告のために、同庁は幅広い主題を取り上げてきた。少数者への差別、移民、人種主義に基づく暴力、女性への暴力、子供、ホロコースト、知的障害、性的少数者、司法へのアクセス、国境管理ならびにヘルスケアが、そのような主題に含まれる[59]。さらに同庁は、ＥＵの主要機関の要請に基づいて、あるいは独自の判断によってその意見を表明もした。テロ対策に向けて航空旅客情報を活用するための指令案、ＥＵの「自由・安全・公正」分野における新綱領（ストックホルム綱領）案、ならびに刑事問題における調査命令のための指令案等について、それは意見を表明している[60]。

これらの調査や意見は、基本権庁の公式ホームページで閲覧することができる。ホームページにおいて同庁は、さらに判例法のデータベースやインターネット辞典――憲章ペディア（Charterpedia）と呼んでいる――のコーナーを設けて、基本権の周知を図ろうとしている。判例法のデータベースは、人種、民族および性的指向に基づく差別を扱う判例法を、基本権憲章の条文、欧州人権条約の条文、裁判所、立法規定、領域および加盟国に分別整理したものである[61]。憲章ペディアでは、基本権憲章各条の解説文や関連するＥＵ法、国内法ならびに国際法を集積している[62]。双方ともに、徐々にではあるが充実したものになりつつある。

二〇一〇年には、加盟候補国であったクロアチアが基本権庁にオブザーバー参加している。参加に向けては、同国代表とEU代表の協議機関である安定化・連合理事会で合意をみた。これによって同国は、管理評議会の一名を独自に任命した。二〇〇七年規則に従い、この一名には投票権は与えられない。基本権庁は、加盟国と同じ条件下で、同国の情報とデータを収集できるようになった[63]。

二〇一〇年度の基本権庁の会計報告によると、同庁の年間予算は約二〇〇〇万ユーロ（約二三億円）であった。正職員は六九名であり、契約職員および各国からの派遣職員とあわせて九〇名である。会計報告は、独自のネットワークを通じて各国から計一六二本の寄稿があったと述べた。同様に、法律家からは一三一本、および研究報告として三七本の提供があったとしている[64]。

加盟国の国内実践と基本権庁

このような基本権庁の活動は、基本的にはEUと加盟国の人権政策を側面支援するものであった。しかしその活動が、当初に想定された以上の影響を及ぼすこともある。同庁が二〇一〇年に公表した調査報告は、加盟国であるチェコの国内実践に一定の影響を及ぼした例である。

「同性愛およびトランスジェンダーへの嫌悪、ならびに性的指向と性差アイデンティティを理由とする差別」と題するこの調査報告は、性別適合の認定、雇用差別、表現と結社の自由をはじめ、性的少数者を取りまく状況を比較分析する内容である[65]。この報告の中で基本権庁は、加盟国への亡命庇護を求める域外国国民の性的指向をめぐる問題に触れている。とりわけ紙幅をとったのが、同性愛者として自己申告する域外国国民にどのように対応するかである。同性愛者であるという理由で母国を追われるイスラム諸国の国民は多数にのぼるといわれる。そのために、いくつかの加盟国では、彼らの自己申告の真偽を逐一確認することになっている。

調査報告は、この問題についての各国の対応状況を紹介している。たとえばハンガリーは、その移民局が精神医学の専門家に意見を聴取している。イギリスは、国外追放を恐れるがゆえの望まない婚姻実態を認識したうえで対策を講じつつある。あるいは国内の難民法においてフィンランドは、迫害の恐れが明らかな場合には、真に性的少数者に該当するかは本質的な問題ではないと規定している等である。(66)調査報告が加盟国の実践に影響したのは、以上の紹介に続く、チェコに関する記述であった。そこでは、同国の内務省が、同性愛者であるという自己申告を確認するために陰茎容積測定を施したことに言及した。この測定は、異性間のポルノグラフィを申告者に示して、生殖器の物理的な反応をみるものである。報告によると、チェコ内務省は、申告者自身の書面による同意を得たうえで、専門家によって測定を行った。しかしながら報告は、本国への送還を恐れる当人が同意を与えないことは事実上ありえないとした。測定結果自体も信用に値しないとした。さらに、ドイツの州裁判所の判例を引用しつつ、この測定が欧州人権条約の規定に違反しうると報告した。(67)

チェコに関するこのような報告を、多くのメディアが取り上げた。欧州の主要紙――ベルギーのルソワール紙、フランスのリベラシオン紙、イギリスのテレグラフ紙およびBBCニュースを含む――のほか、性的少数者問題に関心をもつ内外のメディアが、EUの人権機関がチェコを批判したと報じたのである。(68)メディアは、チェコ内務省の報道官に説明を求めた。それとともに、人権団体のコメントを掲載し、測定方法を図解さえした。この測定方法が一九五〇年代の同国で発案されたこと、二〇〇八年から翌年にかけて施されたこと、しかしながら測定対象は不審な点を残す一〇名弱に限られたこと、ならびに彼ら全員の亡命許可が下りたことが、報道を通じて明らかになった。

このような状況の中、主要機関からもチェコを非難する声が出た。典型は、欧州委員会で司法・内務問題を担当するマルムストロム委員によるものである。「同性愛とトランスジェンダーへの嫌悪に抵抗する国際デー」に当たる二〇一一年五月一七日にマルムストロム委員は、彼女の公式ブログにおいて、同性愛者が憎悪犯罪と差別の標的になっていると述べた。さらに、以下のように続けた。「基本権庁が報告した『陰茎容積測定』を亡命庇護手続きで用いるチェコ共和国は、その深刻な一例とみなせる。(…)。この測定は明らかに時代錯誤であり、個人のプライバシーの権利を侵害している。このような測定を知ったわれわれは、迅速にチェコ当局から事情を聴いた」。けれども、「当局からの情報は依然として不十分である」ために調査を続けるとした。(69)

一部のメディアが指摘したように、[70] 委員のブログには誤解を招く記述がある。ブログは、測定が亡命手続きにおいて一般的に、かつ長年にわたり用いられているかのように扱った。しかし右にみた通り、そのような扱いは精確ではない。ゆえにメディアが委員の「事実歪曲」を「きわめて遺憾」としたのも、[71] 無理からぬことであった。もっとも、このような指摘を脇におけば、委員による非難は当該測定を用いる正当性を決定的に弱めたに違いない。その発端となったのが基本権庁の報告であった。

基本権庁による活動の影響を、チェコの一例をもって蓋然的に論じることはできない。チェコの例は、亡命庇護という現代欧州でもとくに敏感な課題に触れるものであった。しかも、性的少数者という近年とみに注目される問題に関係していた。くわえて、陰茎容積の測定という行為が、好奇な関心を呼んだこともあるだろう。これらの理由から、基本権庁の影響を過大に評価することは避けるべきである。しかしながら、時にそれは、加盟国の国内実践に変更を迫ることもありえよう。

5　基本権庁の設置の帰結

EUが基本権庁を設置した経緯、同庁の組織と任務、設置に向けた論点ならびに設置後の活動状況をみてきた。設置に向けた提言は、人種主義・外国人排斥監視センターを改造するべきという提言を含めて、ないわけではなかった。この点を想起すると、設置への具体的な動きは突発的なものに映りはしたが、少なくない数の争点が提起された割には早期に合意が成立した。ただし、設置された基本権庁は、概して加盟国による統制に与しやすい、いわば牙のない無難な機関になることが運命づけられていた。

牙のない機関という設計は、司法・内務協力における活動の範囲を理事会が随意に決定できる点に象徴される。本章でみたように、理事会は、当該協力における活動を部分的には認めている。このような対応は、無条件での活動を認めない加盟国がありうる中では柔軟なものといえよう。しかし当該協力自体が、二〇〇九年のリスボン条約発効を受けて、ＥＵの超国家的な手続きを通じて取り組まれつつある。同条約の規定に基づき、基本権憲章も法的拘束力をもつに至った。したがって、基本権庁による活動が十分には認められてこなかった課題――たとえば警察協力、ならびに刑事問題に関する司法協力における課題の多く――が残ることは、ＥＵによる効果的な人権統治という観点に立てば不満足なものである。(72)

このような現実や限界があるとはいえ、あるべき人権保護とそのための機関をめぐって各国が協議を重ね、基本権庁として合意に至らしめたことは評価できよう。設置の過程ではさまざまな事項が争点となり、国家間の協議と妥協を通じて一応は処理された。このような経緯自体が、国家単位に収まらない統治を展望するうえで示唆的である。とりわけ興味深いことは、この牙の欠いた、無難であるはずの機関が、無難ではない帰結を時にもたらす可能性があることである。チェコの亡命庇護手続きをめぐる例は、これを予見させるものであった。(73)そもそもＥＵは、その設立母体である加盟国の選好から乖離する行動をとるメカニズムを内包する。(74)人権保護の分野では、とりわけＥＵ司法裁判所の判決や欧州議会の決議が、加盟国の立場と完全に一致してきたわけではない。基本権庁が価値の共同体であるＥＵでいかなる機能を担うか興味深いところである。

第6章　テロへの対応と人権規範

――二〇一五年シャルリ・エブド事件の前後――

テロリズムへの国家の対応は、その国内にいる人々の安全を確保するためである。そのために情報収集、捜査および尋問を行う警察の権限を強めるのであるが、それらの措置はしばしば人権尊重や法治等、国家が重んじてきた従来の価値と衝突する。テロへの対応がもたらす安全と人権のジレンマは、表れ方や程度こそ違えども、立憲主義を謳うあらゆる国家に内在するものである。(1)

立憲主義を早期から重んじる欧州がそのようなジレンマの発祥であるかはさておこう。とはいえ近年のEU加盟国も、このジレンマから自由でいることが容易ではないようである。二〇〇一年のアメリカで起きた「九・一一」事件の後には、犯罪容疑者の逮捕と引渡しを国家間で容易にするための欧州逮捕令状制度を導入した。この制度は、引渡しからの自由や法的救済手段の保障といった権利を後退させたと指摘された。テロ資金を凍結するための全欧的な措置は、財産権ならびに公正な裁判への権利を侵害すると批判された。一部の国が、テロ容疑者を不法に拘禁および拷問したとされるアメリカの情報機関に協力した疑惑も問題となった。(2)

本章では、EUのテロ対応がどのようなジレンマを惹起しているのかを、二〇一五年一月に発生したシャルリ・エブド事件の前後期に焦点を当てて観察してみたい。(3)

シャルリ・エブド事件（以下「シャルリ事件」または「事件」とする）は、武装したフランス人兄弟が、パリに本拠を置く新聞社シャルリ・エブドの事務所を襲撃したものであった。ほぼ同時刻に同じパリ市内のユダヤ食品店等でも襲撃があり、シャルリ社の編集者らと併せて一七名が犠牲となっている。

被害の規模でシャルリ事件を上回るEU域内の事件は、近年においても少なくない。二〇〇四年のマドリード列車爆破事件、ならびに翌二〇〇五年のロンドン爆破事件が、そのような事件として想起される。フランス国内でも、二〇一五年一一月にやはりパリで同時多発事件、翌年七月にはニースでのトラックを用いた襲撃事件が発生している。こうした中でシャルリ事件は、フランスのみならず、現代の欧州が抱える構造的な問題を改めて浮き彫りにした事件として捉えうる。無辜の民間人を殺害する襲撃は、いかなる動機であれ許容されるべきではない。とはいえシャルリ社は、イスラム教の預言者ムハンマドの風刺画をたびたび自紙に掲載した。それがイスラム教徒によって冒瀆と解されることを承知のうえでである。しかも襲撃者は、いずれもフランス人ではあったが、マリ系およびアルジェリア系移民の出自でもあった。貧しい家庭に育ち、進学や就職に際して差別される境遇に不満をもっていたという。それゆえにシャルリ事件は、たとえばイスラム原理主義等と形容される勢力による聖なる戦いの一端であったとは単純にはいえない[4]。

シャルリ事件を経てEU諸国の国民は、以前にも増して、自国とEUによるテロ対応を期待するようになった。事件後に実施されたEUの世論調査では、EUが直面する問題としてテロリズムを挙げる回答が初めて五指に入った[5]。EUは、その基本条約によって与えられる権限に従い、加盟国の安全対策を支援することができる。くわえて、政策分野によっては自立的ないし排他的に対策を講じる権限さえもつ。あるいは、シェンゲンが象徴するように、人々の自由な越境という理念の求心力にもそれはなってきた。こうした状況は、安全と人権のジレンマを、国家のみならずEUもまたもちうることを意味する。

1　安全をめぐる言説の変化——欧州委員会の戦略文書から

『安全に関する欧州の課題』

生来的にEUは、安全と人権のジレンマにそれなりに敏感であった。その加盟国に立憲主義の伝統があることが最大の理由であろう。EU自らの正当性を保つために人権を強調する必要がある一方、テロ対策の実施権限は十分に享受していなかったことも敏感である一因であったと考えうる。いずれにせよ、少なくとも言説の次元では、そのような敏感さが後退し、人権よりも安全に配慮する傾向がみられるようになった。シャルリ事件後に欧州委員会が発表した戦略文書である『安全に関する欧州の課題』[6]（以下『課題』とする）に、このことは典型的に示される。『課題』は二〇一五年四月に発表されたものであり、欧州委員会が二〇一〇年に発表した『EUのための域内安全戦略』を実質的に継承している。そして、その『EUのための…』は、「九・一一」事件後の二〇〇三年に発表された『より良い世界の中の安全な欧州』を改訂したものである。つまり、『課題』は、『より良い…』から数えて三代目となる欧州委員会文書となる。これらのいずれもが、安全政策のための原則や重点項目に言及するのであるが、ジレンマに対する敏感さが弱まっているのはこの『課題』が初めてである。

このことは、これら三つの文書の記述内容から読み取れる。

二〇〇三年の『より良い…』は、人権について次のように記述していた。「適切に統治された民主国家からなる世界こそが、われわれの社会を最適な形で保護してくれる。良い統治を普及すること、社会と政治の改革を支援すること、汚職と権力乱用に取り組むこと、法治を確立させること、および人権を保護することが、国際秩序を強化する最高の手段なのである」[7]。二〇一〇年の『EUのための…』は、以下のような記述である。「公正、自由および安全の諸政策は、互いに強化するものであるが、基本権、国際的な保護、法治およびプライバシーは尊重しなければならない。（…）EUの諸条約と基本権憲章に定めるこれらの価値と原則が、EUの域内安全戦略を啓発する」[8]。

二〇〇三年と二〇一〇年の文書では、人権の保護ないし尊重が要請される脈絡は同じではない。前者は手段として、後者は価値または原則としてそれを要請している。しかしながら、そのいずれもが、安全と人権の直接的な関係には触れていないか、もしくは当該の関係に触れることを回避してきた。

このような双方の文書に対して、シャルリ事件後の『課題』は、次のような記述となっている。「安全と基本権を尊重することは、互いに矛盾する行いではなく、互いに一貫し、かつ補いあう政策目標である。EUの取り組みは、法治をはじめ、われわれの開かれた社会がもつ共通の民主的価値に基づくものであり、基本権憲章に定める基本権を尊重および促進するものでなければならない。あらゆる安全対策は、（…）必要性、比例性および合法性という原則を守る必要がある」(9)。

安全対策を進めるうえで基本権を尊重するべきことを、この記述はたしかに明記している。また、必要性の他、比例性および合法性という、基本権の保護に向けた核心的な原則を守るべきことも確認している。しかしながら、安全と基本権の尊重が「互いに一貫し、かつ補いあう」と断定する記述は、EUのいずれの主要機関もこれまで用いなかったものと考えられる。

安全と基本権の論理

このような記述の背後にある論理を、欧州委員会が独創したわけではない。第一に、この記述には脚注が付され、「基本権憲章の第六条、ならびにEU司法裁判所の二〇一四年四月八日判決」と記されている(10)。記述するにあたって、これらを参照したということであろう。とはいえ、基本権憲章の第六条、およびEU司法裁判所の二〇一四年四月八日判決の両方の文面から、安全と基本権尊重が「互いに一貫し、かつ補いあう」とする論理をただちに導き出せるわけではない。

基本権憲章第六条からみておこう。EUの人権目録として法的拘束力をもつ憲章において、この条文はたしかに、すべての人間は「自由への権利と安全への権利」を享受すると規定する。「安全」を基本権の核心的な要素である「自由」と等置しているがゆえに、『課題』における記述も一理あるとみる向きもあろう(11)。しかし憲章の取り決めによると、第六条がもつ意味と範囲は、欧州人権条約の対応条文がもつそれと同じである。欧州人権条約は、人権保護分野におけるEUの先輩格である欧州審議会の人権文書である。その欧州人権条約の対応条文である第五条は、「安全」を、個人が享受する自由の剥奪といった意味合いで限定的に捉えている。欧州人権裁判所の判例においても、本章の脈絡でいうテロからの安全という意味合いはほとんど示されていない(12)。したがって、脚注で憲章第六条に言及することをもって前出の記述を正当化できるとは言いがたい。

ＥＵ司法裁判所の二〇一四年四月八日判決もまた、これを正当化しているとは言えない。判決は、たしかに次のように述べている。国際的なテロリズムとの戦いは、一般的な利益に資する。そうであるがゆえに、人権は制限されうる、と[13]。しかしながら、それ以上のことを、判決は何も述べていない。安全と基本権尊重が「互いに一貫」することにも、あるいは「補いあう」ことにも触れていない。

第二に、加盟国や国際連合が過去に用いた表現をそれは彷彿させる。そのような表現として想起されるのは、フランス議会が二〇〇三年に制定した「国内の安全に関する法律」である。この法律の第一条には、「安全は基本権であり、個人的および集団的自由を行使するための条件である」とある。安全を基本権としたうえで、これを自由のための条件であるとする位置づけは、『課題』の記述に通じるものがある。また、国連においては、各国代表よりなる総会が、『国連グローバル・対テロ戦略』を採択している。二〇〇六年に採択されたこの戦略文書には、以下の記述がある。「（…）効果的な対テロ措置と人権の保護は、矛盾する目標ではなく、互いに補完的であり、補強しあうもので（ある）[14]」。こちらは、『課題』の記述とほぼ同じ内容と言ってよい。

『課題』を作成した欧州委員会が、これらの表現を模倣するか、あるいは少なくとも参照にした蓋然性は高い。しかしながら、フランス議会や国連総会がこれらの表現を用いてから相当の歳月が経っている。欧州委員会は、ＥＵによるテロ対応の強化を促す手段としてこれらの表現を模倣または参考にしたと考えられる。

もっとも、シャルリ事件の発生後には、人権団体のほか一部のＥＵ機関も安全対策が人権を侵害することを懸念している。たとえば、前章でみた基本権庁は、事件後に『安全対策に基本権を埋め込む』と題する冊子を公表した。その冊子において「安全対策は個人の基本権に有害な効果を与えうる」とし、そのような効果をいかに低減させるかが優先課題であると述べている[15]。

人々の安全を確保することと人権を保護することは、各々に独自の史的背景と含意をもつ政策目標である。このことは、シャルリ事件後も揺るがないはずである。それにもかかわらず、欧州委員会は加盟国や国連総会の過去の思考に立ち戻った。安全と人権は両立するという言説を用いることにより、双方に内在するジレンマはＥＵにおいてそれだけ後景化することになる。

2　ＥＵのテロ対応と個人のプライバシー——航空旅客情報をめぐって

個人情報としての旅客情報

ＥＵは、シャルリ事件の発生前から広範なテロ対策に着手してきた。犯罪者の情報を国家間で共有する「欧州刑事記録情報システム」を構築しつつ、人々に過激思想をもたせないためのネットワーク（「過激化からの覚醒のためのネットワーク」）を形成することは、近年における取り組みの代表的なものである。あるいは、テロ資金を追跡するための協定をアメリカと結ぶ一方で、武器取引への規制を強化してもきた。これらと同等に代表的な取り組みではあるものの、人権への懸念から遅れていたのが、航空旅客情報の管理を法制化する作業であった。

航空旅客情報に関するＥＵ立法を求める声は、二〇〇一年九月の「九・一一」事件の直後から上がっていた。航空旅客情報とは、自社の航空旅客について航空会社が保有する一連の個人情報のことである。その情報が、潜在的なテロ犯罪者らを当局が事前に把握し、もしくは事後に調査するうえで手がかりとなりうる。イギリスをはじめとするいくつかの加盟国は、こうした旅客情報を提供させる国内法を早期に整備した。ＥＵもまた、旅客情報の譲渡についての二者間協定を、アメリカやカナダ、あるいはオーストラリアと締約するようにもなっていた。しかしながら、航空会社が加盟国の当局に提供する旅客情報の対象項目は、各国によってまちまちであった。当局が管理する方式、管理期間、アクセス権者の範囲等についても同様である。そのために欧州委員会は、これらについて加盟国に共通のルールを定めさせる法案を欧州議会と理事会に提出した[16]。

法案は、二〇〇七年に提出された後、リスボン条約発効を受けて改めて二〇一一年に提出された。しかしシャルリ事件の発生を経ても、採択を急ぐ気配はなかった。それだけ時間を要したのは、人権侵害の疑いを理由に欧州議会が承認しなかったからである。二〇一三年四月に開かれた欧州議会の市民的自由・司法・内務委員会は、同法案を賛成二五票、反対三〇票で否決した。個人情報が管理される期間が長く、情報漏洩やプライバシーの面でも問題が多いとみなされた[17]。旅客情報の管理が整備されたところで効果は低いのではないかという疑念も——フランスのトゥールーズやアメリカのボストンで起きた銃撃、爆弾事件を念頭に——出ていた[18]。

市民的自由・司法・内務委員会の反対姿勢を強固にしたのは、欧州データ保護監督官および基本権庁という、EU次元における二つの独立行政機関が出した意見であった。前者の監督官は、このようなシステムを構築することは「重大な透明性および比例性の問題を生む」と指摘していた[19]。基本権庁は、収集された旅客情報が当局によって恣意的に運用される可能性を排除しなかったのである[20]。

法案の反対勢力をさらに強めたのは、翌二〇一四年にEU司法裁判所が下した判決である。この判決は、二〇〇六年にEUが制定した指令を審理するものであった。電話やメールを含む個人の通信データを当局が管理するルールを定める同指令について、司法裁判所は、基本権憲章が定める基本権の侵害であると断じた。すなわち指令は、憲章の第七条と第八条が各々定めるプライバシーおよび個人データの保護をどの程度妨げるのか、明確で適切なルールを備えていない。それはまた、国家当局によるデータへのアクセスやデータ保持の期間についても明瞭さを欠いている。これらの理由づけを含めて、司法裁判所は、同指令は無効であると宣告したのである[21]。

欧州議会の消極姿勢

航空旅客情報法案に消極的な欧州議会の姿勢は、シャルリ事件を経ても揺るがなかった。事件から三週間後に欧州議会は、欧州委員会のアブラモプロス内務担当委員を招いてEUのテロ対策を討議した。アブラモプロス委員は、中道右派に位置づけられる議員らとともに、法案を早期に承認するように訴えた。しかしながら、二〇一三年に市民的自由・司法・内務委員会による否決を主導した欧州緑の党ならびに欧州統一左派グループの方針は変わらなかった。ドイツ選出のアルプレヒト議員は、欧州緑の党を代表して次のように述べている。「安全を強化するあらゆる措置が必要であると考える人々に私は賛同する。しかしこの法案は、すべての市民を監視するものであり、そのような措置とは相容れるものではない。ＥＵ市民の安全と自由を弱める象徴的な措置が提案されている」[22]。そのうえで、次のように締め括ったのである。「すべての人を監視するようなことは止めていただきたい。それは、中国やバーレーンが行っていることと寸分も違わない措置である」。欧州統一左派グループからは、同じくドイツ選出のエルンスト議員が、以下のように表明した。「テロが起こるのは、彼らをすべての加盟国が身内として扱えていないからである。（…）われわれの社会にみられる反イスラム、反ユダヤ、外国人嫌悪について真摯に議論することが先決である」[23]。

第二勢力で中道左派に位置する社会民主グループからは、より妥協的な意見が出た。すなわち、イタリア選出のピッテッラ議員は、「自由に影響を与える措置を、われわれは支援するつもりはない」としながらも、法案の修正協議には応じる姿勢を示している。中道右派で、議会内の最大勢力である欧州人民党にも触れておこう。同党は、法案を成立させることに以前から積極的であった。しかしそれでも、成立を急いでいるようにはみえなかった。ドイツ選出のホールマイヤー議員の言葉を借りれば、「欧州議会はより団結しうることを人々に示す必要がある」からであるようにみえた[24]。

法案成立を急がない欧州議会の構えは、当該分野において同議会の権限が拡大したことと関係している。すべての加盟国の批准の下にリスボン条約が発効したのは、二〇〇九年のことであった。この条約は、刑事司法協力と警察協力の分野におけるＥＵの立法には欧州議会の承認が要ると定めている[25]。リスボン条約以前は、この分野でＥＵが立法を行うには、各国の閣僚級の代表からなる理事会の承認があれば足りていた。同条約によって欧州議会は、理事会と同様の拒否権を享受するに至っているのである。それゆえに、この法案を容易に通過させないことにより、自らの賛同なくして法制化はできないことを市民やメディアにアピールする動機をもつようになっている。

それとともに欧州議会が重視したのは、旅客情報法案が、いずれかの加盟国と域外国を結ぶすべての国際線を対象にしている点であった。国際線のネットワークが普及する現代の欧州において、このことは、膨大な数に上る利用者の人権が影響を受けることを意味する。EUによる従来のテロ対応は、潜在的なテロリスト個人とその協力組織を取り締まろうとするものであった。そこで提起されうる問題は、大多数の加盟国国民にとってはいわば他者の人権だったのである。しかしながら、旅客情報法案はそうではない。自らの人権に直接の影響を与えうることが明らかとなったがゆえに慎重を期する声が相次いだ。加盟国国民から直接選挙で選出される欧州議会議員は、そのような声を軽視できなかった。

3　出入国審査とEU市民の自由移動

潜在的なテロ犯罪者およびその協力者の移動を監視する手段は、航空旅客情報だけではない。出入国時の人物審査において、彼／彼女らの越境を確認することも求められる。

シェンゲンの縛り

不法移民や難民を含む域外国の国民については、この場合、従来の審査を徹底しつつ、状況に応じて警察権限を局所的に強化する措置が考えられる。その際に人権水準が低下する恐れはあるが[26]、EUでむしろ提起されたのは、域外国の国民に加えて、加盟国の国民による越境をいかに把握するかであった。というのも、その中には、テロ犯罪者や協力者になりうる人物が三〇〇〇人から五〇〇〇人ほど含まれると推計されたからである[27]。

加盟国国民の越境に対応するパターンは四つあった。彼／彼女らを、(1)出国させない、(2)EUから出域させない、(3)EUに再入域したことを把握する、(4)帰国したことを把握する、というパターンである。これらのうち(1)と(2)は、国際的な人権規範に照らしてもそれほど問題とはならない。国の安全や公の秩序を守るために必要と判断した場合、当該国は、一定の条件を満たせば自国民を出国させないことが可能だからである[28]。出国させなければ、むろんEUから出域することもできない。他方において、(3)および(4)のパターンがより論争を呼んでいる。というのも、EU

に加盟する大半の諸国は、シェンゲン協定を締約することを通じて独特の出入国政策を採ってきた。[29] (3)および(4)への対応いかんでは、そのような政策の理念が揺らぐ恐れがある。

シェンゲン協定を締約する国の出入国政策が、どのように独特であるのか。一つは、よく知られているように、締約国間の国境、つまり域内国境における出入国審査を原則として廃止していることである。EUと加盟国は、審査の廃止によって可能となる人の自由移動を、すべての加盟国国民が享受するEU市民権の一部として権利化してきた。域内国境において審査は、例外的に実施されるにとどまる。国際スポーツ試合が開かれる場合や、難民が一時的に大量流入する場合がそれである。[30]

あと一つは、域外の国と接する対外国境において、旅券の確認等、最小限の審査によってEUに再入域できるとしていることである。もっとも、これは原則であり、例外があることも定めている。シェンゲンのルールでは、「自由移動の権利を享受する個人が域内の安全、公共政策、加盟国の国際関係への深刻な脅威ではないことを、もしくは公衆衛生への脅威ではないことを確認するために」審査官が国家およびEUのデータベースに照会することが認められているのである。[31]

右の目的のためにデータベースに照会できるとするルールは、一般的な通念に照らして納得できることではある。ただし注意するべきは、データベースへの照会は体系立てない方法（une manière non systématique）で行うという縛りがあることである。[32]

シャルリ事件後に争点となったのは、この縛りがあることの是非であった。というのも、体系立てない方法を用いていては「（対外国境の）審査官は、疑わしいEU市民をデータベースで確認できるものの、（再入域する）すべてのEU市民を審査することはできない」[33]からである。あるいは加盟国が、「たとえばシリアといった特定の国から帰着するすべてのEU市民を、審査官が審査することはできないと理解している」[34]からでもある。シリアやイラク等、EUの域外でテロや戦闘の訓練を受けた者でも、いずれかの加盟国の国民であればEUに容易に再入域できる。ひとたび再入域できれば、出身国にも審査なく再入国できる。そのような現状を懸念する声が強まったのである。

各加盟国の司法相や内務相らは、シャルリ事件後に次のように表明している。「われわれは（…）自由移動の権利を享受する個人を、テロとの戦いに関連づけられたデータベースに照会しつつ、体系的に審査できるように変更するべきであると考える」[35]。体系立てない審査では限界がある。それゆえ、これを体系立てて実施できるようにシェンゲンのルールを改正するべきであると主張したのである。

シェンゲン改正の含意

もっとも、たとえ加盟国政府の閣僚らによる主張であっても、それがEUとして遅滞なく実現するわけではない。シェンゲンのルールを改正するには、原則として欧州委員会の発議が必要である。さらには、旅客情報をめぐる前出の立法の場合と同様に、欧州議会の承認も必要である。今回の縛りについては、何よりも欧州委員会が改正することに消極的である。委員会によると、体系的な審査でなくとも潜在的なテロリストは排除できる。ＳＩＳⅡと呼ばれる情報システムをはじめ、シェンゲンには優れたデータベースが備わっている。他の加盟国や域外の国からの警戒情報も順次更新される。委員会は、これらのデータベースと警戒情報を効果的に活用することが先決だと考えるのである[36]。

ただし欧州委員会は、一定の歩み寄りもみせていた。シャルリ事件が発生する前のことであるが、次のように勧告していた。「審査官が、特定の旅行ルート（たとえば紛争圏域からのフライト）に関するデータベースを用いて、リスク評価に該当する特定のカテゴリーの個人を体系的に審査することは可能である」[37]。分かりづらい文章であるものの、特定のカテゴリーに属する個人については体系的な審査を許容できる場合もある、という主旨である。この勧告は非公式のものであるため、法的効果はない。とはいえ、このように勧告した欧州委員会の意図を推測することはできる。すなわち、体系的な審査に向けて委員会は公式には賛同できないし、欧州議会の承認を得ることも容易ではない。ただし、非公式の勧告ではあるものの、柔軟な実践を可能にすればある程度加盟国も納得してくれるであろうという意図である。

加盟国は、欧州委員会の意図を充分には汲んでいないようにみえる。ある報道は、シャルリ事件後のドイツの空港における審査を取り上げている(38)。対外国境となるその空港では、紛争圏域にほど近いトルコ・イスタンブールからの乗客の中の「とりわけ、特定の年齢層の男性」に対して特別の審査を行った。「特定の年齢層」の「男性」を対象とする審査が、先述の欧州委員会勧告と整合しているかは瞭然としない。しかしドイツ下院の野党議員は、このような審査はシェンゲンの明確なルール違反であると指摘した。そのうえで、「体系的な審査」の内容について、ＥＵ司法裁判所が適切な解釈を示すべきだと述べている(39)。

対外国境の審査をめぐる論争は、旅客情報立法とはまた別の問題を提起する。旅客情報の場合は、個人情報やプライバシーという、文字通り個人の伝統的な権利に関わる。国境審査の議論は、そこまで踏み込むものではない。それは、マーストリヒト条約によって創設されたＥＵ市民権としての自由移動の範疇に入るからである。とはいうものの、対外国境において円滑な移動を促すことは、域内国境を廃止することとともに、当該権利を具現するための理念となってきた。二〇〇二年に欧州委員会が作成した文書には、次の記述がある。「対外国境における審査の手続きがより効果的になれば、加盟国国内の安全が強化されるのみならず、ＥＵと域外国の間の人、物資および商品の移動も加速される(40)」。そして、文書は次のように続く。「経済的および文化的な交流、とりわけ地理的に近接する域外国との交流は、そうなることによって互いに利益を生むに違いない(41)」。

シェンゲン・ルールの改正をめぐる論議は、ＥＵ市民の移動についての理念そのものに修正を迫る力学を含んでいる。しかしながら、あらゆる理念は、それがひとたび修正されるや否や、本来有する崇高さを取り戻せなくなる恐れがある。改正論議は、ＥＵを支えてきた理念の一部が分岐点を迎えていることを暗示するものである。

4　風刺画問題とEU

シャルリ事件への反応

これまでの議論とはやや脈絡が異なるものの、表現の自由をめぐるEUの姿勢にも触れておこう。シャルリ事件は、二〇〇五年のデンマーク風刺画事件と似て、表現の自由をめぐる問題も提起した。シャルリ社は、イスラム教預言者の風刺画を、たび重なる脅迫にもかかわらず掲載し続けた。これによって凶弾に倒れたと目される編集部スタッフを、多くの人々は自由の守護者とみなした。パリ内外の街頭で掲げた「私はシャルリ」のプラカードには、彼らへの賛同の念が込められたのだろう(42)。

もっとも、イスラム教徒にとっては、崇敬する預言者が描画されること自体耐え難いとされている。ましてや、預言者を風刺することは冒瀆であり、当然に処罰されるべき行いであるとみなされる。むろん、そうであるからとはいえ、大半のイスラム教徒は、シャルリ事件のような暴力を支持するわけではない。

双方の立場の相違を一般的に考察する作業は、もとより本章の目的ではない。ここで確認したいのは、欧州の政治指導者の多くが、シャルリ社の行いを陰に陽に支持するか、あるいは傍観するのみだったことである。以下の言明は、このような状況を象徴していると考えられる。

「シャルリ社への攻撃は、われわれの基本的な価値への、すなわち、われわれの民主主義の骨組みである表現の自由への、野蛮な攻撃である」（欧州理事会のトゥスク常任議長による声明より、事件当夜(43)）

「表現の自由、人権、民主主義、寛容および法治への限りなき愛着を、われわれは再確認する」（フランスのカズヌーブ内務相が招いた会合の共同声明より、二〇一五年一月一一日。欧州諸国のほか、アメリカ、カナダおよび欧州委員会代表が出席した(44)）

「自由な言論、出版の自由、寛容および相互の尊重というわれわれの重んじる価値を侵食する恐怖、反ユダヤ主義、イスラムへの嫌悪、憎悪を許すべきではない」（欧州議会のシュルツ議長、同一月一二日、ストラスブールで開かれた本会議にて）[45]

「連帯、表現の自由を含む自由、多元主義、民主主義、寛容および人の尊厳。EUの中核にあるこれら基本的な価値と人権を、パリでの攻撃は標的にした。（…）われわれは、民族や宗教に動機づけられた暴力と人種主義からすべての市民を護衛する意志をもつ」（欧州理事会非公式会合、同二月一二日）[46]。

これらの言明の多くは、普遍的と思われる規範をたしかに含んでいよう。すなわち、表現の自由は不可侵の人権であり、これを攻撃する暴力は許されない。また、いかなる暴力と憎悪も、イスラムやユダヤをはじめとする諸宗教と結び付けるべきではない、という規範である。しかしながら、表現と冒瀆の問題は、このような規範を言明すれば解消に向かうような根の浅いものではない。このような中でEUは、シャルリ事件が改めて提起する当該問題に向き合う作法を見出せておらず、また、見出そうともしなかった。

寛容と非差別のEU？

このことは、第一に、EU役職者の無神経ともいえる言明に表れている。欧州理事会のトゥスク常任議長の言明が典型である。

シャルリ事件の翌日にトゥスクは、理事会議長国であったラトビアでの講演において次のように述べている。「われわれの自由に向けられた野蛮で暴力的な襲撃を、われわれが恐れることはない。フランス人よ、ラトビア人よ、ポーランド人よ、われわれはみな、自らを自由に表現する権利のために戦っている。われわれがEUを建設するのは、まさしく、あらゆる暴力から効果的にわれわれの価値を守るためである」[47]。フランスは事件の発生国であり、ラトビアは当時の議長国である。さらに彼がポーランド出身であるがゆえに、これら三カ国の人々に呼びかけるかたちになったのだろう。しかしながら、フランス人はさておくにせよ、ラトビア人やポーランド人に対してまで「自らを自由に表現する権利のための戦い」に言及するのは大袈裟である。

事件の翌週にリトアニアで行った講演でも、似たような言明があった。「パリのデモは、欧州における自由と寛容を支持する、近年に例のない大規模で平和的なものであった。それは、二〇〇万人が自由を求めた一九八九年八月の〝バルトの道〟を思い出させた」というのがそれである。[48]〝バルトの道〟とは、ソビエト連邦の支配に反対するためにバルト沿岸地域の人々が繋いだ、人間の鎖のことである。トゥスクは、ソビエト連邦領であった冷戦末期のリトアニアに共感を示しつつ、パリのデモをこれと重ねみたのだろう。とはいえ、ソビエト連邦の支配下における自由は、シャルリ事件のそれとは脈絡が異なる問題である。同一に捉えるべき性質のものではない。

第二にEUは、事件が提起した表現と冒瀆の問題に腰を据えて対峙する気概を示せていない。

加盟国の人権問題を監視する独立機関に基本権庁があった。その基本権庁は、事件後に公表した「EUにおけるパリ襲撃への対応」と題する文書の中で、EUの安全対策が基本権に与えうる影響について勧告した。しかし同庁は、次のように述べて、当該問題に切り込むことを回避するのである。「(…)襲撃犯は、移民の背景をもつ若いイスラム教徒のEU市民であり、彼らの地元で過激な思想をもつようになった。したがって主眼は、表現の自由の問題から、暴力的な過激化を防ぎ、かつテロリズムに対応することに移ることになった」。[49]風刺画問題の根本に迫るEU機関が他にあったという話も聞かない。

事件が提起した表現のあり方をめぐる問題は、フランスに限らず、全欧的な論争を呼んでいる。フランスの日曜紙による電話アンケートでは、「イスラム教徒の気分を害することを考慮し、掲載は避けるべきだ」という回答が四割を超えた。[50]ローマ法王もまた、シャルリ社を名指しはしなかったものの、宗教を侮辱するような表現の自由には「限界がある」と声明した。[51]

表現をめぐる二重基準の存在についても、枚挙にいとまがないほど指摘された。ごく一例として、リベラシオン紙の指摘を省みておこう。同紙によると、公共の場で頭部と体を布(ヒジャブ)で覆うことを禁じられた女性は、自らの信仰を表現することができないでいる。また、近隣地域へのイスラエルの侵攻に抗議し、あるいはパレスチナを支援する国内のデモ行動は、フランス政府によって禁じられるところとなった。このような見地から、同紙は、表現の自由をことさら擁護する指導者らは、少数者を抑圧する側の自由のみを擁護していると論難した(52)。

このようなアンケート結果、法王の声明あるいは二重基準の指摘等を、フランスの政治指導者がその政策にいかに反映するのか。それは、彼ら指導者の考え次第であろう。共和国建国の理念とライシテの原則に加えて、彼ら自身の信条、所属政党の方針、国内支持層との関係が、評価と活動に密接に関わるからである。以上のことは、デンマーク等、同様の風刺画問題を抱える国の指導者についても当てはまるだろう。

しかしながら、EU次元となると話は違ってくる。襲撃が起こり、犠牲も出たフランスに寄り添い、ともに非難することは、たしかにEUに求められる態度ではあろう。とはいえ、表現を含む自由をめぐって域内の人々を唱導するだけの権威がEUにはない。そのような自由に向き合う作法さえ、身につけているわけではない。「冒瀆罪は、表現の自由を制限し、宗教的少数者を抑圧もするがゆえに撤廃されるべきである(53)」。このような方針を時機をみて強調するのみである。

すべての加盟国が締約するEU条約では、多元主義や男女平等とともに、寛容と非差別をEUとして重んじることを定めている(54)。この条約規定を鑑みつつ、イスラムを含む多様な宗教的価値観との共存をより調停する役割を担うことも不可能ではないはずである。しかしながらEUは、シャルリ事件を経てもそのような役割を担う機会を見出していないようである。

5　価値と理念のゆらぎ

安全と人権尊重は互いに一貫するという欧州委員会の言説は、安全と人権のジレンマに目をつぶり、前者の安全にさらなる重きを置く志向性を強めるものであった。このような言説は、委員会のそれであり、EUとしての一致した見解とまではいえない。とはいえ、EU次元における立法案の提出権者であり、EU法の番人でもある委員会がそのような解釈を採ったことは、多少なりともEUのテロ対応に影響を与えることになる。航空旅客情報を共通ルールの下で管理するための法案は、潜在的なテロリストの移動を監視することが目的であった。欧州議会は、一般市民の人権を制限しうるがゆえに法案に消極的であったが、最終的に二〇一六年四月に承認している。対外国境のルールを改正するべきであるという要請は、長年浸透してきたシェンゲンの理念を修正することを意図せざるをえないものであった(55)。

EUのテロへの対応が、現代欧州の人権水準を低下させたと議論することはおそらくは尚早である。しかしそれでも、人権保護やEU市民権について築かれてきたEU次元の価値や理念は確実にゆらいでいる。風刺画問題を扱う姿勢も成熟しているようにはみえない。シャルリ社という表現者が事件の犠牲になったことにより、EUが表現の自由を守護する側に立たざるをえないことは理解できる。とはいえ、EUの政治指導者による慎重さを欠く言明が、対立を煽っている状況さえみうけられる。表現を冒瀆とする解釈に向き合う術も備えていないようである。

シャルリ事件後のフランスで反響を呼んだ小説に、ウエルベックの『服従』があった(56)。この小説は、フランス国内やEU域内でテロが起こる類のあらすじではない。それにもかかわらず反響を呼んだのは、イスラム教を重んじる政治指導者がフランス共和国大統領になるという思考実験が斬新だったからであろう。フランスでこのような大統領が実際に誕生しうるかはさておくにせよ、主人公の大学教師がイスラムの価値観を受容しようとする心理過程はたしかに印象的である。

EUの指導層は、『服従』の主人公のような心理過程とは一見するところ無関係である。しかしながら、彼／彼女らは、イスラムの価値観のみならず、ますます多様化する価値観に直面しつつ人権への信念を表明する必要があるだろう。テロリズムは、人々の生命や身体等、物理的な安全のほか、既存の価値観に対する挑戦でもある。人権規範を保ちつつテロの挑戦にも対抗できる強靭さをEUがもちうるのかが問われる。

第7章　「共通の価値」と加盟国の法治体制
――ハンガリー問題のポリティクス――

法治（rule of law，「法の支配」とも訳される）は、人権尊重や民主主義とともに、近代の立憲国家が基礎を置くべき原則であると考えられてきた。それはおよそ、独立した司法権の下、法の卓越性が保たれることによって機能する。(1) その法治の原則が、世界的に侵食される傾向にある。グローバルな市場経済と国際秩序の変化に直面する人々は、その不安を汲んでくれる、カリスマ的な政治指導者を欲するようになる。負託に応えようと意気込む指導者にとって、法治はしばしば、乗り越えるべき障壁とみなされる。指導者自らが、その個人的な資質や経験から法治を軽視することもあろう。

法治原則の侵食は、欧州においても観察された。八〇〇〇人ものロマ人を国外退去させたフランスは、加盟国として守るべき「人の自由移動」のルールに反すると批判された。(2) ルーマニアによる司法の「改革」が、同国における三権分立を後退させているという指摘もあった。(3) しかしながら、よりショッキングな事例として捉えられたのは、ハンガリーである。中央銀行や裁判所を含む国家機関の独立性、表現とメディアの自由、公正な選挙制度、ならびに少数者保護等、幅広い分野で法治を軽視しているという非難がある。(4)

これらの諸国が加盟するEUは、法治をめぐる問題をどのように認識し、対応しているのか。この点を明らかにするために、本章はハンガリーに着目する。

このような関心は、現在のEUが価値の共同体としていかなる地点にあるかという問いかけに連なる。一九五〇年五月のシューマン宣言に表れたように、EUの当初の目的は、フランスとドイツが牽引する安全保障の共同体となることであった。そして、そのような共同体を実現するために、共同市場を通じた経済の共同体を築こうとした。EUと加盟国が価値の共同体になることを意識するのは、より後年である。すなわち、EU機関の日常的な決定が、加盟国市民の生活や企業の活動に直接の影響を与えるようになった。（旧）共産圏やアラブ・アフリカ地域への対外政策の共通化は、EU自らが、民主主義や人権といった価値に立脚するべきことを知覚させもした。くわえて、共産圏を脱した中・東欧諸国へのEU拡大が現実味を帯びるにつれて、これらの価値をすべての加盟国に根づかせることが、EUの政策課題として浮上したのである。

本章では、まず、EUには共通の価値と呼びうる一連の原則があるものの、それらを加盟国に守らせる手段が十分ではないことを確認する。そして、このことがハンガリーへの対応に苦慮する一因になったと論じる。次いで、以上の反省からいかなる制度整備が図られたのかを紹介する。そして最後に、それでもEUの対応が容易ではないことを、ハンガリーの国内情勢にも触れながら展望したい。

1　共通の価値と加盟国——二つの手続きのはざま

EUの価値としての法治

人権尊重や民主主義といった価値をEUが重視するようになるのは、加盟国間の統合がある程度深まった一九七〇年代から一九八〇年代にかけてである。そのような価値には、まずはEU司法裁判所が配慮しはじめた。欧州委員会、欧州議会および理事会という政治的な機関も、合同で、または個別にこれらの価値を強調するようになった。(5)こうした趨勢が、EUの法と政策に反映されていく。

二〇〇九年発効のリスボン条約がEU条約に次の条文を設けたことは、そのような変化の画期をなすものである。「（EUは、）人の尊厳、自由、民主主義、平等、法治の尊重、および少数者に属する人々の権利を含む人権の尊重という価値に基礎を置くものとする」。(6)少数者の権利ではなく、少数者に属する人々の権利としていることに妥協の跡がみられる。キリスト教に言及のないこと等から、この条文に不満を呈する向きもある(7)。しかしながら、それでもすべての加盟国が、自国の憲法に従いリスボン条約を締約した。これらの価値を受容することに同意していると捉えてよい。

問題は、これらの価値を守らない加盟国がある場合に、その状況をいかに認め、かつ対応するかである。ある加盟国の行いを問題視する他の加盟国が、EUの枠組みの外部で守らせようと試みる。ナチスの賛美者が率いる政党を入閣させたオーストリアへの対応のように(8)、このような試みは、たしかに常に可能である。けれども、そうした試みは、いまや右の条文を備えるEUの正当性を弱めかねない。域外の第三国、とりわけ潜在的な加盟国と開発援助国が価値を守っているかを、加盟国はしばしば欧州委員会に評価させてきた。加盟国市民が直接普通選挙で選出する欧州議会も、委員会の評価に関与しつつ、独自に見解を表明してきた。EU機関が加盟国の状況に関わらないのであれば、それは域外と域内を隔てる二重基準と捉えられかねない。

違反手続きと権利停止手続き

このような状況を鑑みて、加盟国は、共通の価値を守らせるための権限をEUに与えている。しかしながら、与える権限の範囲が、以下にみるように不十分であり、中途半端なものとなっている。

第一に、EUは、加盟国のなんらの干渉なしに、その価値を守らせることができる。もっとも、それができるのは、加盟国がEUの基本条約の下で負うべき義務を負わない場合に限られる。

負うべき義務を負わない加盟国を、欧州委員会は、EU司法裁判所に付託することができる。同裁判所は、当該国の主張を踏まえたうえで判決を下す。判決に従わない時は、裁判所は、当該国に対して一時金や罰則金を科せるのである。こうした一連の手続きは、違反手続きと呼ばれており、欧州経済共同体の発足と同時に導入された。加盟国も他の加盟国を付託できるものの、実際にそうすることは稀である。他方において、委員会は、さまざまな分野でこの手続きを用いてきた(9)。

ただしこの手続きは、あくまでも条約の下での義務をめぐるものである。義務に当たらない加盟国の行いには用いることができない。加盟国の義務不履行が、たとえば個人の財産権やプライバシーを侵害することはありうる。そのような場合には、この手続きを通じてEUが対応したともいえよう。しかしながら、後述するように、法治の問題の多くは、加盟国としての義務と明確に関連するわけではない。

第二に、条約の下での義務とは関係なく加盟国を制裁できる手続きもある。先述の共通価値に「重大かつ継続的に違反」していることを認めた場合には、EUは、当該国が加盟国として享受する権利の一部を停止することができる。

ここでいう「重大かつ継続的な違反」とは、いかなる行いであるのか。プロディが委員長を務めていた二〇〇三年当時の欧州委員会は、その典型例は「手続き的な保証を戦時において撤廃すること」であるとした。[10] あるいは、「特定の社会階層」が「不当な国家措置によって被害を受ける」場合にも、違反の認定を検討しうるとした。[11]

停止されうる当該国の権利として、EU条約は、理事会における投票権が含まれると述べている。理事会は、各国の閣僚級の代表からなる、EUの主要な意思決定機関の一つである。それゆえに、その票決から当該国を排除することは、当該国にとって重い処罰となる。そればかりか、EUの運営上必須である加盟国間の団結が、一部の国を排除することによって失われるだろう。しかも、EU条約の表現に従えば、投票権以外のいかなる権利まで停止されるか予測することが難しい。この手続き――以下「権利停止手続き」とする――がもつ潜在的な影響は、このように大きいものがある。

しかし反面、潜在的な影響が大きいがゆえに、この手続きを進める条件は厳しく設定されている。とりわけ厳しい条件は、加盟国首脳の全会一致でのみ前出の違反を認定しうる、としていることである。さすがに当該国の首脳は、確認に向けた作業に参加できない。[12] しかしそれでも、二〇カ国を優に超える首脳全員が制裁に賛同するのは、よほどの事態であろう。権利停止手続きは、共通の価値を防衛するという加盟諸国の決意を示している。とはいえ、その決意がどれだけ実行されるかについては、心もとない手続きとして捉えられるのである。

ＥＵの権限が中途半端なのは、以上にみた二つの手続きの間に空白領域があるからである。ＥＵ司法裁判所の権威の下で加盟国に強いることができるのは、条約上の義務を負わない場合に限られる。他方、条約上の義務という限定にとらわれず対応するには、国家首脳の全会一致という敷居が立ちはだかる。

加盟国による法治の侵食は、このようなもどかしさの中で観察されているのである。たしかにＥＵは、別組織である欧州審議会とともに、法治をめぐる問題に以前から留意してはいる。ＥＵ司法裁判所は、以前にもまして、法治が合法性や法的確実性の原則に立脚することを意識するようになった(13)。各加盟国の人権状況を分析する行政機関に基本権庁があるが、その長官もまた、広範な基本的権利に重なる原則として法治を把握するべきであると説いている(14)。しかしながら、これらの作業をＥＵ次元で集積すれば具体的な問題を効果的に解決できるようになるわけでもない。ＥＵがこうした現状にあることを知らしめたのが、フランスにおけるロマ人の退去であり、あるいはルーマニアでの司法権限の縮小という問題であった。もっとも、以下にみるハンガリーほど、この点が痛感された例はなかった。

2　ハンガリーの法治体制とＥＵ

ハンガリーへの批判

冷戦終結後にＥＵ加盟を申請したハンガリーは、二〇〇四年に加盟を実現させた。同国は、ともに加盟した中・東欧諸国の中でも、とりわけ民主主義への希求が強い国であった。東西ドイツの統一を促したピクニック計画は、ハンガリーの主導によるものであった。旧共産国として初めて欧州人権条約を締約したのも同国である。そのハンガリーにおいて二〇一〇年四月に実施された国政選挙は、七割に迫る議席を右派政党の「フィデス＝ハンガリー市民同盟」（以下「フィデス」とする）に与えた。首相に返り咲いたオルバン・フィデス党首の下、同国は、憲法をはじめ諸々の国内法を相次いで改正する等した(15)。

ハンガリーが批判されたのは、それらの改正等が、広範にわたり人権を侵害し、あるいは民主主義の多元性を弱めるものだからである。法治を侵食するという批判も、同様の脈絡から上がった。ハンガリー内外の法曹団体や人権団体、ならびに欧州審議会や欧州安全保障協力機構といった他の地域的機構とともに、EUの関係者からも憂慮する声が発せられるようになる(16)。

指摘された問題は、以下のようであった。

・政府が新設したメディア評議会が、既存のメディアを委縮させつつあり、表現および言論の自由を侵害している。メディアでの政治広告を禁じることによって、野党による意見表明の機会も制約している、
・政府機関である司法局の権限強化が、憲法裁判所の独立性を損なっている。裁判官の定年退職年齢を引き下げたのは、左派思想をもつ裁判官を排除するもくろみであり、雇用差別にも当たる、
・国家中央銀行の運営に政府が公式に関与できるようになり、中央銀行の独立性が弱まっている、
・情報保護のための国家機関の監督官を、首相らが免職しやすくした。それによって同機関の独立性が損なわれている、
・国会議員の定数を、野党との実質的な協議なく削減している、
・宗教団体の許認可権を国会が享受することによって、国家の中立義務を形骸化させている、
・知的障害者から選挙権を剝奪している、
・ロマ人らへの差別と嫌悪を放置している。

EU機関の動静

こうした問題について厳しい批判があったのは、欧州議会においてである。七五〇余名の議員が集まる欧州議会では、多様な意見が表明されやすい。しかもこの機関は、権利停止手続きにおいて、共通の価値に加盟国が違反す

る「明確な危険」があることをEUとして認めるように提案する権限を享受するのである(17)。このような機関において批判の急先鋒を担ったのは、第三の勢力をもつ欧州自由民主連合であった。同連合のフェルホフスタット代表は、ハンガリーの状況は、欧州通貨危機と等しく危機的であると表明した。それゆえに権利停止手続きに着手する必要があるが、それは、「同国の人々を罰するためではなく、基本的な価値を尊重しない政府の説明責任を問うため」であった。「同国をEUから除名させないためにも」そうすることが肝要である、と主張したのである(18)。

欧州自由民主連合には、ハンガリー選出の欧州議会議員は一人も所属していない。そうであるがゆえに厳しく批判できた面はあるだろう。とはいえ、同連合の姿勢には、温度差はあれ、第二勢力の社会民主グループと第四勢力の欧州緑の党が賛同した(19)。これにより、欧州議会として権利停止手続きを意識せざるをえなくなる。欧州議会は、二〇一三年七月に「基本的権利の現状：ハンガリーにおける水準と実践」と題する決議を採択した。その中で、「適切な調整がなされない場合、ハンガリーの動向は、価値への重大な違反が生じる明確な危険を高めることとなる」、「同国の返答が芳しくない場合、党首会合は手続きに訴える機会を見定めるべきである」と表明した(20)。決議が言及する党首会合は、欧州議会内の諸勢力の代表によって組織される。返答によっては権利停止に向けた行動も検討する、と同国に警告したことになる。

しかしながら、欧州議会としては、このように警告することで精一杯だったのである。ハンガリー問題に時間を割くことには、最大勢力の欧州人民党が消極的であった。同党は、優先するべき課題は他にあると考えていた。そして何より、フィデスが同党のメンバーであった。ハンガリーを問題視することは、身内を問題視することを意味する。人民党は、そのような状況も避けたかったのである。その結果、権利停止手続きへの着手を欧州議会が発議するには至らなかった。

欧州委員会も対応をみせた。EUの一般利益を促す機関として、バローゾ委員長やクルース副委員長、さらには司法内務問題を担当するレディング副委員長が、ハンガリー政府と折衝した。そのような中で、委員会は、前出の違反手続きに着手することを決定するのである(21)。それはまた、EUの域内開発を名目とする同国向けの援助を凍結するよう理事会に提案した[22]。提案の理由は、同国における不適切な財政政策であり、EUの価値をめぐる問題とは無関係のものであった。もっとも、この類の提案は前例がなかったがゆえに、委員会が事態を深刻視しているというメッセージとなりえた。

しかしながら、これらの対応は、ほとんど成果を得られなかったのである。援助を凍結する提案は、たしかに理事会の特定多数によって承認された。凍結予定額も、相当の規模に上った[23]。とはいえそれは、数カ月後に解除することを折り込んだ、形式的な措置にとどまるものであった。

違反手続きに基づくEU司法裁判所への付託は、ハンガリーの行いの一部のみを対象にせざるをえなかった。委員会は、同国の中央銀行、裁判所およびデータ保護機関の各々の独立性について付託した。もっとも、これらの独立性をめぐって指摘される、広範な問題を提起することはできない。先述のように、違反手続きにおいては、基本条約の下で加盟国が負う義務のみを問えるのである。それゆえに、たとえば同国の裁判所に関して付託できたのは、EUの雇用差別禁止法を根拠とする、裁判官の定年退職年齢引下げの不当性のみ、ということになる[24]。

欧州委員会によるハンガリーへの対応が不調に終わったことは、ここに明らかであった。違反手続きへの着手や非公式の圧力によって、ハンガリーが譲歩した事項もなくはない。しかしながら、譲歩しつつも、他分野で別の問題が提起されるというイタチごっこが続いたのである[25]。

委員会の不調を生んだ一因は、バローゾ委員長にもある。というのも、バローゾは、権利停止手続きを活用する意図がないことを早々に仄めかした。すなわち、二〇一二年九月に行った演説の中で、権利停止手続きは核の選択肢（nuclear option）であると言明したのである[26]。核の選択肢とは、甚大な帰結をもたらすがゆえに、実際に採ることがきわめて難しい選択肢であることを指す。バローゾは、この手続きが与えうる負の影響を考慮して、このように言明したのだろう。とはいえ、その言明は、問題に対応するための貴重な手段を半ば放棄したようにみえた。

理事会は、傍観姿勢にほぼ終始した。たしかにデンマーク等、理事会議長国としてハンガリーに不快感を示した加盟国はあった[27]。しかしながら、各国の閣僚級の代表者からなる理事会は、国家間で要らぬ波風が立つことを本質的に嫌う。ドイツやデンマーク等四カ国の外相は、対応のための仕組みを新設するように委員会に要請した[28]。各国の司法内務相からなる理事会も、やはり委員会に対して、法治をめぐる議論を活性化するように要請したのである[29]。しかしながら、これらの要請は、いずれもハンガリーを名指ししない、一般的な対策を求めるものであった。そして、この名指しを避けるという政治的な態度が、委員会にも伝播することになる。

3　欧州委員会の法治対策──枠組みの概容と評価

対策を求められた欧州委員会は、権利停止手続きに新たな枠組みを追加することを決定した。その骨子は、「法治の強化に向けたEUの新たな枠組み」[30]（以下「法治枠組み」もしくは「枠組み」とする）と題する二〇一四年三月のコミュニケーションにおいて示されている。

法治枠組みの概容

コミュニケーションによると、この枠組みが運用されるのは、法治への全般的な脅威（systemic threat）が生じる場合である。憲法構造、権力の分立、司法の独立性と不偏性、ならびに司法の再審制といった秩序は、公的機関である国家によって脅かされうる。「法治を保つために国内で設けられている一体的で安定的な制度」に対して、加盟国が「一般的で有害な影響を与える場合か、あるいはそうした行いを黙認する場合」にそれは運用されることになる[31]。

基本権の個別的な侵害や裁判所による誤審は、ここでいう全般的な脅威に含まれない。それらは、従来どおり各国の司法体制の下で、欧州人権条約の取り決めに沿って処理すべきとされる[32]。

この枠組みの運用主体となるのが、欧州委員会である。委員会は、加盟国を平等に扱いつつ、対象となる国との対話を重んじる必要がある。準備されるのは、(1)委員会による評価、(2)委員会による勧告、および(3)勧告のフォローアップ、という三段階である[33]。

⑴評価の段階では、委員会が情報の収集および分析を行い、全般的な脅威の有無を判断する。欧州審議会や基本権庁からの情報提供が期待される。脅威があるとみなす場合、「法治意見（rule of law opinion）」を当該国に送付する。ＥＵ条約の下で誠実協力義務を負う加盟国として、当該国は、これに迅速に応答することが求められる。「意見」送付の事実は公表されるが、当該国と交換した内容は、早急な解決のために原則として伏せられる。

⑵満足できる解決を見込めない場合、委員会は当該国に「法治勧告（rule of law recommendation）」を宛てる。この「勧告」において委員会は、一定期間内に解決するべきことを当該国に求めつつ、適切であればそのための方法と措置も記載する。「勧告」の主な内容は公表される。

⑶当該国によるフォローアップを監視するのが、この段階である。監視は、当該国の傾注状況や、当該国とのさらなる交換に基づいてなされる。満足できるフォローアップが一定期間内になされなければ、権利停止手続きへの移行を検討することになる。

これら各々の段階における進捗を、委員会は、欧州議会と理事会に定期的かつ密接に通知する。欧州規模で組織される各種の司法ネットワークから、助言を得ることもある[34]。

以上が、委員会が導入を決めた法治枠組みの概容である。対象となる加盟国の脅威を多少なりとも抑制できれば、この枠組みを新設した甲斐はあるだろう。逆に、この枠組みを設けたがゆえに既存の権利停止手続きが阻害される事態も想定することができる[35]。

法治枠組みの評価

法治枠組みがもたらす帰結を推察することは、重要な作業であるに違いない。しかしそれ以前に問われるべきは、委員会が、より野心的な枠組みを構想しえたことであろう。実際に導入した枠組みからは、そのような野心を看取することができないのである。

この点については、次の二点を指摘したい。委員会の枠組みは、第一に、法治対策に特化したものとなっている。ハンガリーをはじめとする諸国が念頭にあったがゆえに、このように特化されることもやむをえない面がある。とはいえ法治は、その性格上、人権の尊重等、隣接する諸々の価値と関連しあってもいる。他の価値と相互関連していることへの配慮が、この枠組みでは不足しているのである。

諸々の価値が相互関連しているという認識は、委員会ももっていた。認識していたうえで、意図的に法治に特化したのである。国際人権団体ヒューマン・ライツ・ウォッチの報道によると、委員会は、EUの共通価値を広く包含する枠組みでは、その運用対象である加盟諸国の賛意を得られないと判断した(36)。今回の枠組みを導入するにあたっては、理事会および欧州議会の承認を要しないというのが委員会の立場である。しかしながら、それでも――むしろ、そうであるがゆえに――理事会の構成員である加盟国の理解なくては、これを円滑に運用することは難しいだろう。このような思惑から、委員会は、枠組みの焦点を法治問題に限定したのである。

第二に、法治をより強制的に守らせようとする構想が当初あった。しかしながら、委員会は、この構想を具体化することを見送っている。

このような構想の実現に向けては、レディングが積極的であった。シンクタンクでの講演において、レディングは、加盟国における法治の侵食を防ぐために次のような措置に言及している(37)。

・委員会は、明確に定められた監視権限と制裁権限を享受するべきである、
・EU司法裁判所は、違反手続きで担う役割と同等のそれを、権利停止手続きでも担えるようになるべきである、
・加盟国のすべての行動が基本権憲章の適用対象となるように、憲章を改定するべきである、
・基本権庁への委任が容易になるように、理事会の全会一致要件を廃止するべきである。同庁が司法内務分野で活動することも認めるべきである。

レディングが、委員会の監視および制裁権限をいかに明確化しようと考えたかは分からない。他方において、司法裁判所の役割が仮に彼女の言う通りになれば、権利停止手続きの性格は根本的に変化することになる。というのも、EUの現行の基本条約の下では、司法裁判所は、この手続きに基づく理事会の決定が合法であるかを判断する権限しかもたない[38]。違反手続きと同等の役割が与えられた場合、理事会ではなく、この司法裁判所が当該国の権利停止を決定する主体となるからである。

そのような変化を援護するのが、基本権憲章の改定になるのだろう。現行の憲章によると、その規定に加盟国が服するのは、EU法を実施する場合に限られる[39]。この制限を解除すれば、加盟国は、EU法の実施であるか否かに関わりなく、そのすべての行動について憲章に服さねばならなくなる。

レディングは、このような措置は「(欧州の)連邦化を大胆に進めることにな(る)」と語気を強めた。もっとも、これらを実現させることは容易ではないと述べて、講演を締め括っている[40]。容易でないことは間違いない。実現させるには、基本条約と基本権憲章の両方を改定する必要がある。そして、それらを改定するには、すべての加盟国を説得し賛意を得るという、きわめて忍耐を要する作業が待ち受けるのである。

残り少ない任期であったバローゾの委員会は、こうした労をとろうとはしなかった。基本条約と憲章の改定を要しない対応は、それだけ野心的なものでなくなる。しかしながら、たとえ野心的ではないにせよ、最低限の対策を準備した実績は残したい。委員会が決定した枠組みには、そのような打算が込められていた。

4 コペンハーゲンのジレンマ?

理事会の消極性

最低限の対策しか準備しなかった欧州委員会であるが、それに輪をかけて消極的なのが理事会であった。委員会が新設することを決めた法治枠組みを、多くの理事会構成員が歓迎した[41]。その反面、この枠組みに否定的な姿勢を示す構成員もあった。

ハンガリーがこれに否定的なのは、同国がその潜在的な運用対象国であることを鑑みれば予想されたことである。理事会においてハンガリーは、法治枠組みを導入することは政治的考慮と法的考慮を混同するものであると論難している(42)。

法治枠組みの導入に懐疑的な意見は、同国以外からも出た。フランスは、枠組みにおいては委員会のみが勧告できることに不満を呈した。現行の権利停止手続きの下では、理事会が同様の機能を担う。枠組みが新設されることにより、国家の行動の余地が制約されることを懸念したと考えられる。

スペイン、スウェーデン、スロバキアおよびクロアチアは、委員会のコミュニケーションにいう全般的な脅威を判断する基準が不明確であると意見した(43)。さらに、イギリスやリトアニアは、枠組みはEUの基本条約と両立しない可能性があるとも指摘したのである。

枠組みに否定的な構成員があることは、論争的な対策分野の性質上、いたしかたのないことである。あるいは、理事会の委託を受けた理事会法務局が、枠組みは現行の基本条約と両立しえないと報告した(44)。このような報告も、まったく想定できなかったわけではないだろう。しかしながら、たとえこれらの事情があったにせよ、理事会の消極性は顕著であった。理事会議長国のイタリアは、枠組みの是非をめぐる議論を早々に切り上げた。その代わりに、法治について「加盟国間の建設的な対話」を進めることを提案した。ただし、そのような対話は、わずかに年一回としている(45)。ハンガリーと建設的な対話がなされる光景を想像することはできない。

「自由でない国家」を目指して

もっとも、委員会や理事会が仮に断固たる姿勢を打ち出せた場合であれ、ハンガリーの問題を解決することは難しかっただろう。というのは、フィデスへのハンガリー国民の支持が根強いからだけではない。EU自体に対する彼らの不信感が、同党の支持に向かわせているからである。

フィデスへの支持の根強さは、オルバン首相を再任した二〇一四年の国政選挙でも観察できる。同党の得票率は、二〇一〇年の選挙からやや減少したものの四五％を占めている。その直後に実施された欧州議会選挙においても、前回選挙と同様に、投票者の五割を超える支持を得ているのである。フィデスが支持される要因はいくつか考えられる。前の左派政府による不安定な政局運営に、人々は嫌気がさしていた。国内にはより右派の政党「より良きハンガリーのための運動（ヨッビク）」があることから、穏健な有権者に受容されやすかった。あるいは、反共の闘士としてか、オルバン個人にも人気が集まるのである。しかしながら、これら以上に決定的な要因となっているのは、ＥＵへの、ならびにＥＵを主導する西欧諸国への幻滅であると思われる。ハンガリーが共産主義体制と訣別したことは、自ら望んでのことであっただろう。とはいえ、ひとたびＥＵ加盟を標榜した後は、ＥＵの要求に大方応じるがままの体制転換であった。そして、ようやく加盟を果たした後に経験したのが、二〇〇七年から翌年にかけて起きた世界金融危機であった。

ハンガリーの国内総生産は、この金融危機によって七％近くのマイナスとなった。七％近い下げ幅は、チェコやスロバキアといった近隣諸国よりも深刻である。その後の回復の歩調も、これらの諸国に比べて鈍いものであった(46)。そのような中、多くのハンガリー人が、グローバル経済とＥＵ加盟を停滞の元凶と理解するのも、無理はなかったのである。

同国の人々は、生来的にＥＵ加盟への愛着をさほど感じていないという見方がある。ＥＵの世論調査には、「自国がＥＵに加盟していることを総じてどう思うか」という馴染みの設問がある。この設問に「良いことだ」と回答する者の割合は、加盟国平均で常に半数を超えてきた。しかしハンガリーでは、加盟以降、半数を超えることが一度もないからである(47)。愛着が薄い中で経済的な打撃を受けたとすれば、西欧諸国と国際通貨基金に収奪されたという屈辱が残るのみであろう。政治学者ガティによると、この屈辱を巧みに利用するのがオルバンである。「外国人に対する敗北感を払拭したいという国民の望みを、（オルバンは）よく分かっている。インフラ投資をＥＵに依存するハンガリーではあるものの、彼は、ＥＵの〝植民地主義的な〟心性に強く抗うように自国民に働きかけている(48)」。

抗うのみではない。ＥＵからの資金援助だけは、無遠慮に収受する。そうすることによって、国民の溜飲を下げようとする[49]。

かねてよりオルバンは、ＥＵを「崇高な精神をもたず、責任も負わない」組織として敵視している[50]。そればかりか、隣国ルーマニアで行った演説の中で、次のようにさえ言及した。「ハンガリー民族は、単に個々人が集合したものでなく、組織化および発展するべき共同体である。その意味では、われわれが建設しつつある新しい国家は、自由でない国家（nem liberális állam）なのである[51]」。オルバンは、そのような国家は自由といった基本的な価値を否定しないとするものの、次のように続ける。「自由というイデオロギーは、国家組織の中心的な要素となるのではなく、特定的、愛国的および特殊的な方法で用いられる[52]」。このような言明は、自由は普遍的であるという共有された理解からは逸脱する。オルバンは、普遍的とみなされる西欧の価値観を挑発することが、国内における自らの支持基盤を強めるか、もしくは保てると踏んでいるのである。ＥＵが重んじる法治に配慮しない姿勢も厭わない。そのような姿勢も計算の一環であり、あるいはフィデス政権なりの気概なのである。

顧みれば、ＥＵ加盟を望む中・東欧諸国に市場経済と民主主義を要求したのは、他ならぬＥＵであった。冷戦解消後ほどなく公表されたこれらの要求は、公表主体である欧州理事会の開催地を冠してコペンハーゲン基準と称される。「民主主義、法治および人権保護を保証する制度を備えること[53]」という要求を含むこの基準が、中・東欧諸国による法治体制の構築を動機づけてきた[54]。

このような動機づけは、中・東欧諸国の加盟が決定した途端に弱まり、失われていくだろう。それによって、ハンガリーへの統制が困難になった状況が、コペンハーゲンのジレンマと揶揄される[55]。もっとも、ＥＵの影響力がなんらかの形で持続していたとしても、同国における法治の侵食は抑制できなかったかもしれない。冷戦後における同国の民主化は[56]、表面的であったという指摘がある。同国の基層には、民主主義とは異質の政治文化が残存しているというのである。そのような政治文化への揺り戻しが起きているとすれば、いかなるＥＵの対応も、これを止めることは容易ではない。

5 〝プーチン化〟するハンガリー

EUは、その共通の価値を加盟国に守らせるための効果的な手段をもたない。法治の問題が提起されたハンガリーについて、いずれのEU機関も対応に成功していないことが、このような状況を物語っている。法治を強化するために欧州委員会が導入した枠組みは、能動的な関与を避ける最低限の対策であった。しかしながら、その枠組みさえも、理事会が許容することを躊躇する始末であった。

ハンガリーの例をもって、価値の共同体に向けたEUの企図が頓挫しつつあると論じることには慎重でなければならない。同国は、コペンハーゲン基準を求められた諸国の中では、民主化の旗頭であった。そのような国であったがために、国内体制の変転が目立ってしまった面がある。

フィデスが政権を奪還した二〇一〇年以降のEUは、通貨危機や一部加盟国の財政危機を克服する道筋がいまだ不透明であった。ウクライナ東部地域をめぐり、ロシアとの関係も悪化した。イギリスがEUから離脱する可能性も高まった。このような情勢は、以前にも増して加盟国間の結束を要請する。あるべき国家像について紛糾する余地は、それだけ減じることになろう。問題に対応するには、時機もよくなかった。

しかしながら、EUが価値の共同体を目指していることを鑑みれば、ハンガリーへの不十分な対応が悪しき前例になったことは否めない。同国与党であるフィデスの為政は、民族主義的であり、あるいは権威主義的であると形容される。それはまた、大衆迎合的であり、反・多元主義的であるとも評される。(57) これらの形容や評価は、相互に重なる要素はあるものの、必ずしも同一の意味をもたない。さらにいえば、アメリカのニューズウィーク誌は、ハンガリーは〝プーチン化（Putinization）〟しつつあると表現した。(58) 民主主義とは異質な文化が同国の基層にあるとする指摘は、すでに紹介した通りである。ロシアの大統領名を借用したプーチン化がそのような異質性と通底するのであれば、ハンガリーの現状を従来の概念で説明することはより難しくなる。

理事会議長国を務めたイタリアのゴジ欧州担当相は、法治の問題はＥＵの信用に関わると述べて、次のように続けた。「経済上の数値だけを心配し、法治のために組織されていることを忘れた」ＥＵになるべきではない、と。(59)ゴジの関心をいかにＥＵの行動に結び付けるかが、価値の共同体を築くうえでの核心的な課題の一つとなった。

第8章　ポーランド憲法裁判所問題とEU

――再び法治をめぐって――

欧州委員会が、法治枠組みと呼ばれる行政手続きを導入したことを前章でみた。EUにおいては、人権尊重や民主主義とともに、法治もまた共通の価値として位置づけられていた。これらの価値に違反する加盟国には、EU条約が定める権利停止手続きに基づいて制裁を科すこともできた。もっとも、違反を認定するための制度的な敷居は高い[1]。そのため、法治の問題に限られはするものの、より柔軟に対応するために導入したのが法治枠組みであった。その法治枠組みを、欧州委員会は初めて運用することになった。運用先はポーランドである。ポーランドは二〇一五年以降、その国内法を改正等することにより、自国の憲法裁判所の機能を不当に弱めたとみなされていた。そうしたポーランドの行いを、欧州委員会は、法治に対する全般的な脅威であるとみなした。

法治の価値を重視するEUは、ポーランドの問題をどのように認識し、これに対応したのだろうか。本章ではこの点を、同国の国内情勢にも目を配りながら考えてみたい。

このような作業の前提として、あらかじめ次の二点を確認しておく方がいいだろう。一つは、法治枠組みが導入された契機は、ポーランドではなくハンガリーの行いにあったことである。ハンガリーは、自国の憲法裁判所のみならず、その中央銀行と情報保護機関の独立性を低下させたと批判された。その他、メディアへの統制や、少数民族の保護についても問題視された。ポーランドとハンガリーは、いずれも中・東欧に位置する国であり、二〇〇四年に同時にEU加盟を果たした国でもある。両国とも法治の観点から批判されたものの、法治枠組みはポーランドに対してのみ運用されている[2]。

もう一つは、法治枠組みの運用を率先する欧州委員会を、他機関、とりわけ欧州議会と理事会がどこまで支援するかが未知数であることである。欧州議会と理事会は、その構成員の選出母体や期待される役割こそ異なる。とはいえ、いずれの機関も、ＥＵの円滑な活動を確保するうえでは不可欠の存在である。欧州委員会は、顔が見えない「ブリュッセルの官僚機構」として、常日頃よりＥＵ不信の矢面に立たされてきた。委員会単独の企図とみられるか、もしくは欧州議会や理事会が支援する企図とみられるかで、法治枠組みを運用することの正当性も変わってこよう。

1　憲法裁判所と法治

問題の伏線

問題の伏線は、ポーランド議会が二〇一五年六月、自国の憲法裁判所について新法を制定したことにある。この新法に従って議会は、一〇月、裁判所の一五名の裁判官のうち五名を指名した。当時現職であった五名のうち三名は、翌一一月に任期満了を迎える。残りの二名は、一二月に任期の満了となる。一〇月の指名は、これらを見越してのことであった。

このようなポーランド議会の行為が、なぜ問題の伏線にあるのか。理由はこうである。五名が指名された半月後に議会選挙があり、政権交代が起きた。与党の「市民プラットフォーム」が敗れ、野党であった第二党の「法と正義」が政権与党に返り咲いたのである。とはいえ「法と正義」が返り咲くことは、世論調査を通じて数カ月前から確実視されていた[3]。したがって、「法と正義」の目には、政敵である市民プラットフォームが敗北する前に〝駆け込み指名〟を行ったと映ったのである。

すでに二〇一五年五月には、「法と正義」から立候補したドゥダが、市民プラットフォームに所属する現職を破って大統領に就任していた。議院内閣制をとるポーランドでは、大統領は、手続き的な権限を享受するにとどまる。そのような慣行からであろう、ドゥダも六月に制定された前出の新法にはほどなく署名していた。しかしながら、選挙前に五名を指名したとなれば、一五名中一四名が、市民プラットフォームの息がかかった裁判官になってしまう。しかも裁判官は、九年任期と長い。そのため、「法と正義」の政権運営の足かせになる恐れがある。このような予測と恐れから、ドゥダは、議会が指名した五名を承認することを拒否した。

法治の問題へ

問題を深めたのは、与党となった「法と正義」が、新政権の発足後に憲法裁判所に関する現行法を改正したことであった。この法改正によって、五名を指名し直せるようになったのである。それはまた、裁判長と副裁判長の各々の任期を短縮できるようにするなど、裁判所が帯びる市民プラットフォーム色を弱めることにもなった。一二月二日に議会は、従来とは異なる五名を裁判官として指名した。この指名を、ドゥダは早々に承認した。前政権時による五名の指名は、この改正にともない無効であるとみなされることになった。

「法と正義」が過半数を占める議会は、一二月の末にも、憲法裁判所の運営について法改正を行っている。この改正は、裁判所の独立性とその活動の効率を低下させることになった。すなわち本来であれば、ポーランド憲法の規定どおり、裁判所は単純多数決で判決を下せていた。裁判官も九名出席すれば足りていた。それが改正により、少なくとも一三名が出席する、三分の二の多数が必要になったのである。くわえて、裁判所には、申し立てのあった順番で審理を行う義務が課せられた。従来は、審理の順番を決める際には裁判長の裁量が認められていた。このことから予想できるのは、政府が通過させた法案の合憲性を、裁判所は迅速に審理できなくなってしまうことであった。

問題の重大さを決定づけたのが、新たに成立したポーランド政府が憲法裁判所の判決を履行しなかったことである。一二月三日に裁判所は、選挙前の議会が指名した五名のうち、一一月の任期切れを考慮した三名は有効な指名であると判決した。さらに翌二〇一六年三月には、選挙後の議会によって進められた法改正は憲法違反である旨判決したのである。しかしながら、法改正後のルールを遵守しない裁判所の判決を受け容れるわけにはいかない。このように理由づけした「法と正義」のカチンスキ党首は、これらの判決に効力はないと表明した。ドゥダのみならず、同党から首相に就任したシドゥウォもまた、カチンスキの立場にならったのである。

ポーランドの憲法裁判所をめぐる問題は、このような経緯から、EUにおける法治の問題として位置づけられたのである。まとめておこう。選挙前の議会による裁判官の指名が伏線にあった。これに不満をもつ政党が、政権与党になった後に、別の裁判官を指名し、就任させようとした。与党はさらに、憲法裁判所の独立性と活動効率を弱める一方で、当の裁判所の判決も受け入れなかった。このような行いが、法治に対する全般的な脅威であるとみなされることになる。

憲法裁判所とカチンスキは、以前から因縁の関係にあった。二〇〇五年から〇七年にかけて「法と正義」は、二〇〇一年の結党以来初めて政権与党の座にあった。ちょうどその時期に憲法裁判所は、たびたび、同党が率先した議会決議と国内立法に違憲判決を下していたのである[4]。政権を奪還したカチンスキにとっては、この裁判所は敵対勢力の牙城であった。この牙城を切り崩すことを自らの政治課題として位置づけているかのようであった。

もっとも、憲法裁判所をめぐる動向のみが問題視されたわけではない。「法と正義」が率いる議会与党は、メディア法を改正することにより国営のニュース機構の監督者を議会が任免できるようにした。このことは、メディアの独立性と多元性が後退することを意味する。あるいは、中東およびアフリカからの難民受け入れをめぐる議論の中で、与党の有力者に交じってカチンスキ自身が排外主義的な言説を用いた[5]。これら一連の行いが、法治と人権を軽視するポーランドという印象を内外に広めることになった。

2　憲法裁判所問題への初動

欧州委員会、欧州議会および欧州審議会の反応

政権交代後のポーランドでは、首都ワルシャワをはじめ、国内各地で政府に抗議するデモが相次いだ[6]。同国の状

況にいち早く言及したEU機関の役職者は、欧州議会のシュルツ議長である。ドイツ選出で中道左派政党に所属するシュルツは、二〇一五年一二月に実施されたラジオインタビューの中で、次のように批評した。「ポーランドの出来事はクーデターの性格を帯びており、劇的なものである」。そのうえで、週内か、遅くても翌月までには、この案件を欧州議会で議論しなければならないと述べている(7)。

欧州委員会が注視し始めるのもこの頃である。欧州委員会の第一副委員長であり、法治および基本的権利の問題を担当するチマーマンスは、やはり二〇一五年一二月にポーランドのジョブロ司法相とバシチコフスキ外相に書簡を送った。「憲法裁判所の独立性と機能への影響をめぐる疑念が適正に評価されるまで」は状況を変更しないことを求める内容であった。メディア法の改正をめぐっても、委員会でメディア政策を担当するエッチンガー委員が、ブリュッセルはこの問題を取り上げるべきであると地元紙に語っている(8)。

しかしポーランドからは、チマーマンスらが期待した応答を得ることができなかった。そのために委員会は、年が明けた二〇一六年一月に当該問題を審議した。会合においては、チマーマンス、エッチンガーおよび司法問題を担当するヨウロワ委員が状況報告を行った。審議を経て委員会は、ポーランドに書簡を送付することをチマーマンスに委任した(9)。

先述のように、チマーマンスは、すでに二〇一五年一二月の時点で書面を送っていた。翌一月に委員会が彼に書簡送付を委任したのは、委員会によれば、「法治枠組みの下で、同国と組織的な対話を進めるため」であった(10)。委員会はこうして、二〇一四年に導入した法治枠組みを初めて運用することを示唆したのである。

このような欧州委員会の対応を、EUとは別組織である欧州審議会が支援することになった。EUの欧州議会もまた、ポーランドの行いを批判している。

まずは欧州審議会についてだが、内部に設置する法律家委員会（ベニス委員会）が調査を実施したうえで、三月に次のように報告した。「（…）憲法裁判所に関係する憲法危機が解決しないかぎり、ならびに憲法裁判所がその業務を効果的に遂行しえないかぎり、法治のみならず、民主主義と人権もまた危険にさらされることになる(11)」。報告を作成するようにベニス委員会に要請したのは、バシチコフスキ、つまりポーランド政府であった。同国政府にとっては手厳しい批判であっただろう。

欧州議会とポーランド

続いて欧州議会が、その本会議において「ポーランドの状況」と題する決議を採択している。一月から議論を始めていた欧州議会は、四月に採択したこの決議において次のように表明した。

・ポーランドの憲法裁判所が効果的に麻痺させられていることは、民主主義、人権および法治への危険を高めうる旨憂慮する、
・三月の憲法裁判所の判決を遅滞なく尊重、公刊および完全に履行すること、ならびに、二〇一五年一二月の判決を履行することをポーランド政府に強く要求する、
・ベニス委員会の（二〇一六年三月の）勧告をすべて履行することをポーランド政府に要請する。憲法裁判所の判決を尊重することがポーランド憲法、欧州水準および国際水準で求められていることであるとするベニス委員会の意見を共有する、
・チマーマンスがポーランドを訪問し、現状の解決策を対話により見出すと述べたことを歓迎する。二つの法体系（が併存すること）は法的な不確実性を高めるという彼の関心を共有する、
・法治枠組みの下で組織的な対話を進めるという委員会の判断を支持する、
・ただし、ＥＵの基本条約と補完性原則が定めるように、あらゆる対応はＥＵおよび加盟国の権限を尊重したものでなければならない(12)。

この決議に法的拘束力があるわけではない。それゆえに、欧州委員会やポーランドが、この決議の内容について

なんらかの法的な義務をただちに負うわけではない。しかしながら、それでも欧州議会には、各加盟国の直接選挙で選ばれた七五一名の議員が集う。当日に出席した七〇〇名近くの議員のうち、五一三名もの議員が決議に賛成した。反対と棄権は、それぞれ一四二名、三〇名にとどまった。七割を超える出席議員の賛成は、それだけでポーランドに一定の政治圧力をかけることになる。

欧州議会の総議員の中で、五一名はポーランドから選出されている。彼らからは、さすがに七割を超えるほどの賛成はなかった。とはいえ、それでも六割近い二八名が、賛成にまわっている。[13] 二〇一四年の欧州議会選挙において「法と正義」は、三二％とそれなりの得票率を得ていた。けれども、政敵である市民プラットフォームの得票も、前回選挙より下がりはしたが、いまだ「法と正義」と拮抗していた。[14] そのために、五一名に占める「法と正義」所属議員の割合は、ポーランド議会に占める割合ほどは高くなかった。

このような状況の下で、「法と正義」の所属議員は、全員、前出の決議に反対した。しかしながら、市民プラットフォームをはじめ、他の政治集団に所属する議員の多くが賛成した。その結果が、決議への六割近い賛成として表れたのである。このような政治環境である欧州議会は、「法と正義」にとって面白いはずがなかったであろう。

二〇一六年五月一八日に開かれた委員会の会合において、チマーマンスは当該問題を報告した。そのうえで、法治枠組みの第一段階となる「法治意見」の文案を提示した。これを精査した委員会は、ポーランドが事態の打開を図らない場合には、この法治意見を採択する権限をチマーマンスに与えることになった。[15]

3　欧州委員会による法治枠組みの運用

以上の展開を受けて、ポーランドは窮地に追い込まれたかのようにみえた。しかし同国は、譲歩するどころか反発さえした。欧州委員会の対応も含めて、経緯を記しておこう。

法治枠組みにおける法治意見の採択（第一段階）

五月二四日にシドゥウォ首相は、ワルシャワを訪問したチマーマンスと会談した。会談において両者は、改善されるべき問題状況に言及しつつ、解決のための手段をポーランド政府に委ねることを確認した。共同会見でシドゥウォは、「わが政府は、欧州委員会と常に対話する準備ができている」とした。もっとも、「危機を回避することは、ポーランド国内の問題である」と述べて、当該問題に委員会が関与することを牽制もしたのである。[16]

会談前にポーランド議会は、主権決議と通称される決議を採択していた。それは、他の右派政党の協力を得て「法と正義」が率先したものである。決議は、「（ポーランドが）法治の下での主権国家および民主国家である」ことを強調し、次のように続けるものであった。「この国は近年、自立性を脅かされており、民主主義のルール、法および社会的な安寧が掘り崩されている。（…）批判されるべきは、欧州に到達する移民をめぐるポーランドの決定を強要する試みである。そのような決定は、欧州の法に基盤をもたず、国家の主権や欧州の価値を軽視するものである」[17]。決議は、憲法裁判所には触れず、代わりに、「移民」すなわちシリア内戦等で流出する難民の問題に言及する。欧州委員会は当時、受け入れるべき難民の下限数を加盟国ごとに割り当てようとしていた。ポーランド議会は、委員会の試みが法的根拠に欠くことを主張しつつ、法治枠組みの運用も「主権国家および民主国家」であるポーランドへの挑戦であると非難した。

シドゥウォ＝チマーマンス間の会談後に、カチンスキは、国内紙のインタビューにおいて委員会の対応を批判している。「（法治枠組みという）われわれが対象となっている手続きは、条約に基づいておらず、でっち上げたものであり、EU司法裁判所に提訴することが常時可能である」、「あまりに常軌を逸するようであれば、実際に提訴するつもりである」[18]。バシチコフスキも、国内のテレビ放送で次のように語っている。「（法治枠組みという）手続きの正当性は、その手続きがリスボン条約に直接基づくものではないために広く議論されるべきである。（…）その手続きは、委員会の高級でない官僚が設けたものであり、特定の経験に依拠しているにすぎない。（…）欧州委員会は提案してよいし、助言を与えてもよい。とはいえ、委員会の官僚は、国家間の政治的な取引に基づいて選任されているがゆえに、加盟国について判断を下すべきではない。彼らはそのために委員になったのではない」[19]。カチンスキが言及したEU司法裁判所への提訴は、敗ける公算が大きい。EUの行為の合法性を審査する同裁判所ではあるが、審査の対象は、原則として法的拘束力のある行為に限定される。法治枠組みに依拠する委員会の行為には、そのような拘束力はないのである[20]。カチンスキの批判は、したがって、自国にとって好ましからぬ委員会を脅す以上のものにはなりえない。

バシチコフスキの指摘にも、説得力はあまりない。「高級でない」委員会官僚が法治枠組みを設けたかのかどうかは、ここではさておこう。注意を要するのは、当該分野において委員会は、「加盟国について判断を下す」権限を享受しているとまでは言いがたいことである。EUの行政権限を誇張することによって、それに立ち向かう勇敢な政府像を自国民に抱かせる。そのようなポピュリズム以上の意図を、ポーランド外相の指摘から看取することは難しい。

もっとも、この頃には、ポーランドに政治支援を行う加盟国があることが明らかになっている。ハンガリーのオルバン首相が同国と結束すると言明したのである[21]。ハンガリーは、委員会が法治枠組みを導入する契機となった加盟国であった。この枠組みはオルバンにとって、自国を貶める勢力が設けた敵対的な試みであった[22]。オルバンにはまた、ナチスドイツによる支配や共産主義体制をともに経験したことによる連帯意識があったと思われる。いずれにせよ、EUが加盟国に制裁を科すには、当該対象国を除く全会一致が手続き上必要である。そのために、仮に委員会が法治枠組みから権利停止手続きに案件を移行させたとしても、EUによる制裁発動という結果は免れる。そうなることが予想できるがゆえに、憲法裁判所問題を解決する意思がポーランドには希薄なのである[23]。

このような中で委員会は、二〇一六年六月一日にとうとう法治意見を採択した。二〇一四年に枠組みを新設して以降初めてのことである。委員会が第二段階として採択できる法治勧告とは異なり、この段階ではまだ、その中身は公表されない。とはいえ委員会は、そのホームページ上で「この意見は（…）問題の解決に向けたポーランド当局との対話が明確になることに資するものである」と表明した[24]。チマーマンスも、やはり同じホームページで次のように述べている。「建設的な対話を続けた結果、今や、ポーランドの法治に対する全般的な脅威を解決するための具体的な段階に至ったとみなすべきである」[25]。ポーランドの憲法裁判所問題は収束の兆しをみせていないというのが委員会の判断であった。

法治枠組みにおける法治勧告の採択（第二段階）

委員会のホームページでは、法治枠組みの第二段階に向けた猶予期間を「適切な期間内」としていた。それが「実質的には二週間」であることが直後に明らかとなるが[26]、ポーランドは歩み寄ろうとしなかった。国内の新聞社の取材に対して、シドゥウォは「（法治意見は）単なる意見にすぎない。ポーランドで下された諸決定に対して、それが影響を与えることはない」[27]とコメントした。ジョブロは、委員会による意見の採択はシリア難民の受入れを拒むわれわれへの「不当な介入」であると述べた。そのうえで、「委員会は、主権国家の国内問題に干渉させようという（ポーランドの）野党に操られている」と言明した[28]。

この時期に委員会は、加盟各国によるシリア難民の受け入れを従来以上に奨励するようになっている[29]。このような奨励は、委員会からの不条理な圧力であると喧伝する口実をポーランドに与えることになる。しかも、六月下旬にイギリスで行われた国民投票では、EUからの離脱に賛成する票がEU残留を望む票を上回った。EUの政策が不適切であることを国民に訴える材料が、「法と正義」にはあった[30]。

しかしながら、翌七月には、ワルシャワで北大西洋条約機構の首脳会議が控えていた。対ロシア関係で協調するべきアメリカ・オバマ大統領の信用を得るために、首脳会議のホスト国でもあるポーランドは対策を講じる必要があった。そこで「法と正義」は、憲法裁判所について改めて法改正を行うことによって批判をかわそうとした。しかしその法改正は、欧州委員会はもちろん、オバマさえも納得させることができない不十分なものであった。会議の閉会時にドゥダと開いた共同会見において、オバマは次のように述べている。「私は、憲法裁判所をめぐる一定の行いと難局についてわれわれが関心をもっていることをドゥダ大統領に明かした。（…）法治、独立した司法機関および自由な表現といった，われわれが日々頼っている諸制度こそが，われわれを民主国家たらしめている」[31]。このような状況であったため，委員会が次の行動に出るまでに多くの時間は要しなかった。委員会は，ポーランドによる法改正のわずか五日後に，法治枠組みに基づく法治勧告を採択したのである。法治勧告の採択もまた，法治枠組みが新設されて以降初めてのことであった。

公表された勧告内容からは，委員会が，ポーランドにおける法治への全般的な脅威が存在していると判断したことが読み取れる[32]。いわく，「法治を尊重することは，ＥＵ条約に列挙されるすべての基本的な価値を保護するための前提条件であるばかりではない。それは（…）他のすべての加盟国の法体制において市民，企業および国家機関の互いの信頼を築くための前提条件でもある」[33]。委員会はそのうえで，ポーランドに以下のような主旨の法治勧告を発した。

・憲法裁判所の二〇一五年一二月三日ほかの判決を履行すること。すなわち，議会議員選挙前の議会が指名した三名の裁判官を復職させ，選挙後の議会が指名した法的有効性なき三名を退任させること[34]，
・（法改正は憲法違反であるとした）二〇一六年三月の同裁判所の判決等を公刊し，かつ履行すること。同裁判所の今後の判決が，行政機関ないし立法機関のいかなる決定にも服さずに公刊されることも確保すること[35]，
・同裁判所の定足数，多数決制，案件を審理する順番，検察長官の任務の範囲，聴聞のための期間等に条件を設けることなく，憲法の番人としての同裁判所の効果を維持すること[36]，
・二〇一六年七月の法改正にも，同裁判所の判決ならびにベニス委員会の報告と相いれない点がある。改正後の法に合法性があるかを，発効前に裁判所に審理させること[37]，
・裁判所の正統性と効率性を弱めうるいかなる行いおよび公的声明も慎むこと[38]，
・以上の問題をどのように解決するかを，この勧告を受理したのち三カ月以内に委員会に通知すること[39]。

法治勧告が宛てられたポーランドでは、バシチコフスキが「（委員会の措置は）きわめて拙速」であると声明した[40]。ヤキ副司法相が、以下のような強い論調で委員会を非難したことも報道された。「欧州の傲慢なエリートが、いまや人民に駄目を出した。（委員会は）来襲するイスラムの災厄よりも、ポーランドにおける法治の状況に取り組むことにご執心である。（…）これは大げさで奇怪な寸劇である[41]」。一方では、九〇を超える数の内外の民間団体が、委員会の勧告に従うことをシドゥウォとドゥダに求めた[42]。しかし同国は、三カ月の期限が切れても従おうとしなかった。「客観性、主権、補完性原則および民族アイデンティティを尊重することなくポーランドの国内問題に介入されていることが徐々に明らかになってきた[43]」。同国は、このような不満を繰り返すばかりであった。

4　抵抗と躊躇——第三段階へ

ポーランドの抵抗の背景

欧州委員会が法治枠組みの第二段階まで運用したことをこれまでみてきた。第二段階までの運用は、むろん、この枠組みを導入して以降初めてのことである。さて、この枠組みの最終段階である第三段階は、法治勧告の対象となった加盟国によるフォローアップを委員会が監視する段階であった。枠組みによると、フォローアップの内容に満足できない場合には、委員会は権利停止手続きに移行することを検討できる。このような段階であるにもかかわらず、ポーランドが勧告に沿ってフォローアップする気配はみられなかった。むしろ、委員会に抵抗すること、あるいはしばしば敵対することが同国の姿勢として定着した感さえあった。

先述のように、ポーランドにはハンガリーの後ろ盾があった。委員会がポーランドへの制裁を提案したところで、理事会の一構成員であるハンガリーがこれを阻止してくれる。このような状況がポーランドに安心感をもたらしたことはあるだろう。しかしポーランドは、年間約九五億ユーロ（約一三〇〇億円）という、加盟国としては最大規模の財政支援をＥＵから受けている[44]。同国にはまた、ＥＵの一員であるからこそ近隣国ロシアとの関係に執着せずにすんでいる面がある。与党である「法と正義」は、欧州議会では第三勢力のグループに所属しているため、欧州議会内での立場も強固なものとは言いがたい。これらの点を勘考すれば、法治をめぐり委員会に抵抗し続けることは、同国にとって不利益であるように思える。

このような状況を理解するには、二つの視点から接近する必要があるだろう。一つは、共産主義体制からの転換を経験した中・東欧の一国としてのポーランドという視点である。もう一つは、中・東欧諸国の中でも特別の国内事情を抱える同国という視点である。

まず、体制転換に関わる前者の視点である。これは、二〇〇四年以降に新規加盟したいずれの国もが、多少なりとも抱いている鬱屈感に由来する。すなわち、西欧の加盟国とEUは、冷戦終結後のわれわれ中・東欧諸国にコンディショナリティを遂行しつつ、決定した事項に従うように半ば強いてきた。EUはしかも、各国における独自の伝統や文化を重んじる気配なく、市場だけは開放するように迫る(45)。こうした感覚から、国家主権の侵食者であり、かつ強欲なエリートによって支配されるEUには抵抗しなければならないという動機が生まれることになる。

このような動機は、西欧の原加盟国をはじめ、一九九〇年代までに加盟を終えた諸国でも生まれうるものである。自国の極右政党を支持する有権者の多くも、このような動機を共有しているのであろう。西欧と異なるのは、ソビエト連邦と共産党に支配された過去の有無である。西欧の諸国には、そのような過去はない。他方で、そのような過去のある中・東欧諸国は、旧来の共産主義による支配からEUの支配に代わっただけという感覚をもちやすいと思われる。たとえ自ら望む形でEUに加盟したとしても、である。このような感覚が、欧州エリートの象徴的な機関である委員会への反感に結び付くのである(46)。

このような感情に、ポーランド独自の国内事情という後者の視点が重なることになる。「法と正義」と市民プラットフォームの両党間における政争がそれである。両党の対立は、反EU勢力と親EU勢力の代理闘争としての性格を帯びていた。親EUである市民プラットフォームは、単一市場をはじめとするEUの諸々の政策を受け入れる傾向がある。そのような傾向を否とし、ポーランドの伝統とされる道徳や文化をまもろうとするところに「法と正義」の存立基盤があった[47]。ここで留意するべきは、市民プラットフォームが二〇一五年の国政選挙で敗北した後も、欧州議会では勢力を保っていたことである。市民プラットフォームの実力者であるトゥスク・ポーランド元首相が、欧州理事会常任議長というEUの要職に就いてもいる。このような事情の下で与党に返り咲いた「法と正義」は、憲法裁判所は市民プラットフォーム寄りの判決を下してきたとみなしてこれを攻撃した。「法と正義」にとって憲法裁判所は、対立する市民プラットフォームの代弁者でもあった。憲法裁判所を擁護するかにみえる欧州委員会の関与も、「法と正義」にとっては許容できない内政干渉であった[48]。

ポーランドの世論調査によると、国民が憲法裁判所問題をそれなりに深刻視していることをみてとれる。にもかかわらず、政党別の支持率調査では、「法と正義」が、市民プラットフォームや他党を引き離す時期が続いた[49]。国民は、憲法裁判所問題の解決を願いながらも、市民プラットフォームをはじめとする野党には長らく期待を寄せなかった。

欧州委員会の躊躇

欧州委員会は、自ら発した法治勧告をポーランドに受け流される形となった。その結果、委員会がとりうる選択肢は次の二つとなる。第一に、法治枠組みが予定するように、EU条約に基づく権利停止手続きに着手することである。第二に、権利停止手続きに着手すると威嚇し続けはするが、着手せず政権の弱体化を待つことである。

第一の選択肢をとるべきであるという声はあった。権利停止手続きに着手してもハンガリーに阻止される可能性が高いことは、すでに幾度か触れた通りである。場合によっては、ハンガリー以外の加盟国も阻止勢力に加わることがあるだろう。とはいえ、たとえ一カ国もしくは複数の国によって阻止されるにせよ、理事会でどの国が反対または棄権したかを白日の下にさらすことはできる[50]。EUとして制裁できない責任を理事会にも共有させることによって、委員会は肩の荷をいくらかでも降ろすことができるのである。

チマーマンスは、この第一の選択肢をとることを辞さないと折に触れて主張した[51]。しかし委員会は、第一の選択肢を容易にとろうとはしなかった。権利停止手続きに着手することには、誰よりもユンケル委員長が消極的だったからである。オンライン新聞である『EUオブザーバー』の報道によると、ユンケルは、ポーランドの憲法裁判所問題が解決されることに悲観的である。いわく、「多くの国で状況が変化しており、どのような結果に行き着くのか分からない。（…）いくつかの加盟国は、ポーランドへの制裁を拒否することをすでに明言している。（…）権利停止手続きを事実上活用できないために、悲しく、失望せざるをえない。人々は、結局は彼ら自身を傷つけるであろう人たちに無制限の支配権を与えるべきではない[52]」。

チマーマンスと同様に、ユンケルもポーランドの行いに批判的であることが読み取れる。とはいえ、制裁できる可能性がきわめて低い以上、手続きに着手することに積極的な意味は見出せない。委員会の長であるユンケルがこのような姿勢をとるかぎり、委員会がさらなる行動に出ることは難しいだろう。

憲法裁判所問題について委員会と関心を共有する加盟国は、いくつかあった。チマーマンスの出身国であるオランダをはじめ、ベルギー、フランス、ドイツ、イタリアおよびスウェーデンが委員会の法治勧告に賛同したという[53]。しかし委員会としては、ポーランドにさらなる対話を求めつつ、「法と正義」への批判を続けるほかなかった。もっとも、権利停止手続きに訴える選択肢を放棄したわけではない。

欧州議会の協約案

欧州議会は、二〇一六年四月の決議でポーランドの問題を提起していた。その後の対応はどのようであったのだろうか。

同じ年の一〇月に欧州議会は、「民主主義・法治・基本権に関するEUメカニズム」と題する決議を採択した。この決議において欧州議会は、法治と基本権が軽視されることを適切に抑止できていない現状を認めた。そのうえで、そうした現状を克服するために、既存のメカニズムを「民主主義・法治・基本権に関するEU協約」へと改造する必要があるとした[54]。

「民主主義・法治・基本権に関するＥＵ協約」――民主主義（democracy）、法治（the rule of law）および基本権（fundamental rights）の頭文字から「ＤＲＦ協約」と通称される――とはいかなるものか。それは、欧州議会、理事会および欧州委員会による機関間の明文協定である。「年次報告」、「同報告に基づく議会間の年次討論」、「潜在的な危険と違反を阻むための取り決め」および「ＥＵ機関内部における政策サイクル」からそれはなる。

年次報告は、独立した専門家パネルと協議しつつ欧州委員会が作成するものであり、特定の国に対する勧告を含めることになる。この報告に基づく議会間の討論は、欧州議会によって開催されるが、委員会、理事会および加盟国議会と対話しつつ、市民社会、ＥＵ基本権庁ならびに欧州審議会も巻き込んで実施される。危険と違反を阻む取り決めは、本来の権利停止手続きを前提にしながら、欧州議会、理事会および欧州委員会の各機関で能動的に関与するべきものとされる。最後に、政策サイクルでは、従来作成されている基本権憲章やＥＵ法の適用についての年次報告が、前出の年次報告に併せて提出されることになる。(55)

ＤＲＦ協約を提案すること自体は、四月の決議にみられる問題関心を引き継いでいるといえよう。名指しこそしないものの、ポーランドを含むいくつかの加盟国では、ＥＵ条約が「ＥＵの価値」と明記する民主主義、法治あるいは人権尊重が十分に機能していない。そこで、特定の国への勧告を含む年次報告を、多様な主体が関与する中で評価し、政策サイクルとして継続していく。こうした提案は、ＥＵ市民の代表を自認する欧州議会ならではのスケールをもつとみなせる。

しかしこの協約は、そのスケールの大きさゆえに容易には実現しない。提案は、たとえば次のようなルールを求めている。欧州委員会と理事会が各々に導入した法治枠組みと法治対話の双方を、この協約に組み込むこと。独立した専門家パネルに各加盟国を評価させたうえで、潜在的な危険と違反を明らかにさせること。危険と違反が二年間放置される時には、欧州議会、理事会および委員会の各々が遅滞なく審議を行い、理由を付した決定を公表すること等である。(56)これらのルールの多くは、加盟国にとってきわめて敏感にならざるをえないものである。そのために、理事会で合意が達成される可能性は低い。(57)委員会も欧州議会のＤＲＦ協約案に乗り気でないというが、(58)それは、委員会が当該分野で享受してきた裁量が相対的に狭まるからであろう。

これらの点を考慮すると、欧州議会は、少なくとも理事会と委員会が受け入れることを躊躇するような提案を行った。欧州統合を深化するための野心的な制度設計をＥＵ内外に提示することは[59]、たしかに欧州議会の伝統的な役割となってはいる。実際、一九八四年の本会議が採択した欧州同盟条約案は、当時としてはかなり大胆な制度改革を要請するものであった。しかしのちにこの条約案は、単一欧州議定書とマーストリヒト条約に際して参考にされ、その多くの要素が取り入れられたのである[60]。ＤＲＦ協約案は、ポーランドの問題が手詰まる中でも手段を尽くすという欧州議会の姿勢の表れであった。

5　弛緩する価値共同体

二〇一五年一〇月以降のポーランドの行いは、ＥＵの価値の一つである法治を侵食しているとみなされた。欧州委員会は、欧州議会や欧州審議会の支援を受けつつ法治枠組みの運用に踏み切った。二〇一六年六月には、枠組みの第一段階である法治意見を採択した。翌七月には、第二段階である法治勧告も発した。枠組みの運用は順調にみえたが、第三段階で停滞した。運用の対象となったポーランドが、その勧告を受け入れるどころか、運用の主体である委員会を敵視する始末であった。欧州議会は、民主主義と基本権とともに法治のありようをＥＵとしてチェックする協約を提案した。とはいえ、その提案を理事会と委員会が近い将来に受諾する可能性は低い。また、仮に受諾したとしても、ポーランドやハンガリーについて提起される類の問題に適切に対応できるかは別の話である。

立憲主義の観点によれば、法治は普遍性を帯びる原則である。司法権が行政権と立法権から独立しているかは、法の卓越性が確保されているかとともに、ある程度客観的に認識し、評価することができよう。難しいのは、法治の侵食がみられる際に、いつ、だれが、どのように対応するかである。社会学者のブロッカーは、加盟国の状況をＥＵが監視する際には次の三つの局面が考慮されるべきであるという。第一に、合法性、憲法性および権利についての意識が当該国の国民の間でどのように高まっているか。第二に、西欧型の法体制に転換された後も、当該国に特有の法的遺産がどのように残存しているか。そして第三に、市民団体やメディアが政治エリートの行動をどのように観察し、これを宣伝しているかである。[61] ハンガリーの問題についてブロッカーは、これらの局面の一部は考慮されていないと指摘した。[62] ポーランドに関しても、同様の分析が待たれる。

半世紀以上にわたり欧州統合を牽引するフランスやドイツには、一部の加盟国の間で先行的に統合を進めたがる傾向がある。そのような先行統合は、国境管理（シェンゲン）や通貨（ユーロ）といった政策分野ですでに実行済みであるが、さらに多くの分野において実行する機運が高まっているのである。欧州委員会の法治勧告に従わない国があること、およびそのような国への支持を明かす国があることは、先行統合に向けた機運を下支えしかねない。ポーランドおよびハンガリー両国による法治の侵食は、特定の価値を共有できない中・東欧というレッテルをもたらす。中・東欧に位置するすべての加盟国で法治が侵食されているわけではない。しかし、そのようなレッテルがひとたびもたらされれば、加盟国全体の結束は徐々に弱まっていく。それがひいては、すべての加盟国による同一歩調のＥＵという展望を曇らせることになる。

第Ⅲ部　先行統合の制度と実行

欧州経済共同体60周年を祝う加盟国の首脳たち
（2017年，イタリア・ローマ）（AFP＝時事）

第9章　先行統合の制度整備
――「より緊密な協力」の導入――

すべての加盟国が歩調を合わせて統合してきたEUであるが、完全に同一の歩調であったわけではない。国境管理、司法・内務・刑事についての協力、あるいは外交・安保・防衛といった政策分野では、アイルランド、デンマークおよびイギリスがしばしば適用除外（オプト・アウト）を認められてきた。[1]通貨統合政策においては、イギリスとデンマークを含む多くの加盟国が不参加の道を選んだか、あるいは参加できる状況に至っていなかった。

一部の国による先行統合は、中長期に及ぶ統合の構想をEUとして共有できなかった結果なのであろう。もっとも、初のEU拡大を経験した一九七〇年代には、連邦的な統合像を描きながらも先行統合を許容する案がすでにあった。[2]実際のところ先行統合は、さらなる統合を躊躇する諸国との妥協の下に進められてきた。

このような状況の中で、先行統合が制度化されることになる。一九九九年に発効したアムステルダム条約において、「より緊密な協力」[3]が導入されたのである。この条約において加盟国は、EUの権限強化と民主的性格の向上を試みたのであるが、それとともに当該制度を導入した。この制度はその後、二度にわたり変更される。一度目の変更は、二〇〇二年発効のニース条約においてである。この条約は、アムステルダム条約で合意できなかったいくつかの事項の合意を模索するとともに、中・東欧諸国へのEU拡大を準備するためのものであった。二度目の変更は、二〇〇四年に加盟国首脳によって署名された欧州憲法条約が契機となる。この条約は、EUの基本条約に憲法的な要素を付加するものであり、その意味でEUの統合史上画期的な試みであった。とはいうものの、フランスおよびオランダ両国で批准できなかったために発効するには至らなかった。しかし同条約において各国が合意した法的枠組みだけは、二〇〇九年に発効したリスボン条約へと継承されたのである。

なぜアムステルダム条約を契機として「より緊密な協力」が導入されたのか。そして、ニース条約と欧州憲法条約において、それはどのように変更されたのか。先行研究では、これらの動向を通史的に概論するものは多くはない[4]。そこで本章は、これらの問いに改めて着眼することにしたい。

1　「より緊密な協力」の概容

現行の「より緊密な協力」は、リスボン条約に基づいて設けられている[5]。この制度の概容を、協力を実行するための条件、実行のための手続き、および実行中の協力に途中参加（後時参加）するための手続き、の局面ごとに整理しておこう。

実行のための条件

協力を実行するための条件としては、次のものが条約上明記されている[6]。

・ＥＵの目標を追求し、その利益を保護し、かつその統合過程を強化するものであること、
・ＥＵが排他的な権限をもたない分野で行うこと、
・すべての加盟国に開かれていること。欧州委員会と参加国は、できるだけ多くの国の参加を促す。非参加国の権限、権利および義務は尊重される、
・ＥＵ全体によって適切な期間内に目的を達成できないことが明らかな協力であること。少なくとも九加盟国が参加すること、ならびに最終手段として採択されること、
・協力の枠内で採択される行動は、参加国のみを拘束すること。それはＥＵ加盟候補諸国が受容するべきＥＵの

法的蓄積（アキ）とはみなさない、

・域内市場や経済的、社会的および地域的な結束を侵さないこと。加盟国間の貿易に障壁や差別を設けず、その競争も歪めないこと。

条件の一つにあるように、協力は、ＥＵが排他的な権限をもたない分野でしか行うことができない。これは、ＥＵが排他的な権限をもつ分野では、各加盟国がすでに権限をもたないからである。権限をもたない以上、すべての加盟国はＥＵの決定に服さねばならない。先行統合が議論される余地は、そこにはないことになる。協力はまた、域内市場や経済的、社会的および地域的な結束を侵すべきでないとされる。これは、そうした結束を維持し、かつ強固にすることがＥＵの目的の一つだからである。先行統合の性格を鑑みれば、これらの条件の多くが十分な所以をもっているのである。

他方、参加に必要な国家数は九カ国に設定されている。ＥＵの法的蓄積との関係にも言及されている。これらの点についてはＥＵ内でも議論があったので、後に触れることにしたい。

実行に向けた手続き

「より緊密な協力」の実行に向けた手続きは、政策分野に応じて二つの異なるものが準備されている。広範な政策分野で一般的に用いられる手続きと、共通外交・安保政策の下での協力の手続きの二種類があるのである。共通外交・安保政策には、他のＥＵの政策分野とは別の法的枠組みが与えられている。実行手続きが異なるのは、その状況が反映されているからである。以下、前者の一般的な手続きの下で進められる協力を「通常の協力」とし、共通外交・安保政策下でのそれと分けて言及する。

通常の協力の場合、協力を望む諸国が欧州委員会に提案を要請することから手続きは始まる。要請を受けた委員会は、理事会に提案を行う。欧州議会の同意を得た後、理事会が承認することによって協力を進めることが可能となる。委員会は、提案を行わないという選択をとることもできる。その場合には、提案しない理由を要請国に通知しなければならない(7)。

欧州委員会が提案権を享受するのは、それがEUの行政機能を担っているからである。提案に同意を与える役目を負う欧州議会は、出席議員の多数決によって議決する。現在の議員定数は七五一名であるため、仮に議員全員が出席し、かつ投票すれば、三七六票以上の賛成をもって同意を与えたことになる。理事会では、その構成員であるすべての加盟国の代表者が審議に関わることができる。もっとも、承認を判断する決定には、参加を表明する国の代表者しか関われない。参加国による決定は、特定多数決に従い下される。

このような手続きの念頭に置かれたのは、通常立法手続きと呼ばれるEUの一般的な立法手続きである。すなわち、欧州共通の利益を促す立場にある委員会が、「より緊密な協力」を望む諸国に要請されて提案する。その提案の採否を、加盟国市民が直接選出した欧州議会と国家代表からなる理事会が承認する。双方の承認をもって実行の是非が決するのである(8)。こうした手続きは、意思決定の効率性と民主性をできるだけ両立させるために考案された。通常立法手続きの方法が、通常の協力の手続きに応用されたのである。

他方、共通外交・安保政策において最大の相違となるのは、欧州議会の権限が弱まることである。欧州議会の同意が不要となるのである(9)。それに呼応して責任が増すのは、理事会と外務・安全保障政策上級代表（以下「上級代表」とする）である。上級代表は、EUの外務問題を担当する理事会の議長として、提案された協力が共通外交・安保政策と一貫しているか見解を表明することを求められる。そのうえで理事会が、参加国の代表者による全会一致をもってこれを承認する(10)。

理事会と上級代表の責任が相対的に重いのは、共通外交・安保政策本来の特徴でもある。欧州議会の権限が弱いのは、加盟国市民への説明責任という観点からは望ましいものではない。しかしながら、そのような観点を犠牲にしてまでも、理事会を構成する国家代表の判断を重んじる仕組みを採っているのである。

通常の協力を実行した例として、家族法に関する協力と特許保護に関する協力の二つが挙げられる。それに対して、共通外交・安保政策の下での協力の実行例はまだない。なお、いずれの協力であれ、実行のために必要な費用は参加する諸国で分担することになる。欧州議会への諮問の後に、理事会が全会一致で別途決定する場合はこの限りではない(11)。

途中参加の手続き

すべての加盟国は、実行中の「より緊密な協力」への参加を希望することができる。もっとも、参加の手続きは、通常の場合と共通外交・安保政策の場合とでやはり異なる。

通常の場合、途中参加の意思のある加盟国は、その旨を委員会と理事会に通知する。これら両機関のいずれかが承認すれば、最終的には参加が可能となる。というのも、参加の可否をまず審査するのは委員会である。委員会は、通知を受けて四カ月以内に参加を承認することができる。必要であれば、参加に向けたなんらかの移行措置をとることも認められている。

理事会の出番は、委員会が参加を否とした時に訪れる。理事会は、当該協力の既参加諸国による特定多数決をもって参加を承認できる。委員会と同様に、理事会は移行措置をとることもできる。

共通外交・安保政策の場合、参加を承認する主体は理事会のみとなる。理事会は、上級代表と協議を行い、かつ必要であれば、参加条件が満たされていることを示す。このような手順を踏んだ後、既参加諸国の全会一致でこれを承認するのである。

とはいえ、参加条件を満たしていないと理事会が判断することもないとはいえない。その場合には、条件を満たすための取り決めを定め、参加希望を見直すための期限を設ける手筈となる(12)。

途中参加の手続きも通常の協力においてすでに運用されている。家族法に関する「より緊密な協力」は、二〇一〇年一二月に一四カ国が参加して始まった。その後、途中参加の手続きに従い、委員会がリトアニアとギリシャの参加を承認した。

2　アムステルダム条約における「より緊密な協力」の導入

アムステルダム条約までの経緯

ＥＵにおいて一九七〇年代頃から先行統合の議論があったことは、すでに触れた通りである。そのような要望が制度として結実する契機は、一九九四年に訪れる。ドイツ連邦議会の議員らが、先行統合の制度化に向けた要望を公表したのである(13)。彼らの中には、同国のコール首相の側近もいた。そのこともあって、彼らの要望はドイツ内外の関心を惹くところとなる。

彼らの要望にいち早く反応したのは、イギリスのメージャー首相であった。メージャーは、オランダのライデン大学における講演において先行統合の可能性に言及した。示唆したのは、ＥＵが提示する政策を、各国が自由に選択できるようにする形式である(14)。この形式は、「アラカルトの欧州」としてモデル化されることになった。あるいは、フランスのバラデュール首相もまた、先行統合には中心となる諸国が存在するべきであるとルモンド紙上で説いている(15)。メージャーとバラデュールとでは、先行統合への動機やその構想に相異がみられる(16)。しかしともかくも、その制度化に向けた論議が活性化することになったのである。

加盟国は、マーストリヒト条約以降初めてとなるＥＵの基本条約の改定に向けて、国家政府代表、欧州委員会代表および欧州議会代表からなる諮問部会を組織することに合意した。この部会――「省察部会」と呼ばれた――が、基本条約の改定案の中で、先行統合についての骨子をまとめている。

一九九五年に省察部会が提示した骨子は、現行の「より緊密な協力」の基盤的な要素をすでに内包するものであった。「欧州に向けた戦略」と題する最終報告において、省察部会は、「われわれは、ともに何を成し遂げたいのか」と問うた。そのような問いを起点としつつ、先行統合を制度化するための基本的な条件を供するのである。条件には、次のものが含まれた。統合の深度が異なる状況は、一時的なものにとどめるべきであること。すべての加盟国に途中参加の機会が与えられるべきであること。アラカルト型の統合は許容できないこと。EUの法的蓄積は、制度化の影響を受けるべきでないこと。ならびに、EUが備える単一の枠組みを尊重するべきであること等である(17)。アラカルト型の統合を拒否していることは、メージャーが示唆したところと対立しており興味深い。いずれにせよ、諮問部会という早期の段階で基本的な条件を確認できたことは、先行統合を円滑に制度化する上で鍵になった。

省察部会の最終報告に基づいて、各国の政府代表が協議を行い、条約として署名するに至る。この条約は、EUの基本条約であるEU条約と欧州共同体設立条約（現在のEU運営条約）の双方を改定するものであり、署名地にちなんでアムステルダム条約と呼ばれた。この条約をすべての加盟国が批准したことにより、「より緊密な協力」が導入されたのである。

厳しい実行条件

もっとも、同条約に際して導入された当時の制度には、先に概観した現行の制度とは様相を異にする点が少なくない(18)。なかでも、協力の実行条件がより厳しいものであったことは留意したい。

リスボン条約の下では、協力を実行するために必要な参加国数は九カ国である。たとえば二七～二八カ国のEUであれば、すべての加盟国の中で三分の一ほどが賛同すれば、実行への道が開かれることになる。それに対して、当時は、少なくとも過半数の加盟国が参加することが条件となっていた。実行に向けた敷居は当時の方が高かった。

さらに軽視できないのは、協力の実行を阻止する権限をすべての加盟国が享受していたことである。その仕組みは、次のとおりである。まずは、実行に向けて欧州委員会が行う提案を、理事会が審議する。そして理事会が、特定多数決で実行の是非を決定することになる。このような手続きは、現行のものと似ている（承認に至るまでに欧州議会の関与があるが、ここでは省略する）。しかしアムステルダム条約は、この手続きに以下の一文が続いていたのである。「国内政策の重要かつ公表された理由により、理事会の一構成員が特定多数決による承認に反対する意思があることを宣言した場合、投票は行わない。理事会は、全会一致で決定する加盟国首脳よりなる理事会にその問題が付託されることを、特定多数決によって求めることができる」[19]。文中にある「理事会の構成員」とは、加盟国を代表する閣僚級の人物のことである。特定多数決をもって承認することに彼／彼女らの中で一人でも反対すれば、投票自体を行えないのである。

反対が出た場合に付託されるのは、文字どおり「加盟国首脳よりなる」理事会（首脳理事会）である。そのうえで、やはり文中において、この首脳よりなる理事会は「全会一致で決定する」としている。加盟国首脳から一人でも反対が出れば、首脳理事会としても決定できないことになる。閣僚次元の問題を首脳理事会に付託する手続きは、EUでは緊急ブレーキ手続きと呼ばれる。このような手続きは、一九六〇年代の「ルクセンブルクの妥協」を想起させる。EU機関の権限強化にかねてより批判的であった当時のフランス政府は、理事会の特定多数決制に反対した。他の加盟国との妥協の結果、理事会では「一カ国以上のきわめて重要な利益が危うい場合」には、全会一致が達成されるまで協議を続けることが暗黙の了解事項となった。

「ルクセンブルクの妥協」は、非公式の妥協だったこともあり、一九八〇年代以降その影響力を失っていく[20]。とはいうものの、EUとして新たな取り組みを始める際にすべての加盟国の賛意を要するという政治文化は残った。その文化的な名残りの一つが、緊急ブレーキ手続きであると考えられる。

アムステルダム条約で緊急ブレーキを設けたのは、イギリスのブレア首相の要求によるものであった。ブレアは、各々の加盟国に拒否権が与えられない限り、「より緊密な協力」を制度化することに同意しないと他国首脳に伝えた[21]。この要求を、他国の首脳らが受け入れることになった。

イギリスで長らく政権を担っていた保守党は、加盟国が相互に域内市場を築くことを基本的に支持していた。しかしそれ以外の政策分野における大方の試みに、同党は賛同しない傾向にあった[22]。一九九七年の国政選挙で労働党のブレアが首相に就いたことは、イギリスがより広い分野における統合を受容するという期待を抱かせた。期待にそれなりに応えた同国であったが、拒否権なき先行統合に首肯するには至らなかった。

現行の「より緊密な協力」との相異はまだある。共通外交・安保政策の下での制度化が見送られたことである。

アムステルダム条約に向けて協議した政府代表者会議は、共通外交・安保政策関連の条項に多くの変更を加えた。この分野における目玉として、「顔役」となる上級代表職を新設したことは最大の変更である[23]。あるいは、EUとは別組織である西欧同盟を、EUと併合する方針も会議は確認した。

政府代表者会議の出席者の多くは、共通外交・安保政策でも「より緊密な協力」を導入することに賛成であった。しかしながら、イギリス、ギリシャおよびオーストリアの代表は、この分野における導入に難色を示した[24]。会議の運営を支援した理事会の事務局もまた、導入には否定的であった[25]。

政府代表者会議は、この分野において「建設的な棄権（constructive abstention）」と呼ばれるルールを設けることで基本合意していた。このルールは、共通外交・安保政策における意思決定を阻止しない加盟国に対して、その決定に従う義務をEUとして免除するものである。決定に従う義務を負うか否かを各国が自ら判断できる点において、それは「より緊密な協力」と似ていた。似ていたがゆえに、混同しがちであり、当該協力を導入する意義も翳みがちとなる。このような事情を酌んだ理事会議長国のオランダが、制度化を見送ることを提案した[26]。

共通外交・安保政策は、EU機関による超国家的な意思決定が特徴的であった欧州共同体とは異なり、政府間協力としての性格が強い分野であった。くわえてそれは、やはり政府間協力としての色彩が濃かった「刑事問題における警察・司法協力」（以下「警察・司法協力」とする）と同様に、各国の立場にとりわけ差があるようにみえる。EUの意思決定にみられるこのような状況が、「より緊密な協力」をめぐる当初の制度設計にも影響したのである。

共通外交・安保政策における導入は見送られた。すべての加盟国に実質的に拒否権が付与されたように、実行するための条件も厳しいものであった。先行統合の制度化が当時、絶望的なまでに最低限の試みと評されたことも、無理からぬことであっただろう[27]。しかしともかくも、すべての加盟国が当該協力を導入することで合意した。EUは、ここに漸く先行統合への一歩を踏み出した。

3　ニース条約における「より緊密な協力」の制度整備

アムステルダム条約に次ぐ条約を締約するように求める声は、同条約の発効が確実になった途端に高まった。その背景には、中・東欧諸国のＥＵ加盟が現実味を帯びる中、アムステルダム条約による改定の程度が不十分であったという認識がある。一九九九年に始まった新条約の起草作業は、やはり各国政府間の交渉を経て、翌二〇〇〇年一二月まで続いた。ニース条約の名称は、議長国フランスの下、同国南部のニースで署名されたことによる。

実行条件の緩和

加盟国は、このニース条約を通じて、「より緊密な協力」の実行条件を緩めることに合意した。さらに当該協力は、欧州共同体および警察・司法協力に加えて、共通外交・安保政策の分野でも導入されることになったのである。このような結果をみれば、当該協力の制度は、対象分野を広げながら順調に整備されたとみなせる。もっとも、ニース条約の交渉当初には、当該協力の再協議を求める声はほとんど上がっていなかった。このような状況から一転、協議の対象になったのである。その背景としては、次の四点を挙げることができる。

第一に、アムステルダム条約で導入された「より緊密な協力」は、実行のための条件が厳しいがために運用は困難であると評価されていた。協議を求める声が上がったのは、そのような状況が自国に不利益であると認識されはじめたからである。

実行を模索する動きは、いくつかの政策分野でみられた。欧州会社の法整備を進めるもの、エネルギー消費への課税に向けたもの、租税パッケージを導入するもの、ならびにユーロ・グループの結成を目的とするものが、そうした動きに含まれる(28)。しかしこれらの動きは、具体化する前に頓挫してしまう。欧州会社については、スペインが反対の意思をもっていた。エネルギー消費に関しては、やはりスペインに加えて、フランスも否定的であった。租税パッケージやユーロ・グループに至っては、より多くの国が乗り気ではなかったといわれている。[29]

前節でみたように、アムステルダム条約時の当該協力は、加盟国の特定多数では実行できない可能性を残していた。一カ国、あるいは二カ国以上の反対が示されうるこれらの動きは、実現しない公算が最初から明らかだったのである。ただし、公正を期すために、次の点に言及するべきであろう。すなわち、これらの動きの多くは、EUが従来備える意思決定手続きを用いて後年に成功しているのである。[30]とはいえそれは、あくまで結果である。当該協力の実行を試みた往時の関係者は、そのことを知る由もない。当該協力を迂回したがゆえに、より妥協的な決定内容にならざるをえなかった可能性もある。いずれにせよ、加盟国の全会一致が求められることの限界が、経験的に知覚されるようになった。この変化が、ニース条約に向けた各国代表の関心を惹起した。

第二に、欧州議会が制度を再協議するように要請した。

欧州議会は、加盟国の国民が直接普通選挙で選出する唯一のEU機関である。そのような性格を備える機関からみれば、アムステルダム条約で導入された「より緊密な協力」は、民主的な統制が十分に及ばない制度であった。というのも欧州議会は、協力の承認に際して諮問を受けるのみとされていたからである。ニース条約に向けてこれを、「欧州議会の同意を得た後に理事会が議決する」手続きに変更するように求めたのである。[31]

欧州議会の念頭にあったのは、すでにEUの広範な政策分野で用いられていた通常の立法手続きである。[32]EUにおいては、それがデフォルトの手続きとなりつつあり、諮問しか受けないのは特別な立法分野に限られていた。当該協力における役割を通常の立法手続きと同程度まで強化することは、欧州議会として自然な要望であった。ニース条約の起草を担った国家代表らは、そのような要望を受けたことから当該協力の手続きを再考せざるをえなくなった。

第三には、加盟国のドイツが、「より緊密な協力」について再協議することに積極的であった。同国のフィッシャー外相は、二〇〇〇年五月にフンボルト大学で講演を行った。EUの連邦化を説いたことで知られるこの講演の中で、フィッシャーは次のように述べている。「重心（Gravitationcentrum）を形作ることが、政治的な統合を遂げるための手段となりうる。そのような重心（となる諸国）が（…）新たに別の条約を締結するのである。その条約に基づいて、欧州連邦が（…）独自の機関を設けることになる[33]」。フィッシャーによると、いかなる加盟国も、重心に属することを強いられない。それとともに、重心が組織されることを妨げてはならない。続けていわく、「状況によっては（ＥＵの）諸条約の枠内で重心が組織されるだろう。逆に、諸条約の枠外において組織されることもありうる[34]」。

講演においてドイツ外相は、一部の加盟国がＥＵとは別の枠組みで統合することもありうると仄めかしたのである。ドイツ政府の代弁者である彼がそうしたわけであるから、他の加盟国がこれを軽視することはできなかった。ドイツをＥＵの枠内にとどめることは、他の加盟国にとって基本的な利益である。とりわけフランスのシラク大統領は、いち早くフィッシャーに理解を示すこととなった[35]。

第四の要因として、「より緊密な協力」自体に懐疑的であったイギリスが、歩み寄る姿勢をみせたことが挙げられる。

同国の姿勢の変化は、同国議会による当該協力の認識に表れている。下院の院内委員会は、加盟国代表者会議を前に報告書をまとめた。その中で、当該協力について次のように指摘している。「誰も具体的な目的を定められない仕組みの運用を妨げるための緊急ブレーキを保持するべき必然性はない。より緊密な協力が適切であることを誰かが示さないかぎり、当該協力に関する規定を見直すことの損得は判断できかねる[36]」。上院のＥＵ委員会の報告書にも、似た記述がある。「アムステルダム条約で設けた緊急ブレーキは不要であり、また、それを撤廃することがイギリスの利益を脅かすようにも思えない。当該協力を用いる分野について、具体案を耳にしたことはない。現行の条件そのものが、当該協力の発展を阻んでいるかも明確ではない[37]」。下院および上院のいずれの報告書も、当該協力にさしたる期待を抱いてはいない。とはいえ同時に、当該協力を再協議することに同国が絶対的には反対していないことを看取できるのである。

このようなイギリスの歩み寄りが、ニース条約における制度整備を可能にしたのである。緊急ブレーキ手続きは撤廃され、理事会の特定多数決をもって当該協力を実行できるようになった。さらには、実行のために必要な最少国数が、過半数という条件から八カ国へと変更された。ニース条約時の総加盟国数は一五であったため、当時の基準でいえば、最少国数は実質的に変わらない。しかし中・東欧諸国および地中海諸国の加盟が実現するや否や、協力はより容易に実行できるようになる。

外交・安保分野における導入

イギリスの歩み寄りは、共通外交・安保政策の分野で「より緊密な協力」が導入されることにも帰結した。もっとも、実行のための条件は、欧州共同体と警察・司法協力の分野ほどには緩やかにはならなかった。同国を含むいくつかの加盟国は、共通外交・安保政策では特定多数決を用いることを許容しなかった。実行対象となる法的手段は、「統一行動」と「共通の立場」に関する協力に限定された。さらには、軍事的ならびに防衛的な意味あいをもつ事項では当該協力は実行できない、とも明文化されることになった[38]。このような厳しい実行条件は、共通外交・安保政策での当該協力を求める諸国とそれに否定的な諸国の妥協の産物であった。

ニース条約における「より緊密な協力」の変更は、以上の経緯によっている。欧州共同体と警察・司法協力における当該協力の実行条件が、同条約によって緩和された。それとともに、かなり厳しい実行条件ではあるものの、共通外交・安保政策においても当該協力が導入された。アムステルダム条約下の制度に比べると、より実行可能性の高い制度へと整備されたのである。

4　欧州憲法条約およびリスボン条約と「より緊密な協力」

「より緊密な協力」の制度は、リスボン条約を機にさらに変更されて現在に至っている。ただしリスボン条約は、頓挫した欧州憲法条約の法的枠組みを継承するものである。そこで焦点となるのが、憲法条約の骨格を起案した事会の率先に目を見張るものがある。

「欧州の将来に関する諮問会議」（以下「諮問会議」とする）である。とくに、諮問会議の幹事らから構成される幹事会の率先に目を見張るものがある。

諮問会議の幹事会による率先

諮問会議のメンバーには、加盟国および加盟候補に指定されている諸国の政府代表に加えて、各国議会、欧州議会および欧州委員会の代表が名を連ねた。非政府団体の代表らや、あるいは欧州議会が任命するEUオンブズマンも、オブザーバーとしてではあったが諮問会議に参加している。

諮問会議はこのように大所帯でありながら、憲法条約の大部分を比較的円滑に起案した。起案された憲法条約は、署名前に国家政府代表による修正を受けている。しかしながら、理事会の多数決制度等が主な修正内容であった反面、当該協力は若干の変更が加えられたのみであった。このような理由から、諮問会議が制度変更案をいかに作成するかが重要となる。

諮問会議を主導したのが、幹事会であった。幹事会は、諮問会議議長のジスカルデスタン元フランス大統領をはじめ、二名の副議長（アマート元イタリア首相とデハーネ元ベルギー首相）、理事会議長国の代表および欧州委員会代表からなる小規模の組織である。幹事会はまず、EUの制度改革をはじめ、経済分野の統治、補完性原則および対外行動や防衛をめぐる課題に着手した。これらの課題について諮問会議の本会議と対話しつつ、当該協力の整備を図ることとなった。

幹事会は、二〇〇三年五月に公表した原案の中で、当該協力の方向性をまとめている。以下に列挙しよう。

・欧州共同体、共通外交・安保政策および警察・司法協力の柱毎ではなく、政策課題に適合する仕組みを作るものとする、
・余分と思われる規定は削除する、

・当該協力を承認する過程において欧州委員会と欧州議会の役割を強化する、
・当該協力を活性化させるとともに、当該協力への途中参加の条件を明確にする、
・複数の事項で実行される当該協力を互いに一貫させるようにする、
・当該協力をＥＵの一般目標と調和させる、
・当該協力に参加する諸国間の利益と参加しない諸国との利益を欧州委員会が調整できるようにする、
・共通外交・安保政策について特別に設けた規定は現行どおりとする。(39)

幹事会はさらに、次の点を勧告している。

・途中参加を促すために、当該協力の承認時に参加条件を併記するといった工夫を行うべきである、
・当該協力を最終手段とする位置づけは、現行どおりとするべきである、
・当該協力の実行に向けて求められる最少の参加国は、ニース条約下で八カ国であることを鑑みて全加盟国の三分の一とするべきである、
・共通外交・安保政策に関しては、「統一行動」と「共通の立場」に範囲を限定するべきではない。(40)

これらの方向性と勧告が、憲法条約に反映されていくのである。たとえば、「三つの柱」ごとに詳細な取り決めのあったニース条約に比して、当該協力の諸規定がより整然となった。通常の協力と共通外交・安保政策下での協力の二種類となり、両者の相違も概観しやすくなった。さらには加盟国の途中参加について、とりわけ参加条件の確認に向けた欧州委員会の権限がより明確にもなっている。

三分の一の加盟国を最少国数とする実行条件も、そのまま憲法条約に採用された。ただしリスボン条約では、これが九カ国へと変更されている。全加盟国に占める参加国の割合から、参加国の数へと基準が変わったことになる。

もっとも、諮問会議の開催時においてすでに、中・東欧へのEU拡大によって加盟国数が急増することが確実視されていた。憲法条約で九カ国となったことは、当該協力の実行条件が緩和されたことを意味するのである。

共通外交・安保政策の下での当該協力についても、幹事会の勧告が採用された。協力の実行範囲は、「統一行動」と「共通の立場」に限定しないことで合意したのである。その一方で、特定多数決の不採用を含む厳格な実行条件は、ニース条約から引き続き維持されることになった。このような帰結は、安全保障や防衛分野での統合に否定的なイギリスやスウェーデンの意向に沿うものであった[41]。

諮問会議の本会議による検討

以上は、幹事会の原案に沿った形での改革である。さらに諮問会議の本会議が、次の修正を行うことで合意している。

第一に、当該協力をめぐる審議には、理事会のすべての構成員が参加できると明記した[42]。先述のように、各加盟国の閣僚級の人物が理事会を構成している。したがって、当該協力に参加する意思がない加盟国でも審議に参加できることが、改めて確認されたことになる。ただし、投票できるのは、依然として参加国に限定される。

第二に、協力に参加する諸国が、より効果的に決定を下せるようにした。協力を実行できる政策分野は広く、意思決定に理事会の全会一致を要する規定も多く残る。それらの規定について、すべての参加国が了承すれば、これを特定多数決で決定できるとしたのである（特別立法手続きの場合は別に定めがある）[43]。特定多数決では、当該協力に対する抑制が効かなくなる可能性がある。これを懸念して、特定多数決を認めることに否定的な意見もあった。しかしながら、軍事的あるいは防衛的な意味のある決定は対象外とすることを条件に妥結した[44]。

第三に、EUの法的蓄積との関係についても表現を改めた。「（当該協力の枠内で採択される行動は）EU加盟候補諸国が受容するべきEUの法的蓄積とはみなさない」という実行条件があることは、すでに紹介した通りである。この条件を設定したのが、憲法条約の諮問会議であった[45]。

当該協力下での行動をEUの法的蓄積といかに関係づけるかは、EUと加盟国にとって、アムステルダム条約以来の課題となってきた。特定の諸国のみが関わる行動を自動的にEUの法的蓄積に含めれば、EU法の解釈の一貫性を保ちにくくなる。さらにいえば、協力全般に消極的になるであろう国は、そのような行動が法的蓄積の一部となることに容易に納得できるはずもない。こうした事情から、アムステルダム条約においては、協力は法的蓄積に影響を与えないという表現が用いられていた。この表現は、次のニース条約に際して、協力は法的蓄積を尊重するべきである、という表現に修正されたのである。「影響を与えない」から「尊重する」への修正は、当該協力を実行することの躊躇を和らげるためであったといわれる。[46] しかし依然として、法的蓄積と当該協力の関係は不明瞭であると考えられた。諮問会議は、当該協力の行動は法的蓄積ではない旨を改めて明記することにした。そうすることによって、このような不明瞭さを除去しようと試みた。[47]

第四に、防衛協力の分野において、恒常的組織協力と呼ばれる制度を導入した。これは、「高い軍事能力をもつ」加盟国が、EUの枠組みにおいて互いに協力を進めるものである。[48] 一九九八年のサン・マロ合意が象徴するように、フランスとイギリスの間で重視されてきた共同の防衛イニシアティブをEUとして継承するものと捉えられる。[49] すでに触れたように、共通外交・安保政策では、意思決定を促すための「建設的な棄権」がルール化されていた。もっとも、この「建設的な棄権」には、反対国が全加盟国の三分の一に達する等した場合には実行できない規則がある。[50] 恒常的組織協力では、対象を防衛分野に限定する代わりにより緩やかな規則を用いることができる。すなわち、二カ国以上の加盟国であれば協力を実行することが可能である。協力の内容や途中参加をめぐる決定は、参加する国の特定多数決で下される。参加を停止すること、ならびに協力から離脱することも明文化されている。[51]

以上の四点が、諮問会議本会議が手がけた変更である。本会議においてジスカルデスタン議長は、一部の加盟国群にEUの枠外で行動させるべきではないと説いた。そのためにこそ「より緊密な協力」が肝要になる、と強調したのである。[52] このような言説は、アムステルダム条約で導入された当該協力を改めて正当化する論理として、すでに常套のものであっただろう。もっとも、ジスカルデスタンは、次のようにも説いている。「拡大するEUにおいては、加盟諸国の異質性が従来にもまして強まる」。そうであるがゆえに、当該協力の制度は「長期的な実用に耐えうるのである」、と。[53]

中・東欧および地中海地域に位置する一〇カ国のＥＵ加盟は、半年後に迫っていた。ジスカルデスタンは、ＥＵの急激な拡大を見越して、当該協力をより整備する必要を感じていたのである。憲法条約を契機に当該協力は整備されたが、それはジスカルデスタンの関心が、幹事会において、さらに本会議において共有された結果であるとみなすことができる。

5　有用な選択肢へ

一部の加盟国が先行して統合を進める「より緊密な協力」は、アムステルダム条約を機に導入された。それは否定的な加盟国がある中での慎重な導入であった。しかしこの制度は、ニース条約と欧州憲法条約を通じて、徐々に実行可能な選択肢として整備されていった。

時間の経過とともに当該協力が認知されるようになった動態が、その背景にはある。印象的なのは、コールの側近、フィッシャーおよびジスカルデスタンといったドイツあるいはフランスの有力政治家が、折に触れて先行統合の必要性に言及したことである。欧州統合を牽引してきた諸国が、ＥＵの枠外でさらなる統合に着手していく。そのような将来像は好ましくないという感覚が、先行統合に消極的な諸国を「より緊密な協力」を協議するテーブルに着かせたのである。

不透明な要素もある。その一つは、九カ国さえ集まれば欧州委員会に要請できるという敷居の低さである。アムステルダム条約当時に過半数の加盟国が必要であった敷居は、リスボン条約では全加盟国の三分の一ほどの九カ国の参加があればよいことになった。アムステルダム当時の過半数は八カ国であるため、実行に向けて求められる参加国数は、その後の急激なＥＵ拡大にもかかわらず、ほとんど変わっていないことになる。このような敷居の低さは、加盟国数の増加に左右されない統合を志向する決意の証しであろう。もっとも、このことを別の角度でいうと、全体のわずか三分の一ほどの国で先行統合を進めることが可能になる。それだけに、これをEUとして実行することの正当性はしばしば保ちにくくなるだろう(54)。

アムステルダム条約において「より緊密な協力」を導入する際に、省察部会が「アラカルトの欧州」を許容しなかったことは触れた。それにもかかわらず、ニース条約も、さらにはリスボン条約もまた、そのような統合を抑制する制度的な歯止めを設けていない(55)。つまり、「アラカルトの欧州」を抑制するかどうかは、それをどのように定義するかを含め、欧州委員会や欧州議会の審議にかなり依存することになる。これによって、EUの先行統合が今後どのような外観をもつのか予測しがたくなっている。

いずれにせよ、「より緊密な協力」は、先行統合を欲する加盟国の有用な選択肢とみなされるようになった。次章でみるように、それは、家族法の分野をはじめ、いくつかの分野で実行されつつある。あるいは、これは欧州逮捕状制度の導入時にそうであったのだが、さらなる統合に否定的な諸国に圧力をかけるための手段にもなっている(56)。他方では、当該協力には欧州統合の将来像を書き換えるほどのインパクトはないだろうという見解も根強い(57)。実行の状況を確かめながら、いかなる論点が提起されているかを検証する作業が求められる。

第10章　越境協力・家族法・特許保護
――「より緊密な協力」の実行へ――

前章では、EUの先行統合制度である「より緊密な協力」がどのように導入され、かつ整備されたかをみた。導入されたのは、アムステルダム条約を契機としていた。その後、ニース条約とリスボン条約に際して、協力の実行可能性を高める方向で制度の整備が行われた。

「より緊密な協力」の実行可能性を高めたことは、先行統合を統合の選択肢に加えたい加盟国にとって〝渡りに船〟であった。国家間の結束が弱まることを危惧する声がある中、この協力を実行する事例が生まれ始めている。

本章は、こうした事例のいくつかを取り上げる。もっとも、先行統合がもたらした政策上の変化を分析したり評価したりするものではない。むしろ、これらの事例に着目することを通じて、「より緊密な協力」を実行する過程でどのような論点が提起されたのかを把握することを試みるものである。

取り上げる事例は三つである。すなわち、越境協力の促進、家族法および特許保護についての事例となる。第一の事例である越境協力は、テロリズム、越境犯罪あるいは不法移民といったEU域内の問題に対処するために、加盟国の国家当局間で情報交換を促すものである。第二の事例である家族法は、国籍が異なる夫婦が離婚する際に指摘される法的課題を解消しようとするものである。第三の事例である特許保護は、その保護のために共通のルールを敷くことにより単一市場の利点を最大化しようというものである。

これらの三つの事例の中で注意していただきたいのは、越境協力に関する第一の事例についてである。というのも、第二および第三の事例とは異なり、第一の事例のみ「より緊密な協力」を実行したものではないからである。

それどころか、当該協力の実行を試みた事例ということさえ難しい。それにもかかわらずこの事例を取り上げるのは、「より緊密な協力」を意識しつつ、これと対比する議論が提起されたからである。ＥＵが「より緊密な協力」を実行した初めての事例は、本章でいうと二番目に取り上げる、離婚への対応をめぐる事例ということになる。なお、第三の事例である特許保護についてであるが、これを予定通りに実行できるかは現時点では確定していない。しかし少なくとも、実行に向けた現実味が高まっているために取り上げることにした。

「より緊密な協力」を実行する動きは、その後も続いている。金融取引税の導入を試みる事例や、国籍が異なる夫婦の財産管理についての事例がそれに含まれる(1)。これらの事例には実行がやはり確定していないものもあるが、紙面の都合上、本章の最後で若干触れるにとどまることをお断りする。

1　プリュム越境協力と「より緊密な協力」

プリュム条約からプリュム決定へ

第一の事例である越境協力は、ＥＵが進める「人の自由移動」が副次的な影響をもたらすことを想定して実施されている。シェンゲン協定を締約する諸国の間で移動が自由になれば、テロや組織犯罪のリスクも自ずと高まる。新たにＥＵ加盟国となった中・東欧諸国が順次シェンゲン入りするとなれば、この類のリスクはさらに深刻になるだろう。

このような見通しから二〇〇五年五月に署名されたのが、「テロリズム、越境犯罪および不法移民との戦いに主眼を置く越境協力の促進に関する条約」であった。主にはテロや越境犯罪が疑われる者のＤＮＡ、指紋および自動車登録に関するデータを、締約国間で円滑に共有できるようにすることが目的であった。条約の起草を率先したドイツをはじめ、オーストリア、ベルギー、フランス、ルクセンブルク、オランダおよびスペインの七カ国が署名に加わった。この条約は、署名地となったドイツ西端の町名を冠してプリュム条約と通称される。

以上の経緯から分かるのは、EUの一部の加盟国が「より緊密な協力」を活用せずに越境協力を始めた事実である。七カ国がこれを活用しなかった理由はいくつか推察できる。当時のニース条約の下では、「より緊密な協力」の実行に向けて、少なくとも八カ国が参加する必要があった。七カ国の署名にとどまったプリュム条約は、その八カ国要件に及ばないがゆえの、いたしかたなき措置として捉えることができる。(2) 他方において越境協力は、各国の警察活動にかなりの変更を迫りうる。そのようなセンシティブな分野にEUとして取り組めば、浅い協力しかできないかもしれない。理事会の承認を得るまでの長い時間も浪費になりかねない。こうした判断から、「より緊密な協力」でなく、多国間条約というEUの枠外における措置を選んだとも考えられるのである。(3) いずれの理由であれ、一部の加盟国による越境協力は、EUが関わらない国家間協力として始まった。

しかしその反面、プリュム条約に署名した諸国は、EUの枠組みを多分に意識してもいたのである。このことは、同条約の文面から読み取ることができる。越境協力はEUの法を害するものでないと述べるのは、条約の基本原則を定める第一条においてである。EUのすべての加盟国に開かれていると同条は述べつつ、条約の発効後三年以内に、その諸規定をEUの法的枠組みに組み込むための提案を行うとさえ記述していた。(4)

このような記述は、プリュム条約の他の条文によってさらに補強される。たとえば次の条文がそうである。「この条約の中身に影響するような取り決めをEUが今後結ぶ場合、その取り決めがこの条約よりも優先するものとする。EU法から派生するそれらの新たな取り決めを考慮して、この条約の締約国は、この条約の規定を改定もしくは置き換えることができるものとする」。(5) この条約が将来EU法に組み込まれることを、条約の締約諸国が念願さえしているかのような内容である。

以上の内容が備わった背景には、当該分野での取り組みをEUが重視していた事実がある。条約が署名される前年に、EUの司法内務理事会は、各加盟国の警察が収集する情報を共有できる環境が必要であることを認めていた。(6) 条約の署名国は、残りの加盟国の理解を得るためにも、EUの取り組み――ハーグ・プログラムと呼ばれる――に留意していることを知らしめたかったのである。

プリュム条約を締約する諸国は、ＥＵの枠組みを意識したのみではなかった。この条約と同様の規定をもつ立法を行うように、諸国は司法内務理事会に求めたのである。この求めに応じた理事会は、条約の多くの規定とほぼ同じ内容をもつ法案を全会一致で採択した。「テロリズムおよび越境犯罪との戦いに主眼を置く越境協力の促進に関する決定」が、その正式名である。(7) こちらの決定は、便宜的に以下「プリュム決定」と呼ぶことにしたい。

なお、加盟国の中ではイギリスのみが、プリュム決定の適用を受けないことが認められた。(8) 同国はその後、二〇一五年に適用を受け入れることを自ら決めている。(9) 以上の過程を概していえば、ＥＵに加盟する一部の有志国によって締約される多国間条約が、「より緊密な協力」を介さずにＥＵの法へと結実したわけである。プリュム条約には、その後七カ国が締約して一四カ国を数えるようになった。今や離脱途上にあるイギリスのほか、イタリア、ポルトガル、ポーランドおよびチェコといった加盟国が長らく締約していない。

失われた実行の機会

プリュム条約を加盟国が締約する現象は、「より緊密な協力」で予定される先行統合と表面的に似ている。一部の国が始めた「統合」に他の国々が追随していく点では、両者はほぼ同じだからである。くわえて言えば、プリュム条約からプリュム決定に至る過程は、シェンゲン協定の経験を繰り返しているようにみえる。シェンゲン協定は、当初、加盟国の有志諸国によって、ＥＵの枠外で締約された。その後、すべての加盟国がアムステルダム条約に合意する際に、それはＥＵ法に組み込まれている。

プリュム条約が締約された際のＥＵの状況は、シェンゲン協定締約時のそれと異なってはいる。シェンゲンでは能動的に参加したフランスとイタリアは、プリュム条約ではそれほど能動的ではなかったといわれている。フランスは結局、プリュム条約に参加する道を選んだ。しかしながら、イタリアはその後も締約しなかったのである。ＥＵ加盟国の総数もシェンゲンの当時から倍増していることを考えれば、先行統合に向けた各国の動機と戦略もその分違ってこよう。とはいえ、これだけの違いを差し置いても、双方の過程が似かよっていることは否定できないのである。

それでは、プリュム条約を締約した最初の七カ国が「より緊密な協力」を迂回した判断は、いかに評価されるべきだろうか。

この判断に対する批判的な見解は、プリュム条約が署名された当時から出ている。たとえばバルザックらは、この条約は、次のいくつかの観点からEU全体の対応能力を弱めると指摘した(10)。

プリュム条約は、第一に、EUにおいてすでに合意されている取り決めの一貫性を後退させてしまう。バルザックらによると、この指摘はとくにEU域外からの移民の問題について当てはまる。たとえば、域外国の国民の中に、域外国からプリュム条約締約国への入国を試みる者がいるとしよう。その場合、直接入国するのであれば、入国審査はシェンゲンとプリュムの両方の取り決めに基づいて行われる。しかしながら、シェンゲンは締約しているものの、プリュム条約は締約していない国を経由するのであれば、彼は、プリュムの取り決めに服さずともプリュム条約を締約している国に入国できる公算が高い。シェンゲン協定を締約する諸国間の審査は、協定に基づく「域内国境」として原則廃止されているからである。

プリュム条約は、第二に、同条約の締約国と未締約国の間の信頼関係を弱めかねない。この条約が締約国に負わせる義務は、警察活動に関わる敏感なものである。それゆえに、義務を負える国とそうでない国が出てくるのはしかたがない。しかしそれでも、わずか七カ国で取り組みを始めたのは問題である。残りの加盟国の意思を軽んじる選択であったといわざるをえないのである。

第三には、政策の決定と実施に向けた過程が透明さを欠いてしまった。この条約に署名した諸国の国会では、審議は概して低調であった。欧州議会にあっては、プリュム条約の起案と交渉をめぐる情報は、ボレル議長の言葉を借りると「まったく通知されなかった」のである。国家次元とEU次元の双方で議会統制が不十分であることは、民主的価値に重きを置くEUにとって好ましいものではない(11)。EUの枠外で作られた条約であるため、個人データの保護のあり方がEU司法裁判所の審理に服することもない。とりわけDNAデータの使用、保管および削除をめぐる法制は、その有無を含め、各国でかなり相違している。こうした状況下では、データの漏洩が起こりやすく、プライバシーの侵害を招きやすいのである[12]。

プリュム条約のみならず、プリュム決定の過程にも批判的な意見が出ている。その決定が下される過程が拙速であったと評価するのは、ワルシュである。プリュム条約を率先したドイツの代表がEU法に組み込むことを提案したのは、二〇〇七年二月に開かれた司法内務理事会においてであった。ドイツ代表が提案した四日後には、理事会の部会で早々に審議がもたれた。その後、半月を待たずに基本合意をみたのである。司法内務理事会が意見表明のために欧州議会に与えた時間は、三カ月に満たなかった。EUの独立機関である欧州データ保護監督官に対しては、理事会は意見の表明さえ要請しなかった。このような過程に触れながら、ワルシュは、プリュム決定をめぐっては多元的な統治が軽視されたと指摘するのである[13]。

その一方では、プリュム決定の過程が進むに従い、「より緊密な協力」を迂回したことを容認する意見もみられるようになった。EUがハーグ・プログラムを実施する可能性は、このプログラムが発表された二〇〇四年当初は低かったという分析があった。また、EUの次元でデータベースを構築するよりも、各国の既存のデータを諸国間で共有する方が効率的であったという見方もある。このような分析や見方を鑑みれば、結局のところプリュムの方式が適切な選択であったと評価されたことにやむをえない面もある。むしろ、プリュム条約を最初に締約した七カ国は、先行統合の実験を果敢に遂行したという肯定的な見解もあった[14]。

2　家族法の共通ルールと「より緊密な協力」

二〇一〇年七月に司法内務理事会は、「離婚および法的分離に適用されうる法の分野においてより緊密な協力を承認する決定」（以下「二〇一〇年決定」とする）を採択した[15]。半年後の同年一二月には、当該分野で「より緊密な協力」に参加しようとする諸国が、この決定を実施に移すための規則（以下「二〇一〇年規則」とする）を採択した[16]。

アムステルダム条約以来制度化されてきた「より緊密な協力」を、EUとして初めて実行する事例となる。

二〇一〇年規則に至る経緯

理事会が二〇一〇年規則を採択する経緯は、プリュムの政策過程と比べると簡明である。国境を越えた「人の自由移動」は、人々の国際結婚を自ずと増大させる。しかしそれは、国籍を異にする夫婦の離婚の件数を増やすことにもなる。このような状況を受けて、加盟国は、家族法分野における司法協力をEU次元で進めることを許容し始めた。一九九〇年代後半から二〇〇〇年代前半にかけては、この分野における司法協力をEUが実際に進めるようになっていた。

当初の主眼は、離婚裁判の管轄を明確にしたり、親権に関するルールを策定したりすることにあった。[17] 二〇一〇年決定と二〇一〇年規則に結び付く取り組みは、このような文脈の中で要請されたのである。[18] 二〇〇五年に発表したグリーン・ペーパーにおいて、欧州委員会は、現状では法的な不確実さが多分にあるとした。そのうえで、自身に有利な離婚条件を引き出すための「裁判所への殺到（rush to court）」がEU市民の間で起きていることを問題視した。[19]

こうした現状を改めるべく欧州委員会が法案を提出したのは、翌二〇〇六年のことである。[20] もっとも、この法案を通すには、理事会の全会一致を得なければならない。多くの政策分野で特定多数決制を採る理事会であったが、民事における司法協力で法案を通すには――プリュム決定の根拠となった警察協力と同じく――条約上全会一致が要件だったのである。この場合の全会一致について、若干補足しておこう。マーストリヒト条約を締約した一九九二年当時の妥協に由来するのであるが、デンマークは、家族法が含まれる「自由・安全・公正」分野には参加しないことが認められている。イギリスとアイルランドもまた、一九九〇年代後半の取り決めに基づき、家族法に関するEUの決定には拘束される必要がない。[21] したがって、ここでいう全会一致は、すべての加盟国ではなく、以上の三カ国を除く加盟国の代表によるそれをしばしば意味することになる。委員会は、賛同する諸国や理事会議長の支援を受けながら、法案に消極的な加盟国の説得に当たろうとした。しかし法案の提出から二年を経ても、少なくとも一カ国、すなわちスウェーデンが賛成しないことが明らかとなった。離婚する権利は個人の基本的権利であるとみなす同国にとって、この法案は、基本的権利に配慮しない、より保守的な法文化を反映するようにみえたのである。このような手詰まりから、一部の加盟国が「より緊密な協力」を発議するように委員会に要請するのである。

要請したのは、イタリア、スペイン、ルクセンブルク、ギリシャ、ハンガリー、オーストリア、ルーマニアおよびスロベニアの八カ国であった。委員会がこの分野での「より緊密な協力」を発議する二〇一〇年三月までに、ブルガリアとフランスが加わった。他方、要請国の一角を担っていたギリシャが、要請国の一団から離脱し、のちに途中参加するという動きもあった。とはいえ、委員会が発議して以降も、ドイツ、ベルギー、ラトビアあるいはマルタといった諸国が相次いで参加を表明することになった。

同年六月には、欧州議会が、「より緊密な協力」を実行することに賛成多数をもって同意した。これによって理事会が、二〇一〇年決定を採択するばかりとなったのである。「より緊密な協力」の採択に際しては、理事会は全会一致を得る必要はない。二〇〇三年に発効したニース条約を機に、特定多数決で採択できるようになっていた。[22]理事会の投票では、スウェーデンの他、ポーランドとデンマークが棄権した。反対票を投じる国はなかった。[23]以上の過程を経て採択され、二〇一〇年規則へと結実したのである。

当該協力の参加に名乗りを挙げる加盟国は、ペースは落ちるものの、その後も続いている。二〇一八年にエストニアの参加が認められれば、合わせて一七カ国の参加を数えることになる。

欧州議会の関与

以上の経緯によって初めて実行に移された「より緊密な協力」であるが、その際どのような論点が出たのだろうか。主なものを三つ挙げることにしよう。

第一に、理事会による二〇一〇年決定の採択に向けて、欧州議会がどのような役割を担ったかである。加盟国国民の直接普通選挙で選出される欧州議会は、〝国家目線〟の理事会とは異なる立場からＥＵの運営に携わる。その役割次第では、家族法をめぐるＥＵの取り組みに奥行きをもたせることができるのである。しかも、ＥＵが「より緊密な協力」を実行するには、欧州議会の同意を得ることが手続き上必要である。欧州議会はそれゆえに、実行を拒否する可能性を仄かしつつ、協力の内容に自らの選好を反映させることができる。

　そのような欧州議会であるが、「より緊密な協力」の初めての事例において目立つ動きをみせなかった。とはいえ、それは、十分な職責を果たさない〝ゴム印〟に終始したわけではない。委員会の提案に同意を与える際に、欧州議会は、理事会はＥＵ運営条約第三三三条二項に従って決定を下すべきであると主張している(24)。この条項は、参加国の全会一致があれば、当該協力をめぐる今後の決定を特定多数決で下せることを定めている。決定に向けて欧州議会の同意が必要であることは、全会一致の場合と変わらない。理事会における決定が迅速になるばかりか、自らの影響力も高まるがゆえに、欧州議会はこのように主張したのだろう。

　しかしこのような主張を、欧州議会は、二〇一〇年決定案に同意を与える際に行った。したがって、欧州議会の影響力という点からすれば、これを与える前に要請すべきであったとする見方があるのもうなずけることである(25)。同意を与える前であれば、理事会に出席する参加国は欧州議会の圧力をより強く感じたに違いないからである。もっとも、このような行いのみをもって欧州議会の役割を過小評価するべきでもない。欧州委員会が最初の法案を提出した二〇〇六年当時、欧州議会はそれを修正するように意見した。委員会が後に提出する二〇一〇年決定と二〇一〇年規則の両案は、それらの意見を多く取り入れるものであった(26)。「より緊密な協力」の是非と内容は、通常のＥＵ立法に比べて、一部の加盟国の選好が直截に反映されているようにみなされやすい。それだけに、協力の実行に向けては、欧州委員会のほか、欧州議会がいかに貢献したかにも注意を払うことが肝要になる。

国家間の相違

以上に留意しつつ、国家間の協調や対立に関する論点を、第二および第三の論点として挙げることにしたい。二番目の論点は、スウェーデンが賛成しない中で「より緊密な協力」に踏み切ったことをいかに捉えるかである。先に触れたように、離婚する権利は、同国では基本権とみなされる。他の多くの加盟国と異なり、離婚する理由を立証する必要もない。同国にとって当該協力は、国家間の政策の違いにとどまらず、固有の価値観さえ害しうるものとなる。

スウェーデンと同様に否定的であったフィンランドは、二〇一〇年決定の採択時に次の宣言を残している。「より緊密な協力が、加盟諸国の基本的な価値および伝統と密接に結び付いている家族法の分野で初めて実行されることになるのは遺憾である[27]」。実行に向けた交渉について、同国は次のようにも省みている。「（国家間の交渉が）柔軟なものでなかったために、加盟諸国の国内にみられる相違を適正に考慮していただけなかった[28]」。二〇一〇年規則は、一部の加盟国にとってはきわめて微妙な問題であった。そのような観点からすれば、「より緊密な協力」による解決の適否は問われる余地がある。

それでは、通常のEU立法と「より緊密な協力」以外に、有効な解決法が残されていたのだろうか。法学者のクイパーズによると、さらに二つの選択肢が残されていた。一つは、EUの枠組みの外部において、緩やかな司法協力を進めるという選択肢である。国際私法に関するハーグ会議で共通ルールを策定することが例示される[29]。あと一つは、EU運営条約が定めるいわゆる架け橋条項（passerelle clause）を活用するという選択肢である。すなわち、同条約第四八条七項に従い、加盟国のすべての国内議会に委員会の通常の立法案を告知する。運営条約の趣旨に従うと、六カ月以内にいずれの議会からも反対がなければ、法案の正当性は保てたとみなしてよい。そうなれば、スウェーデンも理事会で妥協せざるをえない形勢になったかもしれないのである[30]。もっとも、ハーグ会議という前者の選択肢は、合意される可能性は高いものの、問題の解決に向けた政策効果は低くなる恐れがある。後者の選択肢は、より高い効果が見込める反面、スウェーデンとの妥協に失敗するリスクを拭うことができない。また、たとえ一カ国でも国内議会が反対すれば、当該課題にEUとして取り組む機運自体が失われかねない。以上の方法を考慮した結果、政策を推進する諸国としては、「より緊密な協力」が最良の選択ということになる。

第三の論点は、マルタの参加をどのように理解するかである。同国は、離婚を公認していない唯一の加盟国であった。二〇一〇年決定と二〇一〇年規則が採択された翌年には離婚を公認する方針に転換したのであるが、それでも四年の別居期間を必要とする等、離婚の条件は他の加盟国よりも厳しいものとなっている。そのような国が、当該分野における先行統合の試みに当初から、つまり公認していない時期から参加した。

マルタは、この分野における「より緊密な協力」を要請した最初の八カ国には含まれていない。先述のように、二〇一〇年決定に向けた審議が進む中で参加を表明した一国である[31]。離婚を公認しない国が参加するがゆえの審議の難しさはあっただろう。審議の結果、「より緊密な協力」を実施する二〇一〇年規則において、次の条文が設けられることになった。「この規則のいかなる規定も、離婚の法を定めていない参加加盟国の裁判所が、この規則の適用をもって離婚を宣告することを強いるものではない[32]」。マルタの国内裁判所は、従来どおり離婚を宣告しないことが許され続けることになったのである。

このような結果をマルタは歓迎しつつ、次のように表明している。「（当該分野は）きわめて神経を尖らせる分野であり、すべての加盟国の法体系がもつ特殊性は十分に尊重されなければならない。（…）欧州委員会も、できるだけ多くの加盟国の参加を促す必要がある[33]」。同国の表明には、たしかに一理がある。当該分野は、EUでは「自由・安全・公正」分野の一部に含まれる。EU運営条約は、その「自由・安全・公正」分野においては、EUは各国の異なる法体系と伝統を尊重すると述べているのである[34]。「より緊密な協力」を実施するにあたり、委員会が諸国の参加を促すべきことも同条約で明確に規範化されている[35]。

しかし他方において、マルタの参加を疑問視する声があったことも事実である[36]。スウェーデンやフィンランドの参加を実質的に拒みつつ、特例を設けてまでマルタを参加させたからである。諸国の参加を促すべき委員会だが、かたやそれは、「より緊密な協力」に向けた提案を行わない裁量も享受する[37]。そのような中、委員会は、自ら提出した法案を成立させることに腐心した[38]。

マルタはその後、国民投票と国内法の改正を通じて離婚を公認した。そのために〝マルタ問題〟はひとまず落着した。とはいえ、当該分野での「より緊密な協力」がいびつな先行統合の前例になった感は否めない。

3　統一特許の創設と「より緊密な協力」

特許は、そもそもは国家によって、その国家の領域内に限り保護されるべき権利である。経済活動が脱国境化する中で、これをいかに国際的に保護するかが課題となってきた。欧州諸国は、一九七〇年代に欧州特許条約を締約することを通じてこの課題への対応を試みた。この条約が導入した「欧州特許（European patent）」は、特許の出願および認定手続きを締約国間で共通化しようとするものであった。しかしこの条約は、EUの枠外で締約された多国間条約である。そのために、欧州特許の法的効力は、最終的には各国の判断に委ねられる状況が続いた。EUに加盟しない諸国も条約の当事国であるため、単一市場の利点を生かせないという不満も出るようになった。

統一特許創設への経緯

特許保護をEUとして試みる動きは、一九九〇年代後半に顕著になった[39]。加盟国が二〇〇四年に署名した欧州憲法条約では、欧州知的所有権を設ける措置、ならびに、認定、調整および監督の取り決めをEU規模で定める措置をEUがとることが謳われた[40]。そのような中で欧州委員会が「統一特許（unitary patent）」の創設を提案するのであるが[41]、賛同しない加盟国があった。イタリアとスペインである。

欧州委員会の提案によると、統一特許は、英語、フランス語およびドイツ語のいずれかの言語によって認定される。これは、欧州特許条約の取り決めにならうものと説明された[42]。イタリアおよびスペイン両国は、イタリア語とスペイン語がこれらの言語から除外されていること、また、それによって自国民の出願環境が不利になることを危惧したのである。EU運営条約の規定に従えば、統一特許を創設するには理事会の全会一致が必要であった[43]。二〇一〇年の七月から九月にかけて、各国代表者の間で協議がもたれた[44]。そこにおいても合意が成立しなかったため、一二の加盟国が、最終手段として「より緊密な協力」を実行することを委員会に要請した(45)。

前節でみたように、二〇一〇年は、家族法の分野で当該協力が初めて実行された時期である。他の政策分野でも、実行を模索する動きが強まっていたのである。一二カ国の要請に応えて委員会は、統一特許のための「より緊密な協力」について提案を出した(46)。イタリアとスペインはやはり賛成しなかったものの、この頃にはすでに、両国を除くすべての加盟国が参加を表明するようになっていた。委員会の提案は、翌二〇一一年三月に理事会の特定多数決によって採択された(47)。

統一特許に向けた「より緊密な協力」は、三つの異なる法的文書に基づいて実行される手はずとなった。第一に、承認された協力を実施するための規則である(48)。この規則は、EU運営条約第一一八条一段の規定に従い、通常立法の手続きによって採択される。そのため、欧州議会の同意を得ることが必要になる。ただし、不参加の二カ国は、理事会での採決に加わることができないことになる。

第二に、翻訳について取り決めるための規則である(49)。こちらの規則は、第一一八条二段に基づき特別の立法手続きで採択されることになる。ゆえに、採択に向けて欧州議会の同意を得る必要はなく、諮問さえ行えばよい。不参加の加盟国は、やはり採決に加われない。

第三の文書は、統一特許裁判所を新設するための「統一特許裁判所協定」である。この協定に基づいて、統一特許裁判所とその下位裁判所が設置される。これらの裁判所は、統一特許のみならず、「より緊密な協力」に参加する諸国で登録される欧州特許も管轄する役目を負う(50)。

これら三つの文書中、第三の統一特許裁判所についての協定のみ多国間条約となっている。それは、プリュム条約と同じく、EUの立法によるものではないのである。前者二つの規則が発効して間もない二〇一三年二月に、多くのEU加盟国がこの協定に署名することになった。発効するには、ドイツ、イギリスおよびフランスを含む一三カ国の批准を要するとした。イギリスがEUから離脱する過程がその後進んだものの、批准国の数は順調に増えた。そのこともあり、離脱の有無にかかわらず発効させる構えをみせている(51)。

不参加の意思を明かしていたイタリアとスペインは、「より緊密な協力」を承認した二〇一一年三月の理事会決定を不服としてEU司法裁判所に提訴した。当該分野において協力を承認する権限を理事会はそもそももっていない。あるいは仮に権限をもつにせよ、適切に行使されておらず、EU条約が定める最終手段としての行使であるともいえない。これらの理由から、理事会決定は無効であると主張したのである[52]。さらにスペインは、翻訳の取り決めに関する規則の無効確認もEU司法裁判所に求めた。言語に基づく差別の禁止という、EUが長年重んじている原則をこの規則は侵害していると主張したのである[53]。

イタリアとスペインによる提訴は、二〇一三年四月に却下された。スペインによる提訴は、二〇一五年五月に却下されるところとなった。統一特許裁判所協定の批准国が増える中、イタリアは、統一特許に参加する方針に転換した。その結果、スペインならびにEUに加盟して間もないクロアチアの二カ国が不参加という状況になった。

統一特許裁判所・スペイン・イギリス

統一特許の創設についても、さまざまな論点が提起されている。ここでは、次の三つの点に着目しておこう。第一に、設置する統一特許裁判所を、EUとして円滑に機能させることができるかどうかである。同裁判所の任務は、統一特許に加えて、従来の欧州特許をめぐる紛争を処理することである。しかし前述のように、この裁判所は多国間条約に基づいて設置される。そうであるがゆえに、EUの司法機関であるEU司法裁判所との権限は明確にされなければならない。

実際のところ、統一特許裁判所の活動は、EU法の下で統制されるように基本設計されている。統一特許裁判所協定によると、同裁判所は、「全体においてEU法を適用しなければならず、EU法の卓越性も尊重し」なければならない[54]。それはまた、EU司法裁判所と協力することにより、EU法の的確な適用と一貫した解釈を確保する必要もあるとする[55]。以上は、法的および制度的な設計である。統一特許裁判所が設置されれば、個別具体的な難問も出てこよう[56]。

裁判所の新設にはこのような課題が内包されているのであるが、「より緊密な協力」を実施する規則案の交渉過程においてさらに不透明な要素が加わった。

それは、こういうことである。裁判所協定の締約交渉において、裁判所の本部を自国に誘致したい加盟国が複数あり議論になった。この議論は、フランスのパリを本部とすることによって決着をみた。その代償として、「より緊密な協力」を実施する規則案の一部を削除するべきとするイギリスの要求が受け入れられたのである。削除されることになったのは、特許保有者が享受する諸々の権利を保護するための条文であった。そこで次には、欧州議会がこのような決着に反応することになる。特許保有者の権利は、実施規則で明記されることによってEUとして確実に保護できる。欧州議会は、このように考えていたからである[57]。

実施規則を採択するには、EU運営条約の規定上、欧州議会の同意を得ることが必要である。統一特許の参加予定国が欧州議会に配慮したことにより、イギリス保守党政府と欧州議会の双方で妥協が成立した。「扉を閉じることができ、あるいは特許の問題に関与したいと望めばこれを開け放しにもできる」広範な裁量をEU司法裁判所に与えることにしたのである[58]。このような経緯は、欧州議会の選好が部分的にであれ汲まれた点では民主的であった。とはいえそれは、EU司法裁判所と統一特許裁判所の権限関係にさらなる不確実さを残すことになった。

第二の論点に移ろう。スペインとイタリアが統一特許の導入に賛同する可能性は、皆無だったわけではない。しかしながら、他の加盟国とEU機関は、その可能性をほとんど追求せずに「より緊密な協力」を進めた。この過程をいかに評価するかという論点である。

二カ国が賛同する可能性は、二〇一〇年七月に招集された前出の協議でも残っていた。会議においてスペインは、特許制度を共通化するために解決するべき課題を挙げている[59]。すなわち、特許出願に伴う翻訳の費用を削減することであり、新しい制度下での法的確実性を最大化することである。そのうえで、これらの課題を解決するためには、英語のみが特許の認定に用いられるべきであると主張した[60]。

スペインの主張にも根拠はある。欧州特許条約に基づく出願の八割近くが、英語を用いてなされている。それに比して残りの二言語、つまりドイツ語とフランス語は、合計しても二割ほどにすぎない。技術開発の国際研究はほぼ英語で発表されており、統一特許もこれにならうべきとしたのである。[61]

しかしながら、他の参加予定国は、このような主張を支持しなかった。理事会議長国のベルギーが示した妥協案に基づいて、常駐代表委員会でも協議は続いた。[62]この協議でも合意に至らずに、「より緊密な協力」を実行するという選択肢が採られることになる。

EU司法裁判所がスペインの提訴を却下したことは、すでに触れた通りである。判決において同裁判所は、過去の判例に言及しつつ次のように述べている。「判例に従えば、EU内部での言語の使用について（EUの）諸条約が言及していることは、EU市民の利益に影響しうるいかなるものも、すべての状況において彼の言語で作成されるべきという意図までEU法の一般原則を証拠づけるものである、とみなすことはできない」[63]。EU市民が、自らの言語でない言語を用いるべき状況はありうる、というわけである。裁判所は、以下のようにも述べる。「(…) 申立てのあった規則は、諸々の利益をそれなりに均衡づけるものであり、それゆえに、適切な目標を達成するために必要な範囲を逸脱するものではない」[64]。こうした理由から、司法裁判所は、英語、フランス語およびドイツ語に限定する措置は不適切なものでなく、正当な目標にも比例すると結論した。

スペインの主張を受け入れなかった諸国にも言い分があっただろう。EU司法裁判所の判決にも一定の説得力はある。しかしながら、それでもスペインを拒絶したことは、「より緊密な協力」の態様を考察するうえで重い意味をもつ。「より緊密な協力」をEUとして制度化する以前には、先行統合を要望する諸国とそうでない諸国の境界がある程度明瞭であった。シェンゲン協定に基づく国境政策しかり、通貨統合政策や防衛協力しかりである。さらには、先述のプリュム条約や家族法をめぐっても、双方の国家群の間にはそれなりに明瞭な境界を観察することができた。参加する意思の有無は、先行統合に向けた協議が具体化する時点でほぼ固まっていた。[65]

翻って、特許の事例においては、すべての加盟国が賛同する可能性はより高かったようにみえる。それにもかかわらず、「より緊密な協力」を実行する方向へと舵を切った。このような経験は、とある統合に向けた選好が国家間で乖離していなくとも「より緊密な協力」が実行される前例になることを意味するものである。

統一特許とイギリスのEU離脱

そして第三に、イギリスが離脱交渉をEU側と始めたことも看過できない論点となる。「より緊密な協力」の制度化に懐疑的であった同国であるが[66]、統一特許に参加することは既定路線となっていた。その中で同国は、二〇一六年六月に実施された国民投票の結果に従い、EU自体から離脱しようとしている。

イギリスの離脱過程が統一特許にどのように影響するかは、離脱交渉の結果が明確になるまで分からない。仮にイギリスを完全に欠く統一特許が発足するのであれば、統一特許を創設する意義と魅力はおよそ半減してしまう。特許分野における同国の存在感は、金融・サービス分野とともに欧州では群を抜く。統一特許裁判所の本部こそフランスのパリに譲ったものの、支部を置くことになっていたのがドイツのミュンヘンであり、もう一つがイギリスのロンドンであった[67]。当該分野の専門家をきわだって輩出してきたのもイギリスである。こうした状況であるからこそ、同国が参加しない統一特許は、欧州内外の関係者に対する吸引力を失ってしまう。

イギリスの離脱がもたらす悲観的な見通しを避けるために、統一特許だけでも参加を促そうとする動きはある。とはいえ、統一特許はそもそも、単一市場の利点を生かすために創設することが要請された経緯がある。イギリスのメイ首相は二〇一七年一月に、単一市場には参加しないと明言している[68]。首脳がそのように明言する国家が統一特許に参加する正当性は乏しいだろう。もっとも、これに部分的に参加する選択肢、あるいはEUの枠外で特別に参加する選択肢が完全になくなったわけではない[69]。

4　差異ある欧州への助走?

本章では、越境協力、家族法および特許保護の各々の事例に着目することを通じて、EUの先行統合制度である

「より緊密な協力」がどのような論点を提起しているかをみた。

論点を包括的に示すには及ばなかっただろう。また、これら三つの事例を並列的に論じることにも慎重でなければならない。越境協力は、たしかに先行統合であったが、「より緊密な協力」を実行するものではなかった。もっとも、理事会が全会一致でプリュム決定を採択できなければ、有志諸国は当該協力を実行することを志向した可能性はある。(70)一つの選択肢として「より緊密な協力」があること自体が、越境協力を進めやすい制度的環境を整えたともいえる。

家族法の事例は、民事における司法協力の分野で取り組まれていた。民事における司法協力は、EUでは比較的新しい分野である。そのために実行しやすかったことはあるだろう。他方において、統一特許は、単一市場自体の利点を生かそうとする点で、家族法の事例とはやや異なる意味合いをもつものである。

これらの実行をめぐってはさまざまな論点が提起されうるが、大別すると次の二つのようであった。一つは、「より緊密な協力」の実行に至る過程の法的および民主的な正当性を問うものである。家族法と特許の事例では、とくに欧州議会がどのように関与しうるかが焦点となりえた。あと一つは、EUで長らく培ってきたはずの妥協の文化が後退する局面がみられることである。家族法の取り組みに対しては北欧諸国の、統一特許についてはスペインの不参加がこの論点に連なる。なお、協力を実行することによってどのような政策変化がEUと加盟国の双方の次元で起こりうるかについては、今後の研究を待たねばならない。

二〇一一年以降には、「より緊密な協力」によって金融取引税を導入する過程が進行した。もっとも、課税対象となる金融取引や徴税の方法をはじめ、参加予定国の間で見解の相違が残る。合意が成立するにはもうしばらく時間がかかりそうである。(71)二〇一六年には、国籍が異なる夫婦の財産管理について当該協力が活用されることが決まった。また二〇一七年には、欧州検察局の新設のために活用されてもいる。家族法と特許の事例にこれらの協力を重ねてみた場合、現時点では次のようにいえる。すなわち、「より緊密な協力」を導入した当初には、複数の速度で統合を進める加盟国群に分化していくという予測があった。「二速度の欧州」もしくは「多速度の欧州」として表現される統合がそれである。さらには、西欧地域の加盟国群が中・東欧地域の加盟国群に先んじて統合するという予測もあった。このような統合は、地理的な側面を強調して「可変翼の欧州」、あるいは「中心メンバーのいる欧州」等と呼ばれる。これらの予測は、まだ現実のものにはなっていない。それどころか、現実する方向にあるかさえも不明であるということである。

先行組から排除されると予測された中・東欧諸国の多くは、家族法の実行例では先行組に入った。「より緊密な協力」の導入に積極的でなかったイギリスやデンマークも、統一特許には参加の意思を示した。イギリスはその後、ＥＵからの離脱を通告したことにより、統一特許に予定通り参加する見込みは低くなった。しかしそれでも、イギリスのほか、デンマークや中・東欧諸国が非先行組の予備群として固定されるような協力でなかったことは留意すべきである。ＥＵの政策を加盟国が自主的に選択できる「アラカルトの欧州」になる余地も残っている。

「より緊密な協力」がＥＵにもたらす帰結を展望することは難しい。一部の加盟国が、当該協力を実行することを念頭に置きながらシェンゲンやプリュムのような迂回措置をとる事例も今後ありえよう。マーストリヒト条約では一部の国について、経済通貨同盟への完全な参加を義務づけなかった。このように、基本条約の締約と改定を通じて先行統合を進める手段もいまだある。〝諸国家からなる共同体〟であるＥＵの外観は、これらの動向に依存し続けることになる。

終章　〝開き直る〟ＥＵの地平

共同体ＥＵの本質と変容

本書では、欧州諸国の共同体としてのＥＵがどのような組織であるのか、その特性の一端を明らかにしようとした。そのための手がかりとしたのが、贈与、価値および先行統合という三つの様相であった。

第Ⅰ部では、ＥＵは贈与の共同体であると仮定した。そこで注目したのは、加盟国、とくに大国であったり、経済力を備えていたりする諸国が自ら身を削るという営為であった。そのような営為は、ＥＵの財政への拠出や、理事会における多数決制の受容といった点に表れるものであった。もっとも近年では、贈与が停滞する局面を観察することができる。このような状況の変化は、ＥＵの共同体としての性格を弱めうると論じた。

それとともに問うたのは、ＥＵのメンバーシップの増大が、既存の加盟国の選好を直截に反映しているわけでは必ずしもなかったことである。にもかかわらずメンバーシップが増大する動態を、本書では中・東欧諸国への拡大に向けたフランスの対応を題材にして考察した。十分に望んで迎え入れたわけでない新参国との関係は、そうでない場合に比べて不安定になるかもしれない。そのような関係性が、ＥＵに恒常的に埋め込まれることになった。

第Ⅱ部で主題にしたのは、ＥＵの価値として定義される諸価値を加盟国がいかに共有しうるかという問いであった。国際連合において、あるいは域外国・地域に対して展開する人権外交では、ＥＵとして独特の源泉を備えうる反面、これを存分に活かせない制約要因もあった。欧州人種主義・外国人排斥監視センターからの改造をもって設置された基本権庁は、加盟国による慎重な統制に服しながら域内の人権問題に取り組まねばならない難しさを改めて提起するものであった。テロへの対応がもたらす安全と人権のジレンマについては、シャルリ・エブド事件の前後期の動向をみる限り、前者の安全に重きを置く傾向をみてとれた。

人権尊重や民主主義と同様にEUで共有するべきとされる価値に法治がある。この法治についても、新たな潮流を観察することができた。東西冷戦の終結後に中・東欧諸国は、市場経済と民主体制を導入する中で、これらの価値を実現するべく努めてきた。しかしながら、その旗頭の一国であったはずのハンガリーは、法治や人権を侵食するような政策を確信犯的に実施するようになった。このような動きにポーランド等が続いたものの、EUの対応は不十分なものにとどまっている。

第Ⅲ部で取り上げた様相は、先行統合であった。一部の加盟国が先行して統合を進める「より緊密な協力」は、アムステルダム条約を機に導入された。さらにそれは、ニース条約とリスボン条約を通じて実行可能な選択肢となった。それによっていくつかの実行事例が生まれつつあるが、実行に至る過程の民主的および法的正当性が問われていた。さらには、EUの伝統ともいえる妥協の文化が、「より緊密な協力」を用いることによって掘り崩されるという指摘も提起されていた。

以上が本書の主旨である。〝諸国家の共同体〟としてのEUを包括的に解析するには、むろん、さらなる作業が求められる。たとえば、価値の共同体という場合の価値には、EU条約が明記する「EUの価値」に限らず包含されるものがありうる。キリスト教がもつ経済観と人間観、世俗国家を導入した経験、広義のリベラリズム等は、そのような価値に入り込むものであろう。こうした価値の脈絡や意味合いは、時代や国、地域によって異なりうる一方、こうした価値を共有することは、総体のものとして、もしくは個別的なものとして、共同体を形成し、かつそれを保持するうえでどの程度不可欠なのだろうか。また、贈与の共同体と価値の共同体は、どのように重複したり、対立したりするのだろうか。

加盟国間の共同体に付随する、あるいはそれをまたぐ形で構造化するさまざまな要素をいかに捕捉するかも求められる。加盟国のデンマークは、EUの広くはないが重要な政策分野において一定の適用を免れてきた。その一方で、EUに加盟していないノルウェー等は、単一市場の下での義務をほぼ無条件に受入れている。北大西洋条約機構に加わらないことにより、他の加盟国と一線を画する安全保障・防衛政策をとる加盟国もある。

企業、民間団体、地方自治体および個人による越境的な活動は、とくに一九七〇年代以降〝トランス・ナショナリズム〟という言葉で表現されてきた。それらの活動は、国民国家といったナショナルなものを相対化するものと考えられた。しかしそれは、金融のグローバル化が完遂しつつある現在、あるいはソーシャル・ネットワーキング・サービスと呼ばれる一連のツールが普及する現在、ナショナルなものを相対化するどころか、これを害するとさえ認識されるようになっている。ここに極右勢力や排斥主義が台頭する素地があるのだろう。共同体ＥＵは、そのメンバーである加盟国とともに、こうした状況の直接の影響を受けてきた。逆に、そのような影響を自ら創り出してもきた。これらの作用を接合するによって、ＥＵをより立体的に描くことができよう。

続発する危機とイギリスの離脱過程

このような研究課題を残しはするものの、ＥＵに次の趨勢がみられることは本書を通じて確認できた。すなわち、諸国家の共同体としての性格が弱まりつつあることである。国家間における贈与が、従前と変わらずに保持されているとは言いがたい状況があった。贈与が後退する要因はいくつかあるが、通貨および国家財政というカネの分野においてほとんど予期せぬ帰結が生まれたことが大きい。巨額の財政赤字に陥ったギリシャを救済するために、ドイツをはじめとする他の加盟国は複数回にわたり金融支援を行った。しかしながら、支援の条件として迫った緊縮財政が、ギリシャ国民の窮乏を生み、その民族的な誇りさえ傷つけた。債権国とギリシャはいずれもＥＵの加盟国であり、その大半は単一通貨ユーロの導入国である。両者間に生まれた感情的な亀裂が贈与を停滞させている。

贈与が停滞するさらなる要因として挙げられるのが、冷戦終結後にメンバーシップが急速に拡大したことである。新たなメンバーを迎え入れることには、たしかに既存のすべての加盟国が同意した。しかし本書でみたように、迎え入れることに能動的でない国も中にはあった。そのような状況下で東方拡大を進めたことは、共同体が保持されるうえでの不安材料もまた埋め込んでいたのである。このことは、ハンガリーとポーランドを含む「新規加盟組」

への対応に苦しんだことと無関係ではあるまい。共有すべき価値をこれら諸国が侵食したことに批判的な加盟国とEU役職者は一定数にのぼる。そのためEU条約が定める権利停止手続きに訴える選択肢もなくなってはいない。他方、フィデスや「法と正義」といった反EU政党への支持は、これらの諸国でいずれ衰えるかもしれない。とはいえ、これらと似た政治方針・姿勢をもつ勢力が改めて台頭する可能性は常にある。これらの勢力とどのように向きあうのか、有効な処方箋を見出せてはいない。

流入する難民の対応をめぐっても共同体は動揺した。二〇一〇年のチュニジアから波及した「アラブの春」は、シリアやイラクにおける混乱とともに、欧州へ脱出しようとする大量の人々を生んだ。EUでは人道的な立場から彼らを保護し、受入れる国があった一方で、治安や宗教を理由に彼らを締め出そうとする動きもみられた。EUは、地中海やエーゲ海からの流入ルートを次第に防御し、彼らを出身国やトルコなどに送還ないし移送するようになった。受入れを進めなかったことは、共同体のアウトプットとしてとりうる選択肢ではあろう。とはいえそれは、人権を共通の価値として重んじるEUの体面を傷つけることになる。

このように「危機に苛まれ、傷つき打ちのめされた(1)」EUであったが、続いて衝撃を与えたのが、イギリスがEUから離脱する意思を固めたことであった。二〇一六年六月に同国が実施した国民投票では、離脱に賛成する票数が、EUへの残留を求める票数を約一二七万票上回った。投票結果を受けてイギリスは、EU条約に基づき離脱することをEUに通告した。二〇一七年六月には、EUとイギリスの間で離脱に向けた交渉が始まった。

離脱票が多かった理由については多くの分析がある。中・東欧の新規加盟国からの移民が、国内の雇用や社会保障を奪い取ると懸念された。EUの理念や政策が理解されず、むしろEU自体が国家の主権の見地から脅威であるとみなされたこともあった。あるいは、野党党首や自治体首長を含めて、イギリスで人気のある政治家が率先して離脱を主張したことも作用した。これらの理由が交錯しつつ、離脱票を増やしたのである(2)。とはいえそれでも、EUに加盟することが同国に利益をもたらしていた面も軽視できない。とりわけ金融・サービス業の自由化が進む単一市場は、金融・サービス立国としてのイギリスに欠かせない存在となっていた。同国との二国間関係をアメリカが重んじ続けたのも、同国を通じてEUの活動に影響を及ぼせたことが大きい。イギリスは、離脱することによってこれらの利益を失うことになる。

EUは、六〇〇億ユーロ（約七兆八〇〇〇億円）から一〇〇〇億ユーロ（約一三兆円）とも報じられる「手切れ金」を未払い分担金の名目で要求する等して、離脱がもたらす不利益に追い打ちをかけようとした。そのようなEUも打撃を受ける。イギリス一国が抜けるだけで、EUは域内総生産の二割近くを失う。ロンドンというグローバルな金融センターが外部の存在となり、欧州内外の企業にとって単一市場の魅力も減じてしまう。くわえて、国際社会における発言力が弱まることになるが、これは国連安保理の常任理事の席をもつだけでなく、域内随一の軍事大国であり、情報大国であり、かつコモンウェルスの中心にも位置する国を失うからである。EUが締約する域外国との経済協定についても交渉力が低下せざるをえない(3)。

EUから離脱することによってイギリスが利益を得るとすれば、それは自国の政策を再び自国で決定できるようになることであろう。他方、残される側にとっては、「厄介なパートナー(4)」の退場が、さらなる欧州統合に向けた弾みになる可能性がある。とはいえ、一九七三年以前まで、つまり当時の欧州共同体に加盟するまで有していた自国の政策決定権を、離脱後のイギリスが完全に取り戻せるわけではない。グローバル化が進んだ現代では、国家は「退場」しつつある(5)。国家に与えられる裁量の余地は、いかに自国ファーストを唱えたところで全体として狭まっているのである。EUの側にしても、イギリスの退場が吉と出る保証はない。むしろ、たとえ厄介であれ、イギリスがパートナーであったがゆえに高いパフォーマンスを残せた面もある。あるいは、そもそも、本書で触れた統一特許の事例のように、イギリスが統合のあらゆる局面で厄介であったわけでもない。このような状況を考えると、同国の離脱は、〝諸国家の共同体〟をなしてきた双方にとって、大方不幸な出来事なのである。

開き直る組織の将来

通貨や難民をめぐる危機にイギリスの離脱過程が重なり、EUの苦境はピークに達することになった。苦境は和らぐどころか、慢性化している感さえあった。もっとも、このような中で興味深い現象が起きた。ドイツとフランスを含む主要加盟国が、まるで開き直ったかのように結束する姿勢を示すようになったのである。

そのような開き直りの姿勢は、苦境が続くがゆえの諦念から来るものでない。むしろそれは、EUとして改めて結束することが、数少ない有効な手段の一つであると能動的に知覚されたことによる。結束に向けた契機は、たしかに幾度かあった。長年密接な関係を保っているアメリカへの信用が揺らいだことは、そのような契機の中でも主たるものである。有志諸国による二〇〇三年の対イラク武力行使をはじめ、欧米間で歩調が乱れたことは過去にもある。とはいえ、トランプ大統領の就任後に明るみになったアメリカとの不一致は、貿易問題や対中東・ロシア政策、あるいは入国管理、難民受入れ、気候変動をめぐる課題まで広い分野に及んだ。しかも、加盟国を二分した対イラクの事例に比して、アメリカとの不一致は、EU内で深刻な亀裂を生んでいないのである。主要国首脳会議(G7サミット)の閉会後にドイツのメルケル首相は、アメリカを念頭に「われわれが他国に完全に頼れた時代はある程度終わった」と発言した(6)。このような発言は、ドイツのみならず、欧州のアイデンティティとEUの枠組みを再び重視しようとする方向性とも親和する。

さらには複数の加盟国で実施された国政選挙において、EUの存在や欧州統合を批判する政治勢力が、予想されたほどには伸びなかった。このことも、加盟国間の結束を確認する契機となった。国政選挙はオーストリアに始まり、オランダ、フランスおよびドイツと続いたが、とくにフランス大統領選で欧州統合を支持するマクロンが極右のルペンに勝利したことは、開き直ることができる潮目となった。

もっとも、加盟諸国が開き直ったところで、EUの将来が安泰になるわけではない。その将来に関する論点はいくつもあるだろうが、ここでは次の二点に触れておこう。

一つは、EUという枠組みを保持しながらどのように先行統合を進めるかである。二〇一七年三月は、この点で画期をなしている。フランスのベルサイユで会合した西欧四カ国の首脳が、さらなる柔軟な統合も厭わないことで一致したのはこの時機であった(7)。欧州委員会もまた、「さらに欲する国々がさらに行動する」という表現を用いて、一部の加盟国による先行統合が今後起こりうるシナリオの一つであると認めている(8)。

イギリスを除く二七カ国は、ＥＵの主要三機関とともにイタリアのローマで宣言を採択している。この宣言は、経済共同体と原子力共同体の設立条約の調印六〇周年という節目に採択されたのであるが、そこでもやはり次のように言及している。「われわれは、これまでと同様に、同じ方向に向かいはするものの、必要に応じて異なる速度と強度をもって協力しつつ歩んでいく所存である。それに際してはＥＵの基本条約に従うものとし、かつ、途中参加を望む国には扉を常に開放するものとする(9)」。先行統合に向けた機運が、改めて高まりをみせたのである。

すべての加盟国が歩調を合わせて統合できるのであれば、それに越したことはない。先行統合の機運が高まるのは、それなりの理由があってのことなのである。たとえば、ギリシャの緊縮財政や難民の大量流入をめぐる諸国家間の意見対立は、ＥＵとしてあるべき方向性を曇らせた。さらなる統合に向けた各国の意思と能力について、とりわけ東方拡大以降差異が生じている。「より緊密な協力」に基づく実行事例が増えつつあること、ならびに統合に消極的な国への脅しとして活用できることも、先行統合が好まれる背景にある。このような状況の中で、ＥＵ離脱を目的とするイギリスとの交渉が始まった。残される二七カ国の間には温度差もあるが、ローマでの宣言には「それでも前を向く」という政治的メッセージが込められたのだろう。その将来図の一部を、先行統合が占めている。

現時点では、先行統合がどの分野において、いかに進んでいくかを予測することは難しい。「多速度の欧州」、「可変翼の欧州」、「中心メンバーのいる欧州」あるいは「アラカルトの欧州」といった形態、もしくはこれらのハイブリッド型に近くなるのか予測しがたいことは本書でみた通りである。もっとも、もしも先行統合が進み、その実績が蓄積されるのであれば、それはドイツとフランスが牽引するか、あるいは受動的ながらも参加する下で、単一市場、刑事・司法協力、防衛といった政策分野において鮮明になっていく可能性が高い。防衛分野では、欧州憲法条約で立案され、リスボン条約で導入された恒常的組織協力を活用することも視野に入る(10)。このような変化に、ユーロ圏諸国が率先する取り組みが重なりうる。すなわち財政、競争力、産業技術協力、労働市場、課税といった広範な分野において、ユーロ圏の拡大を試みつつ、場合によっては一部のユーロ導入国を除外しながら、さらなる

共通政策が企図されることが考えられる。(11)

先行統合もやむをえないとする声がある一方で、(12)これを警戒する見解も少なくない。たとえば欧州緑の党は、それを実行し続ければ国家および分野ごとに規則と義務が複雑化し、法的なカオスをもたらすとする。また、加盟国の意向がより直截に反映されていくにつれて、EUに共通する枠組みが不明瞭になると推察するのである。(13)経済学者のスリジエは、先行統合ではEU全体の方向性が見えにくくなること、異なる政策分野間の一貫性が保てなくなること、そして小国がタダ乗り戦略を採用するであろうことを危惧している。(14)

本書の関心から問われるのは、このような先行統合が共同体としてのEUにどのような影響を与えるかである。考えられる影響の一例として、法治といった「共通の価値」を共有できないハンガリーやポーランドといった諸国が、先行統合から排除されるというものがある。しかしながら、ロシアに対する共同防衛を重視するバルト諸国にとっては、ポーランドが排除されることは全力で回避されなければならない政治課題となる。(15)「価値を共有できない中・東欧」という色眼鏡をもってしまえば、ブルガリア等、EUの政策を基本的に支持しつつ価値を共有しようと努めている諸国の感情を無用に損なう恐れもある。(16)ハンガリーやポーランドが排除される統合の構想には、チェコとスロバキアが困惑するに違いない。とはいえスロバキアは、これら四カ国では唯一のユーロ導入国となってきた。そのため、西欧と中・東欧を橋渡しする役割を担える可能性もある。(17)

「ドイツ帝国」と変容するEU

もう一つの論点は、EUはいわゆるドイツ帝国であるのかどうかである。一九五〇年代の三共同体の設立から現代に至る欧州統合の目的の一つに、ドイツを恒久的に封じ込めることがあった。同国の力の発露が近隣国を蝕むという認識は、二つの世界大戦を経て欧州全域に浸透していた。そのドイツの国家主権を、EUの主権の一部となるように変換していく。そうすることによって、同国の力を制御すること、そしてあわよくば、その力を欧州次元で活用することが企てられてきた。

ドイツの主権のみを、EUのそれへと変換することはできない。ドイツを納得させるには、他の加盟国もまた、自らの主権を差し出さざるをえない。代表的な格闘スポーツであるボクシングでは、クリンチという体勢がある。相手の動きを制約するためには、相手の体を両腕で抱え込めばいい。けれども相手を抱え込めば、必然的にこちらも動けなくなる。言い換えると、相手を動かせなくするには、こちらも動けないようにしなければならないのである。ドイツの封じ込めは、いわばフランスやベネルクス諸国からのクリンチを通じて遂行されてきた。

しかしながら、ギリシャやスペインで通貨・財政危機が起きて以降、他の加盟国はドイツの協力と支援を仰がざるをえない状況になった。立場が強くなったドイツは、財政の緊縮化等、自らの選好と規律を他の加盟国に強要するようになった。その態様が、ドイツ帝国と表現されるのである。もっとも、ドイツ帝国という表現は、そのような態様にのみ由来しているわけではない。従来から産業競争力のあったドイツは、EUが築く単一市場の恩恵を最も受ける国の一つとなった。他のユーロ圏諸国が平価切下げを行えない中、突出した貿易黒字を享受した。くわえて、やや偏向した言い方になるが、軍事分野で担うべき費用の多くをアメリカに負わせたまま中・東欧の広大な市場を獲得することもできたのである。このような構造的な要因は、とくにドイツや北欧の加盟諸国に有利に作用することになった。ドイツ帝国を現実視する声は、イギリスのEU離脱の展望とともに高まりをみせた[18]。

ジャーナリストのヒッチェンズは、次のように書いている。「ドイツは、軍事力を用いた二度の世界大戦では失敗した。それに対して、EUという三度目の試みは巧妙であり、より成功している[19]」。

EUは、欧州共同体の時代から帝国的な性格を内包していた。あるいは、帝国的な性格が徐々に顕著になった。欧州共同体における権力の形態は、政策分野によって当初からまちまちであった。近隣の非加盟国を自らに引き付けるさまも、帝国と呼びうるものにたしかに似ていた。このような議論にいう帝国とドイツ帝国と表現される場合の帝国は、概念上も脈絡上も必ずしも重複するものではないのだろう[20]。ここでは、この点に立ち入るかわりに、EUにはドイツ帝国になりきれない側面が残ることに触れておこう。

EUが権限をもつ政策分野は広い範囲に及んでいる。本書でみたように、それらの分野の多くでは、EU理事会は特定多数決で決定を下す。欧州議会の承認が必要な案件も、多数にのぼるのである。このようなEUの体制の下では、ドイツ一国ができることは依然として限定される。

通貨・財政危機への同国の関与についても誇張されるきらいがある。問題状況が複雑であるうえ、同国は、自国の有権者の他、国内の輸出企業、中央銀行（ブンデスバンク）および州立銀行、貯蓄銀行等さまざまな利益にも配慮しなければならない。欧州委員会の委員長や各国の輪番である理事会の議長が、しばしば非公式にベルリンと協議していることはたしかであろう。とはいえ、政治学者のスタインバーグとフェルメーレンも指摘するように[21]、「ドイツ化されたユーロ圏」が確立する道筋はいまだ不透明である。

三つの欧州共同体が発足した一九五〇年代当時には、域内の大国であるドイツ、フランスおよびイタリアの均衡が欧州を安全にするという知見があった[22]。そしてそれは、歴史的な経験に裏打ちされたものでもあった。翻って、ドイツ帝国になりきれない現代のEUにおいても、〝諸国家の共同体〟を基盤とする政治が要請されることはありうる。贈与と共通の価値を諸国家が再び発見できるかが、EUと欧州の将来を占うことになる。

註

序章 "共同体"ＥＵの探究

（1）ピエール・ペスカトール（小田滋監修、大谷良雄・最上敏樹訳）『ＥＣ法』有斐閣、一九七九年：アン・ダルトロップ（金丸輝男監訳）『ヨーロッパ共同体の政治』有斐閣、一九八四年：金丸輝男編著『ＥＵとは何か』ジェトロ、一九九四年：田中俊郎『ＥＵの政治』岩波書店、一九九八年：庄司克宏『欧州連合』岩波書店、二〇〇七年：中村民雄『ＥＵとは何か』信山社、二〇一五年：福田耕治編著『ＥＵ・欧州統合研究』改訂版、成文堂、二〇一六年。

（2）Ernst B. Haas, *The Uniting of Europe : political, social and economical forces 1950-1957*, Stevens & Sons, 1958.

（3）Andrew Moravcsik, *The Choice for Europe : Social Purpose and State Power from Messina to Maastricht*, Cornell University Press, 1998.

（4）E.g., Jorge Juan Fernández García, *The Student's Guide to European Integration*, Polity, 2004, pp. 30-32. 新機能主義とリベラル政府間主義の関係性については以下参照。アーン・ニーマン、フィリップ・シュミッター「新機能主義」アンツェ・ヴィーナー、トマス・ディーズ編（東野篤子訳）『ヨーロッパ統合の理論』勁草書房、二〇一〇年、第三章：Lucia Quaglia and Aneta Spendzharova, "The Conundrum of Solving 'Too Big to Fail' in the European Union : Supranationalization at Different Speeds," *Journal of Common Market Studies*, vol. 55, no. 5, 2017, pp. 1110-1126.

（5）Karl W. Deutsch et al., *Political Community and the North Atlantic Area : International Organization in the Light of Historical Experience*, Princeton University Press, 1957.

（6）*Ibid*., p. 5.

（7）(1)、(2)および(4)の例として、ドイッチュはそれぞれ「今日のアメリカ」「一九一四年時点のハプスブルク帝国」「今日のアメリカとソビエト連邦」を挙げた。*Ibid*., p. 7. より近年の理論的成果を活用する研究に Emanuel Adler and Michael Barnett, eds., *Security Communities*, Cambridge University Press, 1998 がある。

（8）ドイッチュはむろん、軍事問題のみならず、共同体や社会的な関係全般を研究対象とした。Karl W. Deutsch, *Politic-*

al Community at the International Level, Doubleday and Company, 1954, chap. 1; Karl W. Deutsch, *Nationalism and Social Communication, An Inquiry into the Foundations of Nationality*, second edition, M.I.T. Press, 1966.

（9）ＥＵ誕生後も、法的には三つの共同体は存続した。その中で石炭鉄鋼共同体は、その設立条約が二〇〇二年に失効したために解散した。経済共同体は欧州共同体（ＥＣ）へと改称された後、二〇〇九年にＥＵの枠組みに発展的に解消された。原子力共同体は現存する。

（10）Jean Monnet, *Mémoires*, Fayard, 1976, pp. 378-379.

（11）清水貞俊『欧州統合への道』ミネルヴァ書房、一九九八年、第三章：ゲア・ルンデスタッド（河田潤一訳）『ヨーロッパの統合とアメリカの戦略』ＮＴＴ出版、二〇〇五年、第四章および第五章。

（12）ウルリッヒ・ベック（島村賢一訳）『ユーロ消滅?』岩波書店、二〇一三年。

（13）"Informal meeting at 27 Brussels, 29 June 2016 Statement," para. 1, 2 and 4.

（14）"Remarks by President Donald Tusk after the informal meeting of 27 EU heads of state or government," 29 June 2016.

（15）ドイッチュらの議論はかつて、安全保障共同体が欧州統合の原因であるか結果であるか判断できないと批判された（e.g. Charles Pentland, *International Theory and European Integration*, Faber and Faber, 1973, pp. 43-45）。このような批判は真摯に受け止めるべきであるが、本書は先述の通り、ＥＵの統合過程ではなく、ＥＵがどのように保持されるかに主眼を置いている。この点にご留意いただきたい。

（16）リー・クアンユー（小牧利寿訳）『リー・クアンユー回顧録』下、日本経済新聞社、二〇〇〇年、第一九章および第二〇章：ロバート・Ｊ・マクマン「ひ弱な同盟——冷戦下アジアにおけるアメリカの安全保障関係」菅英輝編著『冷戦と同盟——冷戦終焉の視点から』松籟社、二〇一四年、一八七〜一九一頁。

（17）辰巳浅嗣『ＥＵの共通外交・安全保障政策』成文堂、二〇〇一年、一四〜一五頁：渡邊啓貴『米欧同盟の協調と対立』有斐閣、二〇〇八年、一三〜二一頁。

（18）Philippe C. Schmitter, "Three Neo-Functional Hypotheses About International Integration," *International Organization*, vol. 23, no. 1, 1969, p. 165. 丸カッコ内は引用者による。

（19）塚田鉄也『ヨーロッパ統合正当化の論理——「アメリカ」と「移民」が果たした役割』ミネルヴァ書房、二〇一三年、第二章。さらに山本直「ＥＵガバナンスの様相——秩序・正当性・英国民投票」『グローバル・ガバナンス』グローバル・ガバナンス学会、第三号、二〇一六年、七六〜七八頁参照。

(20) 塚田、前掲書、第三章。

(21) ダニ・ロドリック（柴山桂太・大川良文訳）『グローバリゼーション・パラドクス』白水社、二〇一四年、二三三〜二三五頁。

(22) See, Kevin Featherstone, "Jean Monnet and the 'Democratic Deficit' in the European Union," *Journal of Common Market Studies*, vol. 32, no. 2, 1994.

(23) 中村健吾『欧州統合と近代国家の変容』昭和堂、二〇〇五年、第Ⅵ章参照。

(24) 人権、民主主義あるいは法治といった価値がEU次元で重視されるようになった過程については、山本直『EU人権政策』成文堂、二〇一一年、序章参照。See also, Emanuel Adler and Michael Barnett, "A framework for the study of security communities," in Emanuel Adler and Michael Barnett, eds., *op. cit.*, pp. 40-41.

第1章　多数決制の起源と成立

(1) EU条約第一六条二項。本章では、現在の公称に従い原則として「理事会」と記述する。以前は「閣僚理事会」が公称であった。加盟国首脳らからなる「欧州理事会」は別機関である。欧州理事会は常任議長と欧州委員会委員長も正員として加わっており、EUにおける最高決定機関として位置づけることができる。ただしそれは、EUの立法手続きには関わらない。

(2) あらゆる立法において多数決制が適用されているわけではない。人種および民族差別対策、EU市民権、資本移動に対する規制、警察協力をはじめ、全会一致制が用いられる事案も残る。

(3) 欧州委員会は、その立法案を委員の単純多数決をもって提出することができる。欧州委員会手続き規則第八条。Official Journal of the European Communities, No. L308, 8 December 2000.

(4) 主権の放棄を求める理想主義（アイデアリズム、ユートピアニズム）が退潮したこともある。E・H・カー（原彬久訳）『危機の二十年』岩波書店、二〇一一年。

(5) R・B・チャルディーニ（社会行動研究会訳）『影響力の武器』第二版、誠信書房、二〇〇七年、六五〜六八頁参照。

(6) 国家の利他的性格に懐疑的な議論として、R・ニーバー（大木英夫訳）『道徳的人間と非道徳的社会』白水社、一九九八年とりわけ一〇九〜一一二頁参照。

(7) 石炭鉄鋼共同体、経済共同体および原子力共同体のその後の法的経緯については、序章注(9)参照。

（8）以下の要件は、ニース条約に付属する「ＥＵ拡大に関する議定書」、リスボン条約版ＥＵ条約、ならびにクロアチアとの間で締約する加盟条約に定められている。二重多数決は、二〇〇九年に発効したリスボン条約に従い導入された。そこでは賛成国が全体の五五％以上（二八カ国であれば一六カ国以上）であり、かつＥＵの総人口の少なくとも六五％を代表する諸国が賛成すれば多数決が成立する。鷲江義勝「理事会」鷲江義勝編著『リスボン条約による欧州統合の新展開』ミネルヴァ書房、二〇〇九年、三二～三六頁。

（9）過半数という基準は、欧州委員会の提案に基づく場合に適用される。欧州委員会の提案に基づかない場合は、加盟国の三分の二以上の賛成という、より厳しい要件が課せられる。

（10）以上の詳細は、鷲江義勝「ＥＵの理事会における加重票数及び特定多数決と人口に関する一考察」『同志社法学』第五三巻六号、二〇〇二年参照。

（11）Fiona Hayes=Renshaw and Helen Wallace, *The Council of Ministers*, Second edition, Palgrave, 2006, p. 262, Figure 10. 1.

（12）Mikko Mattila, "Voting and Coalitions in the Council after the Enlargement," in Daniel Naurin and Helen Wallace, eds., *Unveiling the Council of the European Union : Games Governments Play in Brussels*, Palgrave, 2008, p. 28, Table 2. 2.

（13）このことは、ＥＵ法の一類型である指令（Directives,「命令」とも訳される）にとくに当てはまる。加盟国は、指令が定める結果を達成する義務を負うものの、そのための形態と手段については個別に裁量をもつ。ＥＵ運営条約第二八八条。

（14）See, Paul Taylor, *The European Union in the 1990s*, Oxford University Press, 1996, pp. 85–86 ; Mattila, *op. cit.*, p. 24. 欧州委員会委員には、各国の閣僚経験者も少なくない。彼らの存在が、理事会における交渉を円滑にすることがある。Andrew MacMullen, "European Commissioners 1952–1995 : National Routes to a European Elite," in Neill Nugent, ed., *At the Heart of the Union : Studies of the European Commission*, Macmillan Press, 1997, pp. 46–48.

（15）See, Mikko Mattila and Jan-Erik Lane, "Why Unanimity in the Council ? A Roll Call Analysis of Council Voting," *European Union Politics*, vol. 2, no. 1, 2001, pp. 46–52 ; Jan Beyers, "Multiple Embeddedness and Socialization in Europe : The Case of Council Officials," in Jeffrey T. Checkel, ed., *International Institutions and Socialization in Europe*, Cambridge University Press, 2007, pp. 104–106.

（16）Jeffrey Lewis, "The Janus Face of Brussels : Socialization and Everyday Decision Making in the European Union," in Checkel, *op. cit.*, pp. 144–150.

（17）欧州石炭鉄鋼共同体設立条約第九条および第二六条。

（18）La Déclaration du 9 mai 1950.

（19）Jean Monnet, *Mémoires*, Fayard, 1976, pp. 383-390（近藤健彦訳『ジャン・モネ回想録』日本関税協会、二〇〇八年、三〇二～三〇八頁）. See also, Hans Smit and Peter E. Herzog, *The law of the European Economic Community : a commentary on the EEC Treaty*, M. Bender, vol. 5, 1976, pp. 79-80.

（20）Monnet, *op. cit.*

（21）"Ministerconferentie Plan Schuman, Parijs, 12-18 april 1951," De minister van Economische Zaken, 1 Mei 1951 ; Monnet, *op. cit.*, pp. 413-415（近藤訳、前掲書、三二七～三二八頁）.

（22）Monnet, *op. cit.*, p. 413.

（23）以上、欧州石炭鉄鋼共同体設立条約第二八条参照。

（24）Monnet, *op. cit.*, p. 415. 若干意訳した。

（25）*Ibid.*, p. 414.

（26）欧州経済共同体設立条約第一四五条。

（27）Comité intergouvernemental créé par la conférence de Messine. Rapport des chefs de délégation aux ministres des Affaires étrangères. Bruxelles : Secrétariat, 21 avril 1956, p. 24. 丸カッコ内は引用者による。

（28）*Ibid.* 丸カッコ内は引用者による。

（29）欧州経済共同体設立条約第一四八条二項。

（30）同右。

（31）ドイツ基本法第五一条。

（32）Richard T. Griffiths, *Europe's First Constitution ; The European Political Community 1952-1954*, The Federal Trust, 2000, p. 163.

（33）Projet de procès-verbal de la conference de Paris（20-21 octobre 1956）. See also, Hanns Jürgen Küsters, "The Treaties of Rome," in Roy Pryce, ed., *The Dynamics of European Union*, Routledge, 1989, p. 89.

（34）Jean-Marie Palayret, "Les décideurs français et allemands face aux questions institutionnelles dans la négociation des traités de Rome 1955-1957," dans Marie-Thérèse Bitsch, *Le couple France-Allemagne et les institutions européennes,*

Bruylant, 2001, p. 143.

(35) ただし、延期期間が経過した後は、できるかぎり多数決によって移行を決定する方針を確認した。意思決定が不調な場合に備えて、仲裁機関を設置することも想定していた。欧州経済共同体設立条約第八条三項および四項。See also, Alan S. Milward, *The European Rescue of the Nation-State*, second edition, Routledge, 2000, pp. 216-218.

(36) Palayret, *op. cit.*, pp. 143-144.

(37) Projet de procès-verbal de la conférence de Paris, *op. cit.* 多数決をめぐるブレンターノの見解については、see, Bericht des Auswärtigen Amts über die Fortsetzung der europäischen Integration (Bonn, 19 Oktober 1956).

(38) Paul-Henri Spaak, *The Continuing Battle : Memoirs of a European 1936-1966*, Little, Brown, 1971, p. 250.

(39) *Ibid.*

(40) Projet de procès-verbal de la conférence des ministres des Affaires étrangèresdes États membres de la CECA tenue à Bruxelles, les 11 et 12 février 1956. See also, Assemblée commune- Groupe de Travail, Compte rendu de la réunion du samedi 8 décembre 1956 (extrait : "Echange de vues sur l'évolution actuelle des travaux de la Conférence Intergouvernementale pour le Marché commun et l'Euratom) p. 3, point 3, Source : GT/CRA 56-8.

(41) Quoted in John Lambert, "Decision-making in the Community : The Commission-Council dialogue," *Government and Opposition*, vol. 2, no. 3, 1967, p. 396.

(42) See, "Financement de la Politique agricole commune - Ressources propres de la Communauté - Renforcement des pouvoirs du Parlement européen ; Propositions de la Commission présentées au Conseil," le 31 mars 1965.

(43) 「脅威の第一は、経済共同体の制度に内在するあいまいさに関するものであった。制度は――これだけでも大問題なのだが――六カ国の実際的利益の調和、域外に対する経済的連帯や、また可能な場合には国際活動に際しての協調をめざすのか。あるいは各国の経済、政治の完全な融合を実現し、これを独自の政府、議会、法律をもつ単一の存在の中に解消させることをめざすのか。(…)。空想はわたしの趣味に合わぬ。当然、前者をとる」。朝日新聞外報部訳『ドゴール希望の回想・第一部「再生」』朝日新聞社、一九七一年、二五二頁。若干改変した。See also, Jeffrey Vanke, "Charles de Gaulle's Uncertain Idea of Europe," in Desmond Dinan, ed., *Origins and Evolution of the European Union*, Oxford University Press, 2006, pp. 157-159.

(44) ボイコット中も、各国の常駐代表らは通常業務を遂行した。議長国イタリアは、フランスの欠席をみこしたうえで理事会の会合を幾度か招集した。ただし、決定を下すことはなかった。John Newhouse, *Collision in Brussels : The Common Market Crisis of 30 June 1965*, W. W. Norton and Company, 1967, pp. 130–131.

(45) "The Commission, A New Factor in International Life," address by Professor Dr. Walter Hallstein, President of the Commission of the European Economic Community, given at the British Institute of International and Comparative Law, London, 23 March 1965, pp. 8–9.

(46) Déclaration de Maurice Couve de Murville devant l'Assemblée nationale, 20 octobre 1965.

(47) Maurice Couve de Murville, *Une politique étrangère (1958–1969)*, Paris : Plon, 1971, pp. 329–339.

(48) 金丸輝男「ＥＥＣの政策決定過程における多数決方式と『一括処理』方式」『国際政治』第七七号、一九八四年、四三～四八頁。欧州共同体一〇カ国当時の票配分は、フランス、ドイツ、イタリアおよびイギリスが各一〇票、オランダ、ベルギーおよびギリシャが各五票、アイルランドとデンマークが各三票、ルクセンブルクが二票である。計六三票、賛成四五票で可決される。言及した採決においてイギリスは、棄権したギリシャおよびデンマークと合わせて一八票にとどまったために否決できなかった。同五二頁、注七および九。

(49) 同右、四八～五一頁。

(50) Rapport du Comité ad hoc pour les questions institutionnelles, Bruxelles, 29–30 mars 1985, Préambule.

(51) E. g., "A Stride or a shuffle," *The Guardian*, 4 December 1985.

(52) 単一欧州議定書版欧州経済共同体設立条約第一〇〇Ａ条。財政規定、人の自由移動、被雇用者の権利と利益に関わる規定については対象外となる。同条二項。

(53) Richard Corbett, "The 1985 Intergovernmental Conference and the Single European Act," in Pryce, *op. cit.*, pp. 245–247.

(54) Quoted in Anthony L. Teasdale, "The Life and Death of the Luxembourg Compromise," *Journal of Common Market Studies*, vol. 31, no. 4, 1993, pp. 573–575 ; R. J. Johnston, "The Conflict over Qualified Majority Voting in the European Union Council of Ministers : An Analysis of the UK Negotiating Stance Using Power Indices," *British Journal of Political Studies*, no. 25, 1995, p. 246, note 3.

(55) Teasdale, *op. cit.*

(56) *Ibid.*, pp. 575–577.

（57）ただし、この原則をいかに実用するかはあいまいであった。アムステルダム条約やリスボン条約を通じて徐々に具体性を帯びつつある。安江則子「補完性の原理と加盟国議会」鷲江、前掲書、六一～六五頁。

（58）「妥協」は加盟国間の政治的な妥協であるために、これを撤廃する公的な手続きは不要であった。

（59）「欧州議会は（…）三．特定多数で決定する手続きについては、理事会の構成員が共同体の利益にかない、かつすべての関係者が受容できる解決を見出すよう常々心がけてくれていると信じる。四．理事会が多数決で議決する可能性を捨てることはないと考える。五．特定の状況の下で、理事会が、『重要な利益』の存在を確認することによって多数決を用いない場合には、予期できない事態に陥るであろうと警告する」（Résolution du Parlement européen sur la situation de la Communauté européenne, 9 mars 1966).「（…）ルクセンブルクの妥協の中身や、それがただちにもたらす結果だけが問題なのではない。予算案を除いて、理事会で投票がなされないことが問題なのである。専門家、常駐代表および閣僚という立場にある人たちが、国家の利益が重要であると逐次主張することなく、全会一致による合意しか事前に受容しなくなっている。こうした行いは、理事会の決定権限を強めることにはならない」（Rapport du groupe ad hoc pour l'examen du problème de l'accroissement des compétences du Parlement européen : Rapport Vedel," *Bulletin des Communautés européennes*. 1972, n° Supplément 4/72).「われら加盟国首脳は（…）理事会運営の改善に向けてあらゆる事案を加盟国の全会一致で決める慣行を諦めなければならないことが、一九六六年一月の結論をめぐる各国の立場を問わず必要であると考える」（Réunion des chefs de gouvernement : Communiqué, *Bulletin des Communautés européennes*, Décembre 1974, n° 12, pp. 7-8, para. 6).「意思決定を迅速に進めるには、多数決の仕組みをより活用する必要がある。(a)共同体の分野では、理事会で多数決投票を行うことが通常の慣行となるべきである。(b)共通政策を試みる対外関係の分野では、加盟国は迅速に決定して危機を乗り越える必要がある。審議を終える時は、条約が定める制度の仕組みをまねて、少数派の意見が多数派のそれに与するようにしなければならない」（Rapport sur l'Union européenne, *Bulletin des Communautés européennes*. 1976, n° Supplément 1/76, Chapter V).

（60）同委員会報告は、多数決制の適用をめぐり一致した結論を出せなかった。See, Rapport du Comité ad hoc .... *op. cit.* 一九八一年一一月のゲンシャー・コロンボ報告にも苦渋の跡がみられる。Projet d'acte européen, *Bulletin des Communautés européennes*, novembre 1981, no. 11.

（61）E. g., Fritz W. Scharpf, *Community and Autonomy : Institutions, Policies and Legitimacy in Multilevel Europe*, Campus Verlag, 2010, pp. 266-267.

(62) リスボン条約版EU条約では、多数決が理事会における標準的な決定方法になっている。第一六条三項。
(63) 一九世紀にサン・シモンは、欧州次元の議会設立を提唱する中で、イギリスおよびフランス両国の票配分に言及した（デレック・ヒーター、田中俊郎監訳『統一ヨーロッパへの道』岩波書店、一九九四年、一六二〜一六三頁）。主権を相対視する思想基盤がなければ、このように言及することは難しかっただろう。

第2章　贈与の共同体としてのEU

(1) Marcel Mauss, *The Gift: The form and reason for exchange in archaic societies*, Routledge, 2002. 邦訳に、マルセル・モース（有地亨・伊藤昌司・山口俊夫共訳）「贈与論――太古の社会における交換の諸型態と契機」『社会学と人類学Ⅰ』弘文堂、一九七三年：マルセル・モース（吉田禎吾・江川純一訳）『贈与論』筑摩書房、二〇〇九年等がある。
(2) モースは、「社会やその従属集団や成員が、どれだけ互いの関係を安定させ、与え、受取り、返礼できたかに応じて」社会は発展する、と述べている。Mauss, *op. cit.*, p. 105（有地他訳、三九六頁）。贈与論におけるポトラッチの位置づけについては、ジョルジュ・バタイユ（生田耕作訳）『呪われた部分』二見書房、一九七三年、九〇〜九四頁：モーリス・ゴドリエ（山内昶訳）『贈与の謎』新装版、法政大学出版局、二〇一四年、八三〜一一四頁参照。
(3) Mauss, *op. cit.*, pp. 91-97（有地他訳、三七八〜三八六頁）。このような知覚が何に由来するかについては議論がある。モースは、これを霊的なものに求めた。それに対して、レヴィ＝ストロースは、当事者の関係を対立的に捉えること自体に疑義を呈した。クロード・レヴィ＝ストロース「マルセル・モース論文集への序文」モース（有地他訳、一二九〜一三三頁）。
(4) 贈与と似た概念に交換や互酬（もしくは互恵）があるが、これらは同一のものではない。交換においては、給付する側が、給付の対価を正当に求めることができる。互酬では、授受される中身を均衡させることに重きを置く。贈与には、これらの性格がみられない。
(5) 小坂井敏晶『社会心理学講義』筑摩書房、二〇一三年、三六八頁。
(6) 同右、三六九頁。
(7) Mauss, *op. cit.*, p. 86（有地他訳、三七三〜三七四頁、吉田・江川訳、二六四頁）。さらに、佐久間寛「交換、所有、生産――『贈与論』と同時代の経済思想」モース研究会『マルセル・モースの世界』平凡社、二〇一一年、二〇五〜二〇八頁参照。

(8) *Ibid.*, pp. 105-106（有地他訳、三九六頁）.

(9) *Ibid.*

(10) クロード・レヴィ＝ストロース（福井和美訳）『親族の基本構造』青弓社、二〇〇〇年、一四〇頁。

(11) このような貸しの重要性に論及するものに、高坂正堯「政治に〝教科書〟はない」『司馬遼太郎対話選集7　人間について』文藝春秋、二〇〇六年、八八～九四頁がある。

(12) European Commission, *EU Budget 2012 : Financial Report*, European Union, 2013, Annex 2c ; European Commission, *EU Budget 2011 : Financial Report*, Publications Office of the European Union, 2012, Annex 2c.

(13) 日本国外務省ホームページ「日本と国連」に掲載されたデータに基づいて計算した（http://www.mofa.go.jp/mofaj/gaiko/jp_un/index.html）二〇一四年二月一日閲覧。

(14) European Commission, *EU Budget 2012, op. cit.*

(15) Johannes Lindner, *Conflict and Change in EU Budgetary Politics*, Routledge, 2006, chap. 6.

(16) 本書第1章参照。

(17) Karl W. Deutsch et al., *Political Community and the North Atlantic Area : International Organization in the Light of Historical Experience*, Princeton University Press, 1957, pp. 55-56.

(18) Andrew Moravcsik, "Preferences and Power in the European Community : A Liberal Intergovernmentalist Approach," *Journal of Common Market Studies*, vol. 31, no. 4, 1993, pp. 509-510.

(19) サン－ピエールは、「力の比較的弱い君主・首脳たちに、より多くの票を渡す」ことによって、諸国家の連合が保持されると論じた。本田裕志訳『永久平和論』一、京都大学学術出版会、二〇一三年、二五五頁。

(20) E. g., Andrej Tusicisny, "Security Communities and Their Values : Taking Masses Seriously," *International Political Science Review*, vol. 28, no. 4, pp. 425-449.

(21) Michael Taylor, *Community, Anarchy and Liberty*, Cambridge University Press, 1982, pp. 28-29. 丸カッコは原著どおり。

(22) このような要請を示唆するものとして、山影進「ＡＳＥＡＮに見るいびつな鏡に映したヨーロッパ統合」山本吉宣・羽場久美子・押村高編著『国際政治から考える東アジア共同体』ミネルヴァ書房、二〇一二年、一一八頁参照。

(23) 森嶋通夫『日本にできることは何か』岩波書店、二〇〇一年。

（24）代表的な論者に、『西太平洋の遠洋航海者』（増田義郎訳、講談社、二〇一〇年）を著したブロニスロウ・マリノフスキがいる。

（25）石田淳「国際関係論はいかなる意味においてアメリカの社会科学か」『国際政治』第一六〇号、二〇一〇年。

（26）藤本茂「国際システムにおける『制度』の役割に関する経済学的分析――クラブ理論による解明」『国際政治』第一三二号、二〇〇三年、一二五～一二六頁参照。

（27）ただし合理性をいかに把握するかについては、国際政治学でも見解が分かれている。たとえばロバート・コヘインは、合理性の概念は限定的に捉えるべきだと指摘する。ポール・ピアソンは、この概念の学術的な有用性に否定的であり、アクター（行為主体）中心の機能主義等の表現を代用している。ロバート・コヘイン（石黒馨・小林誠訳）『覇権後の国際政治経済学』晃洋書房、一九九八年、第七章：ポール・ピアソン（粕谷祐子監訳）『ポリティクス・イン・タイム』勁草書房、二〇一〇年、第四章。

（28）E. H. Carr, *The Twenty Years' Crisis 1919–1939 : An Introduction to the Study of International Relations*, Palgrave, 2001, p. 152（原彬久訳『危機の二十年――理想と現実』岩波書店、三三一～三三三頁）.

（29）ジョナサン・ハスラム（角田史幸・川口良・中島理暁訳）『誠実という悪徳――E・H・カー　一八九二－一九八二』現代思潮新社、二〇〇七年、二〇五～二〇六頁参照。彼の宥和支持の思想的背景については、マイケル・J・スミス（押村嵩他訳）『現実主義の国際政治思想』垣内出版、一九九七年、第四章に詳しい。

（30）Ernst B. Haas, *The Uniting of Europe : political, social and economical forces 1950–1957*, Stevens & Sons, 1958, Chap. 2.

（31）Deutsch et al., *op. cit.*; Karl W. Deutsch et al., "Communication Theory and Political Integration," in Philip E. Jacob and James V. Toscano, eds., *The Integration of Political Communities*, J. B. Lippincott Company, 1964.

（32）Haas, *op. cit.*, p. 16.

（33）Deutsch et al., "Communication Theory and ...," *op. cit.*, pp. 69–70. See also, Deutsch et al., *Political Community ..., op. cit.*, pp. 39–40.

（34）Joseph S. Nye, Jr., *Peace in Parts : Integration and Conflicts in Regional Organization*, University Press of America, 1987, pp. 83–84.

（35）本書第1章参照。

(36) 金丸輝男「ＥＥＣの政策決定過程における多数決方式と『一括処理』方式」『国際政治』第七七号、一九八四年、四八～五〇頁。
(37) 「イオニアの妥協」は、「ルクセンブルクの妥協」とは異なり、理事会の公式決定である。その文面には、「(経済共同体設立) 条約および二次立法に定める適切な期間内に、義務的な期限を守りつつ (…) 不満の残らない解決を見出す」と記されている。O. J. No. C105, 13 April 1994.
(38) Quoted in *Agence Europe*, 11 May 2007.
(39) 欧州安定メカニズム設立条約第四条および付属文書一参照。
(40) 経緯については、山本直『ＥＵ人権政策』成文堂、二〇一一年、第一章参照。
(41) 川口マーン惠美『住んでみたドイツ８勝２敗で日本の勝ち』講談社、二〇一三年、一八二頁。
(42) United Kingdom Independent Party, *Create an earthquake, UKIP Manifesto 2014*. http://www.ukip.org/ より。二〇一四年七月一日閲覧。
(43) テンニエス (杉之原寿一訳)『ゲマインシャフトとゲゼルシャフト――純粋社会学の基本理念』(上) 岩波書店、一九五七年、四八頁。
(44) Moravcsik, *op. cit.*; ジョージ・ツェベリス (眞柄秀子・井戸正伸訳)『拒否権プレイヤー――政治制度はいかに作動するか』早稲田大学出版部、二〇〇九年; Frans Stokman and Robert Thomson, "Winners and Losers in the European Union," *European Union Politics*, vol. 5, no. 1, 2004, pp. 5–23.
(45) Charles Pentland, *International Theory and European Integration*, Faber and Faber, 1973, pp. 46–47.

第3章　東方拡大の胎動とフランス

(1) Bull. EC 12–1991.
(2) Bull. EC 6–1992.
(3) Bull. EC 6–1993.
(4) European Commission, "Preparation of the Associated Countries of Central and Eastern Europe for Integration into the Internal Market of the Union," COM (95)163 final, 3 May 1995.
(5) Ulrich Sedelmeier and Helen Wallace, "Policies towards Central and Eastern Europe," in Helen Wallace and William

Wallace, eds., *Policy-Making in the European Union*, third edition, Oxford University Press, 1996, pp. 380-382.

（6）欧州議会の承認を得ることも必要である。マーストリヒト条約版EU条約第O条（リスボン条約版EU条約第四九条）。

（7）東方拡大については次の文献を参考にした。長部重康・田中友義編『拡大ヨーロッパの焦点――市場統合と新秩序の構図』ジェトロ、一九九四年：ロシア東欧貿易会編『中欧諸国のEU加盟の準備過程』一九九七年三月：小久保康之「EUの東方拡大と『アジェンダ二〇〇〇』」『外交時報』一九九八年三月、一八～三三頁：植田隆子「EU、NATOの東方拡大と欧州国際政治の変容」『国際問題』一九九八年五月、一四～三六頁：鈴木輝二「中東欧諸国のEU加盟準備過程」『日本EU学会年報』第一八号、一九九八年、一一九～三七頁：百濟勇『EUの「東方拡大」とドイツ経済圏』日本評論社、一九九九年：東野篤子「EU東方拡大への道、一九九五－一九九七年」『日本EU学会年報』第二〇号、二〇〇〇年、二一〇～二三四頁。

（8）Andrew Moravcsik, "Taking Preferences Seriously: A Liberal Theory of International Politics," *International Organization*, vol. 51, no. 4, 1997, p. 520. see also, Andrew Moravcsik, *The Choice for Europe: Social Purpose and State Power from Messina to Maastricht*, Cornell University Press, 1998, chap. 1.

（9）See, Paul Pierson, "The Path to European Integration: A Historical Institutionalist Analysis," *Comparative Political Studies*, vol. 29, no. 2, 1996, pp. 123-163. See also, Paul Pierson, "When Effect Becomes Cause: Policy Feedback and Political Change," *World Politics*, vol. 45, July 1993; Stephan Leibfried and Paul Pierson, "Semisovereign Welfare States: Social Policy in a Multitiered Europe," in Leibfried and Pierson, eds., *European Social Policy: Between Fragmentation and Integration*, The Brookings Institution,1995. ピアソンの歴史的制度論については、山本直「歴史的制度主義によるEU分析の特徴と諸問題」『同志社法学』第五二巻四号、二〇〇〇年も参照されたい。

（10）「欧州は一つ（EC統合の実像一五）」『朝日新聞』一九八九年一二月五日。引用文は若干改変した。

（11）"Les vœux de M. François Mitterrand," *Le Monde*, 2 janvier 1990.

（12）*Ibid.*

（13）*Ibid.*

（14）Steven Weber, "Origins of the European Bank for Reconstruction and Development," *International Organization*, vol. 48, no. 1, 1994, pp. 13-18; Adam Bronstone, *The European Bank for Reconstruction and Development: The Building of a*

Bank for East Central Europe, Manchester University Press, 1999, p. 35.

(15) See, M. Marian, "France-Europe de l'est : les rendez-vous manqués," *Politique internationale*, n°56, été 1992, pp. 90-92 ; Stanley Hoffmann, "Dilemmes et stratégies de la France dans la nouvelle Europe (1989-1991)," *Politique étrangère*, n°4, hiver 1992 ; Fabrice Fries, *Les grands débats Européens*, Éditions du Seuil, 1995, chap. 15 ; Françoise de La Serre, "France : The Impact of François Mitterrand," in Christopher Hill, ed., *The Actors in Europe's Foreign Policy*, Routledge, 1996, pp. 19-39 ; Maurie C. Plantin, "NATO Enlargement as an Obstacle to France's European Designs," in Chalres-Philippe David and Jacques Lévesque, eds., *The Future of NATO : Enlargement, Russia, and European Security*, McGill-Queen's University Press, 1999, p. 96.

(16) François Mitterrand, *De l'Allemagne, de la France*, Éditions Odile Jacob, 1996, pp. 223-224.

(17) See, "L'union politique des Douze doit passer avant la 'confédération' affirme M. Delors," *Le Monde*, 3 janvier 1990 ; "La crise au RPR et les difficultés de l'opposition M. Jacques Chirac prpose a ses partenaires la constitution d'un contre-gouvernement," *Le Monde*, 6 fevrier 1990.

(18) "MM. Kohl et Mitterrand sont d'accord sur l'idée de Confédération Européenne," *Le Monde*, 6 janvier 1990.

(19) "France Clouds East Europe's EC Prospect : Mitterrand Urges Confederation Plan," *Washington Post*, 13 June 1991.

(20) *Sunday Times*, 16 June 1991.

(21) Sandro Guerrieri, "La France et l'élargissement de la Communauté Européenne (1989-1993)," publié sous la direction de Mario Telò, *L'Union Européenne et les defis de l'élargissement*, Editions de l'Université de Bruxelles, 1994, pp. 292-293.

(22) See, John Pinder, *The European Community and Eastern Europe*, Pinter Publishers, 1991, pp. 59-72 ; Sedelmeier and Wallace, *op. cit.*, pp. 366-372 ; Alan Mayhew, *Recreating Europe : The European Union's Policy towards Central and Eastern Europe*, Cambridge University Press, 1988, pp. 21-23.

(23) 以下は欧州共同体およびポーランド間の協定である。"Europe Agreement establishing an association between the European Communities and their Member States, of the one part, and the Republic of Poland, of the other part," O. J. L348, 31 December 1993.

(24) 連合協定は、その後順次、他の中・東欧諸国とも締約された。

(25) ユーゴスラビアへの仏独両国の対応については、辰巳浅嗣「ＥＵの対ユーゴ政策——欧州政治協力（ＥＰＣ）から

共通外交・安全保障政策（ＣＦＳＰ）への歩み」『国際法外交雑誌』第九四巻一号、一九九五年、三七〜八三頁。

(26) Weber, *op. cit.*, pp. 13-17. さらに、ジャック・アタリ（磯村尚徳監訳）『ヨーロッパ未来の選択』原書房、一九九五年、三二〜三三頁参照。

(27) Guerrieri, *op. cit.*, pp. 293-296. See also, *European Report*, 4 March 1992.

(28) Bull. EC 6-1993.

(29) "La déclaration de politique générale du gouvernement d'Édouard Balladur dernière partie," *Le Monde*, 10 avril 1993.

(30) See e. g., Takako Ueta, "The Stability Pact : from the Balladur Initiative to the EU Joint Action," in Martin Holland, ed., *Common Foreign and Security Policy : the Record and Reforms*, Pinter, 1997, pp. 92-104.

(31) "La déclaration de politique générale ....," *op. cit.*

(32) Cf., "A risky initiative from a presidential PM," *Independent*, 9 April 1993.

(33) See, "Avant le sommet de Copenhague M. Balladur a présente son 'pacte pour la stabilité et la sécurité' en Europe," *Le Monde*, 10 juin 1993.

(34) *European Report*, 25 September 1993.

(35) *Euro-East*, 19 October 1993.

(36) *Le Monde*, 10 decembre 1993.

(37) *CTK National News Wire*, 4 May 1994. 丸カッコは引用者による。

(38) *CTK National News Wire*, 19 May 1994.

(39) "The Good, the Bad and the French," *Independent*, 26 May 1994.

(40) *Agence Europe*, 7 April 1995.

(41) See, e. g., *Le Monde*, 4 novembre 1993.

(42) *Agence Europe*, 1 February 1995.

(43) Presidency Conclusions, European Council Meeting on 9 and 10 December 1994 in Essen.

(44) Presidency Conclusions, European Council Meeting on 26 and 27 June 1995 in Cannes.

(45) "Barcelona Declaration Adopted at the Euro-Mediterranean Conference," 27 and 28 November, 1995.

(46) アタリ、前掲書、二〇二〜二〇四頁。

(47) Bull. EC 6-1992, Annex 1.

(48) See, "Alors que les Douze s'apprêtent a redéfinir leurs relations avec les pays méditerranéens : Rabat et Tunis redoutent les projets de Bruxelles," *Le Monde*, 11 octobre, 1994. EUと地中海諸国との関係については以下を参照されたい。宮治一雄「EUとマグレブ三国」『現代の中東』アジア経済研究所、第二二号、一九九七年；Kevin Featherstone, "The Mediterranean Challenge Cohesion and external preferences," in Juliet Lodge, ed., *The European Community and the Challenge of the Future*, Pinter Publishers, 1989, pp. 195–197 ; Christopher Smith and Kaisa Lahteenmaki, "Europeanization of the Mediterranean region : the EU's relations with Maghreb," in Alan Cafruny and Patrick Peters, eds., *The Union and the World : Political Economy of a Common European Foreign Policy*, Kluwer Law International, 1998, pp. 151–171 ; Hans G. Brauch, Antonio Marquina and Abdelwahab Biad, eds., *Euro-Mediterranean Partnership for the 21st Century*, Macmillan Press, 2000.

(49) See, *European Report*, 24 March 1990.

(50) "L'élargissement de l'Union Européenne et ses conséquences : L'Espagne menace d'opposer son veto a l'adhésion de la Norvège," *Le Monde*, 9 mars 1994.

(51) *European Report*, 30 April 1994.

(52) Bull. EC 6-1994.

(53) *European Report*, 26 October 1994.

(54) この会談は、ミッテランにとって最後の対ドイツ会談であった。

(55) *European Report*, 4 June 1994.

(56) *European Report*, 21 January 1995.

(57) 各国首脳を大統領官邸に招いた席上にて。欧州委員会のサンテール委員長と理事会のトランプ事務局長も同席した。*Agence Europe*, 12 June 1995.

第4章　人権外交の展開

(1) 人権外交という言葉は多義的である。ここでは、外交交渉のほか、対外政策全般を通じてこれらの規範を促進する広範な行為を含むものとする。

（2） See, Rein Müllerson, *Human Rights Diplomacy*, Routledge, 1997; Stephen Krasner, *Sovereignty: Organized Hypocrisy*, Princeton University Press, 1999; Jack Donnelly, *International Human Rights*, third edition, Westview Press, 2007.

（3） E.g., Philip Alston, ed., *The EU and Human Rights*, Oxford University Press, 1999; Andrew Williams, *EU Human Rights Policies: A Study in Irony*, Oxford University Press, 2004; Lorand Bartels, *Human Rights Conditionality in the EU's International Agreements*, Oxford University Press, 2005; Ole Elgström and Michael Smith, eds., *The European Union's Roles in International Politics*, Routledge, 2006; Sonia Lucarelli and Ian Manners, eds., *Values and Principles in European Union Foreign Policy*, Routledge, 2006; Zaki Laïdi, ed., *EU Foreign Policy in a Globalized World*, Routledge, 2008; Jan Erik Wetzel, ed., *The EU as a "Global Player" in Human Rights?*, Routledge, 2011. さらには、「規範力の欧州（Normative Power Europe）」の命題に代表されるように、外交における規範を力（power）の観点から把握しようとする考察もある。Ian Manners, "Normative Power Europe: A Contradiction in Terms?" *Journal of Common Market Studies*, vol. 40, no. 2, 2002; Richard G. Whitman, ed., *Normative Power Europe: Empirical and Theoretical Perspectives*, Palgrave, 2011.

（4） 辰巳浅嗣『EUの外交・安全保障政策』成文堂、二〇〇一年、第Ⅲ部第二章：中村民雄「法的基盤」植田隆子編『EUスタディーズ 対外関係』勁草書房、二〇〇七年参照。

（5） 加盟国の締約状況は、United Nations Treaty Collection（http://treaties.un.org）による。

（6） Presidency Conclusions of Cardiff European Council, 15 and 16 June 1998, para. 96.

（7） Council Common Position of 11 June 2001（2001/443/CFSP）.

（8） Sibylle Scheipers and Daniela Sicurelli, "Normative Power Europe: A Credible Utopia?," *Journal of Common Market Studies*, vol. 45, no. 2, 2007, p. 440. See also, Bruce Broomhall, *International Justice and the International Criminal Court: Between Sovereignty and the Rule of Law*, Oxford University Press, 2003, p. 72.

（9） Council Conclusions on the International Criminal Court（ICC）and the Draft US American Servicemembers' Protection Act, ASPA, 17 and 18 June 2002.

（10） "General Affairs and External Relations," 2450th Council session, 12134/02（Presse279）, Brussels, 30 September 2002.

（11） Scheipers and Sicurelli, *op. cit.*, pp. 441-444.

（12） Council Common Position of 16 June 2003（2003/444/CFSP）; Council Decision of 10 April 2006（2006/313/CFSP）.

(13) ＥＵによる同条約の締約がＥＵの政策に与える法的影響については、引馬知子「国連障害者権利条約のＥＵ正式確認」『自由と正義』第六一号、二〇一〇年、一五～二三頁参照。
(14) アムステルダム条約版ＥＣ設立条約第一三条（現ＥＵ運営条約第一九条）、Council Directive 2000/78/EC of 27 November 2000、基本権憲章第二一条および第二六条参照。
(15) See e. g., A/AC. 265/2003/INF/1 ; A/AC.265/2004/INF/2.
(16) "Position paper by the European Union", A/AC. 265/WP2 ; "European Union Draft Resolution," A/AC.265/2003/L. 3, 19 June 2003. 高齢・障害者雇用支援機構障害者職業総合センター「欧米諸国における障害者権利条約批准に向けた取り組み」資料シリーズ第四二号、二〇〇八年、一三頁参照。
(17) Gráinne de Búrca, "The EU in the negotiation of the UN Disability Convention," *European Law Review*, vol. 35, no. 2, 2010, pp. 191–193. ＥＵによる合理的配慮の採用については、引馬知子「障害者の社会的排除と人権保障」荒木誠之・桑原洋子編『社会保障法・福祉と労働法の新展開』信山社、二〇一〇年、一八三～一八六頁参照。
(18) Gráinne de Búrca, *op. cit.*, pp. 181–182, n. 28.
(19) この一例に「民主主義と人権のための欧州インスツルメント」がある。これに基づいて、二〇一三年までの七年間で一〇億ユーロ規模の融資を行うとしている。欧州委員会の開発協力総局ホームページ（http://ec.europa.eu/europeaid/how/finance/eidhr_en.htm、二〇一一年七月一日閲覧）参照。
(20) Council Regulation（EC）No. 732/2008 of 22 July 2008, O. J. No. L211, 6 August 2008, Art.15.
(21) See, Council Regulation（EC）No. 552/97 of 24 March 1997, O. J. No. L85, 27 March 1997, Art. 2 ; Council Regulation（EC）No. 1933/2006 of 21 December 2006, O. J. No. L405, 30 December 2006, Art. 2.
(22) Council Regulation（EC）No. 732/2008 of 22 July 2008, O. J. No. L211, 6 August 2008 ; Michael Gasiorek et al., *Mid-term Evaluation of the EU's Generalised System of Preferences,* Center for the Analysis of Regional Integration at Sussex.
(23) COM（2011）886final, 12 December 2011, p. 11. 人権条項の概容については、山本直『ＥＵ人権政策』成文堂、二〇一一年、第四章参照。
(24) オーストラリアの事例がこれに該当しうる。山本、同右、一〇七～一〇八頁。
(25) E. g., Council Decision（EC）of 24 November 2003 ; – of 15 November 2004 ; – of 14 April 2005.
(26) Council of the European Union, 17464/09, 15 December 2009. see also, Council of the European Union, 8675/2/98

REV2, 5 June 1998; Council Regulation (EC) No 2368/2002 of 20 December 2002; Council Common Position 2003/468/CFSP of 23 June 2003; Council Regulation (EC) No 1236/2005 of 27 June 2005.

(27) See, Council Decision 94/673/CFSP and Council Regulation (EC) No2472/94 of 10 October 1994, Council Common Position 97/826/CFSP and Council Regulation (EC) No2465/97 of 8 December 1997, Council Common Position 2005/792/CFSP and Council Regulation (EC) No1859/2005 of 14 November 2005, Council Common Position 2007/140/CFSP of 27 February 2007 and Council Regulation (EC) No423/2007 of 19 April 2007.

(28) *Ibid.* ウズベキスタンへの制裁を、EUは二〇〇九年まで続けている。

(29) EC設立条約第三〇一条（EU運営条約第二一五条）参照。

(30) Presidency Conclusions of European Council in Copenhagen, 21 and 22 June 1993, para. 7, A, iii.

(31) 欧州委員会の拡大政策ホームページ（http://ec.europa.eu/enlargement/press_corner/key-documents/index_archive_en.htm、二〇一二年七月一日閲覧）より。山本、前掲書、第四章も参照されたい。

(32) "The Nobel Peace Prize for 2012," ノーベル賞ホームページ（http://www.nobelprize.org）より。二〇一二年一〇月一五日閲覧。

(33) ポルトガルを事例にこの点を説明するものとして、西脇靖洋「ポルトガルのEEC加盟申請」『国際政治』第一六八号、二〇一二年。

(34) 旧ユーゴスラビア構成諸国中、スロベニアとクロアチアはそれぞれ二〇〇四年、二〇一三年にEU加盟を果たした。他の諸国の加盟過程も進行している。

(35) Manners, *op. cit.*, pp. 240-241; Sonia Lucarelli, "Interpreted values: A normative reading of EU role conceptions and performance," in Elgström and Smith, *op. cit.*, p. 56.

(36) Jeffrey T. Checkel and Peter J. Katzenstein, *European Identity*, Cambridge University Press, 2009.

(37) ヘンリー・R・ナウ「米国のアイデンティティ、民主主義の推進、国益」猪口孝ほか編『アメリカによる民主主義の推進』ミネルヴァ書房、二〇〇六年、一六六〜一七〇頁参照。

(38) See, Kenneth Glarbo, "Reconstructing a Common European Foreign Policy," in Thomas Christiansen, Knud Erik Jørgensen and Antje Wiener, eds., *The Social Construction of Europe*, SAGE Publications, 2001.

(39) Déclaration sur l'identité européenne, Copenhague, 14 décembre 1973.

(40) 単一欧州議定書前文第五段。
(41) 川俣甲子夫編著『社会心理学』八千代出版、二〇〇四年、六二～六三頁。さらに、池田謙一ほか『社会心理学』有斐閣、二〇一〇年、二一一頁参照。
(42) リスボン条約版EU条約前文。傍点と丸カッコは筆者による。
(43) Manners, *op. cit.*, pp. 245–252.
(44) アムネスティ・インターナショナル（http://www.amnesty.org/en/death-penalty）のデータによる。二〇一二年八月一日閲覧。
(45) 山本直「国際人権と国家の自律性」辰巳浅嗣・鷲江義勝編著『国際組織と国際関係』成文堂、二〇〇三年、一六〇～一六七頁参照。
(46) 国際刑事裁判所における最高刑が終身拘禁刑となったのは、死刑を主張する諸国と有期の拘禁刑を主張する諸国の妥協によるといわれる。William A. Schabas, *An Introduction to the International Criminal Court*, Cambridge University Press, 2001, p. 141 ; Paul Bacon, "Human Rights, Transformative Power and EU–Japan Relations," 福田耕治編『多元化するEUガバナンス』早稲田大学出版部、二〇一一年、二二二～二二八頁。
(47) たとえば山本『EU人権政策』前掲書、第一章、第三章および第七章参照。
(48) See, "European Parliament resolution on the situation concerning basic rights in the European Union (2001) (2001/2014 (INI))," Provisional edition, 15 January 2003, para.58 ; Party of European Socialists, "European socialists declare 'victory' over Barroso climb-down (Wednesday 27 October 2004)," Press releases ; The Greens/European Free Alliance, "Commission withdrawal is a victory for Parliament," Strasbourg, 27 October 2004 ; European Union Agency for Fundamental Rights, *Homophobia, transphobia and discrimination on grounds of sexual orientation and gender identity 2010 Update*, Publications Office of the European Union, 2010, pp. 59–60.
(49) Mark Leonard, *Why Europe will Run the 21st Century*, PublicAffairs, 2005, pp. 2–7（山本元訳『アンチ・ネオコンの論理』春秋社、二〇〇六年、五～一二頁).
(50) 小林正英「EU文民的安全保障政策の成立と発展」『法学研究』慶應義塾大学、第八四巻一号、二〇一一年参照。
(51) See, Annika Björkdahl, "Normative and Military Power in EU Peace Support Operations," in Whitman, *op. cit.*, pp. 111–117.

(52) 欧州委員会の世論調査によると、加盟国平均で七割から八割強の回答者が、これらを促進することに賛成している。"Future of Europe : Report," Special Eurobarometer 251, Publication : May 2006, p. 40 ; -379, Publication : April 2012, p. 68.

(53) Müllerson, *op. cit.*, pp. 121-122.

(54) Commission of the European Communities, "Enlargement Strategy and Main Challenges 2011-2012," COM (2011) 666 final, 12 October 2011.

(55) Georg Sørensen, "Introduction," in Sørensen, ed., *Political Conditionality*, Frank Cass, 1993, pp. 3-5. ; Müllerson, *op. cit.*, pp. 133-135.

(56) ただし、これをもって人権が「全面的に犠牲にされないようにする」必要はあるだろう。S・ホフマン（寺澤一監修・最上敏樹訳）『国境を超える義務』三省堂、一九八五年、一五八頁。

(57) トルコ加盟に対するEU市民の不支持については、see, Jürgen Gerhards and Silke Hans, "Why not Turkey ? Attitudes towards Turkish Membership in the EU among Citizens in 27 European Countries," *Journal of Common Market Studies*, vol. 49, no. 4, 2011, pp. 745-762.

(58) "Declaration on China," European Council, Madrid 27 June, 1989.

(59) See, Stefania Panebianco, "Promoting human rights and democracy in European Union relations with Russia and China," in Lucarelli and Manners, *op. cit.*, pp. 139-141 ; Jing Men, "EU-China Relations : from Engagement to Marriage ?" *EU Diplomacy Papers 7/2008*, College of Europe, 2008, p. 15.

(60) Presidency Conclusions of European Council, 16 and 17 December 2004, para. 57.

(61) Shao C. Tang, "The EU's policy towards China and the arms embargo," *Asia Europe Journal*, no. 3, pp. 317-320 ; Jerker Hellström, "The EU Arms Embargo on China : a Swedish Perspective," Sweden Defence Research Agency, FOI-R-2946-SE, January 2010, pp. 14-21.

(62) European Parliament resolution of 4 September 2008 on the evaluation of EU sanctions as part of the EU's actions and policies in the area of human rights (2008/2031 (INI)), O. J. No. C295E, 4 December 2009, para. 34.

(63) Report of the Secretary-General, *In larger freedom : towards development, security and human rights for all*, A/59/2005, 21 March 2005, para. 182.

(64) 理事国にEU枠が設けられているわけではない。安全保障理事会の非常任理事国や経済社会理事会理事国と同様に、地域別に配分される。

（65）Franziska Brantner and Richard Gowan "A missed opportunity ? The EU and the reform of the UN human rights architecture," in Laïdi, *op. cit.*, pp. 95–96 ; Richard Gowan and Franziska Brantner, "A global force for human rights ?," European Council on Foreign Relations, ecfr. eu, 2008, pp. 42–43.

（66）Gjovalin Macaj and Joachim A.Kroops, "Inconvenient multilateralism : The Challenges of the EU as a player in the United Nations Human Rights Council," in Wetzel, *op. cit.*, pp. 74–75.

（67）Gowan and Brantner, *op. cit.*, p. 42 ; Macaj and Kroops, *op. cit.*, pp. 75–77.

（68）Brantner and Gowan, *op. cit.*, p. 97.

（69）第一回（二〇〇六年六月）から第九回（二〇〇八年九月）の定期会議までは、ＥＵの八理事国は投票行動を例外なく一致させていた。しかしながら、第一〇回会議（二〇〇九年三月）から第一八回会議（二〇一一年九月）までの決議の採択に際しては、七度の不一致を数えた。各回の会議報告（Report of the Human Rights Council）から算出した。

（70）Toby King, "The European Union as a Human Rights Actor," in Michael O'Flaherty, Zdzisław Kędzia, Amrei Müller and George Ulrich, eds., *Human Rights Diplomacy : Contemporary Perspectives*, Martinus Nijhoff, 2011, pp. 97–98.

（71）*E. g.*, COM（2012）226 final, Brussels, 21 May 2012. See also, Williams, *op. cit.*, pp. 87–90.

（72）European Parliament resolution of 9 September 2010, P7_TA-PROV（2010）0312, para. 14 and 15 ; Human Rights Watch, "World Report 2012 : Events of 2011," pp. 441–458.

（73）Human Rights Watch, *ibid.*

（74）COM（2011）886 final, Brussels, 12 December 2012.

第５章　基本権庁の設置と人権統治

（１）人権保護の思想と歴史は、近代市民憲法を備えるに至る国家のそれと大方重なる。杉原泰雄『人権の歴史』岩波書店、一九九二年。

（２）ＥＵの人権保護はさまざまな視座より研究されているが、以下が包括的な研究として挙げられる。Nanette A. Neuwahl and Allan Rosas eds., *The European Union and Human Rights*, Martinus Nijhoff, 1995 ; Philip Alston, ed., with Mara Bustelo and James Heenan, *The EU and Human Rights*, Oxford University Press, 1999 ; Andrew Williams, *EU*

Human Rights Policies : A Study in Irony, Oxford University Press, 2004 ; Dirk Ehlers, ed., *European Fundamental Rights and Freedoms*, De Gruyter Recht, 2007. さらに、山本直『EU人権政策』成文堂、二〇一一年参照。

（3）監視センターについては、本章では最小限の言及にとどめる。センターの詳細については、山本、前掲書、第二章参照。

（4）EC設立条約を継承するEU運営条約は、EUに与える権限を⑴EUのみが立法できる政策分野、⑵EUと加盟国の双方が共有する政策分野、⑶加盟国の行動を支援、調整および補足する政策分野、ならびに⑷共通外交・安全保障政策に類型化している。そのうえで、各々の類型に該当する政策を列挙している。たとえば、前記⑴に該当するものとして、関税同盟、競争政策および共通通商政策等を挙げている。運営条約第二条から第六条参照。権限を行使するための手続きについては、鷲江義勝「EUの政策決定過程」辰巳浅嗣編著『EU欧州統合の現在』第三版、創元社、二〇一二年、九三～一〇三頁参照。

（5）基本権庁を扱う先行研究には、以下のものがある。Philip Alston and Olivier de Schutter, eds., *Monitoring Fundamental Rights in the EU : The Contribution of the Fundamental Rights Agency*, Hart Publishing, 2005 ; Armin von Bogdandy and Jochen von Bernstorff, "The EU Fundamental Rights Agency within the European and International Human Rights Architecture : The Legal Framework and Some Unsettled Issues in a New Field of Administrative Law," *Common Market Law Review*, no. 46, 2009.

（6）委員を務めたのは、旧ユーゴスラビア国際刑事法廷のカセズ判事、欧州議会のラルミエール議員、法学者のロイプレヒト教授および国連のロビンソン人権高等弁務官各氏であった。

（7）"Leading by Example : A Human Rights Agenda for the European Union for the Year 2000," quoted in Alston, ed., with Bustelo and Heenan, *op. cit.* p. 925. 賢人委員会については、山本直「EUにおける人権保護の展開」『北九州市立大学外国語学部紀要』第一一七号、二〇〇六年、七六～七九頁も参照されたい。

（8）Philip Alston and J. H. H. Weiler, "An 'Ever Closer Union' in Need of a Human Rights Policy : The European Union and Human Rights," in Alston, *op. cit.*, p. 55.

（9）残る二名は、欧州人権委員会のフロバイン前副委員長とスペイン元外相のオレハ欧州委員会前委員である。

（10）EU理事会において人権事務所を、ならびに欧州委員会において人権担当委員を各々新設することも、あわせて提言された。*Report by Martti Ahtisaari, Jochen Frowein, Marcelino Oreja*, adopted in Paris on 8 September 2000, para.

117-119.

(11) この点については後述する。

(12) See, Alston and Weiler, *op. cit.*, pp. 55-59.

(13) 以上の詳細は、山本『EU人権政策』前掲書、第七章および第一〇章参照。

(14) Commission of the European Communities, *Communication from the Commission to the Council, the European Parliament, the European Economic and Social Committee and the Committee of the Regions on the Activities of the European Monitoring Centre on Racism and Xenophobia, together with proposals to recast Council Regulation (EC) 1035/97*, COM (2003) 483 final, Brussels, 5 August 2003, p 18. カッコは引用者による。

(15) "Conclusions des représentants des états membres réunis au niveau des chefs d'état ou de gouvernement à Bruxelles le 13 décembre 2003," *Conclusions de la présidence, Counseil européen de Bruxelles 12 et 13 décembre 2003.*

(16) Olivier de Schutter and Philip Alston, "Introduction Addressing the Challenges Confronting the EU Fundamental Rights Agency," in Alston and de Schutter, *op. cit.*, p. 2.

(17) Commission of the European Communities, *Communication from the Commission : The Fundamental Rights Agency Public consultation document*, COM (2004) 693 final, Brussels, 25 October 2004.

(18) European Policy Evaluation Consortium (EPEC), *Preparatory Study for Impact Assessment and Ex-ante Evaluation of Fundamental Rights Agency, Final Report*, February 2005.

(19) *European Parliament resolution on promotion and protection of fundamental rights : the role of national and European institutions, including the Fundamental Rights Agency* (2005/2007 (INI)) P6_TA (2005) 0208, 26 May 2005.

(20) COM (2005) 280 final, Brussels, 30 June 2005.

(21) さまざまな措置をとれるようにするには、通常はEC設立条約を改定する必要があろう。第三〇八条に基づく措置は、条約の改定時に求められる各国の批准作業を求めない点で欧州共同体においてとりわけ非民主的であるという指摘がある。Sionaidh Douglas-Scott, *Constitutional Law of the European Union*, Longman, 2002, p. 163.

(22) "Council Regulation (EC) No168/2007 of 15 February 2007 establishing a European Union Agency for Fundamental Rights," O. J. No. L53, 22 February 2007.

(23) "Council Regulation (EC) No168/2007 of ...," *op. cit.*, Art. 2.

（24）*Ibid.*, Art. 12.
（25）*Ibid.*, Art. 15.
（26）*Ibid.*, Art. 13.
（27）*Ibid.*, Art. 14.
（28）*Ibid.*, Art. 10.
（29）European Union Agency for Fundamental Rights, *Annual Report 2009*, p. 18.; "FRANET," http://fra.europa.eu/fraWebsite/research/franet/franet_en.htm（on 1 March 2012）.
（30）"Council Regulation（EC）No168/2007 of ...," *op. cit.*, Art. 12（8）.
（31）審議会との関係については次節でも触れる。
（32）"Council Regulation（EC）No168/2007 of ...," *op. cit.*, Art. 4（1）.
（33）「（共同体の法的秩序において基本権を保護しなければならないという）要請は、共同体の規律を実施する場合の加盟国もまた拘束するがゆえに、可能な限り加盟国は、そのような要請に従い共同体の規律を適用する必要がある」。Judgment of the Court（Third Chamber）of 13 July 1989. -Hubert Wachauf v Bundesamt für Ernährung und Forstwirtschaft. -Reference for a preliminary ruling : Verwaltungsgericht Frankfurt am Main -Germany. -Agriculture -Additional levy on milk. -Case 5/88, para. 19.
（34）"Council Regulation（EC）No168/2007 of ...," *op. cit.*, Art. 4（2）.
（35）*Ibid.*, Art. 5. See also, Bogdandy and Bernstorff, *op. cit.*, p. 1050. 欧州委員会の提案では、委員会自らが中期計画を採択するとしていた。COM（2005）280 final, *op. cit.*, p. 16.
（36）See, *European Parliament resolution, op. cit.*
（37）COM（2005）280 final, *op. cit.*, p. 14.
（38）*Ibid.*, p. 2.
（39）Council of the European Union, 9864/1/06 REV1, 7 June 2006, p. 9 : Council of the European Union, 15274/06, 20 November 2006, p. 3.
（40）"Council Regulation（EC）No168/2007 of ...," *op. cit.*, recital 9. See also, von Bogdandy and von Bernstorff, *op. cit.*, p. 1060.
（41）この記述は、リスボン条約では「（これらの）諸価値にＥＵは基礎を置く」ものへと変更されている。

(42) 経緯については、山本、前掲書、第一章参照。

(43) COM (2005) 280 final, *op. cit.*, p. 6 and 15. 欧州議会は、理事会の要請がなくとも専門知識を提供することは可能であると主張している。European Parliament, "Proposal for a Council regulation establishing a European Union Agency for Fundamental Rights (COM (2005) 0280–C6–0288/2005–2005/0124 (CNS))," P6_TA (2006) 0414, 12 October 2006, Amendment 22.

(44) Council of the European Union, 9864/1/06 REV1, 7 June 2006, pp. 7–8.

(45) Council of the European Union, 6396/07 ADD1, 27 February 2007, p. 3.

(46) 加盟国が当該協力を制度化したのは、一九九二年のマーストリヒト条約においてである。この協力は、欧州共同体をEUの枠組みに統合した二〇〇七年のリスボン条約を機に「自由・安全・公正の分野」として改編されている。同条約を機とする改編の特徴については、浦川紘子「刑事司法協力」辰巳編著、前掲書、一八三〜一八八頁参照。

(47) COM (2005) 280 final, *op. cit.*, pp. 31–32 .

(48) Council of the European Union, 6396/07 ADD1, 27 February 2007, p. 4. See also,–10289/06, 9 June 2006, p. 5. ;–15033/06, 10 November 2006, pp. 7–10. ; –15274/06, 20 November 2006, pp. 5–8. ; Judith Crosbie, "Member States reluctant to cede policing powers," *European Voice*, 8 June 2006.

(49) COM (2005) 280 final, *op. cit.*, p. 6, pp. 14–15.

(50) 本書第4章参照。さらに、山本、前掲書、第四章参照。

(51) See, Council of the European Union, 13503/05, 3 November 2005, p. 3 ; *Europe Daily Bulletins*, No. 9198, 24 May 2006.

(52) "Council Regulation (EC) No168/2007 of ...," *op. cit.* See also, Council of the European Union, 9588/06, 19 May 2006, pp. 5–6 ; –15033/06, 10 November 2006, pp. 4–5 ; –16018/06, 29 November 2006, pp. 3–4.

(53) *Europe Daily Bulletins*, No. 9140, 28 February 2006.

(54) E. g., *The Fundamental Rights Agency of the European Union –A Council of Europe Perspective : Contribution by the Secretary General of the Council of the Europe*, SG/Inf(2004)34, 16 December 2004.

(55) Jean–Claude Juncker, "Council of Europe –European Union : "A sole ambition for the European content," 11 April 2006, pp. 7–8.

(56) "Council Regulation(EC)No168/2007 of ...," *op. cit.*, Art. 9.

（57） *Memorandum of Understanding between the Council of Europe and the European Union*, p. 5, para. 22.

（58） "Agreement between the European Community and the Council of Europe on cooperation between the European Union Agency for Fundamental Rights and the Council of Europe," O. J. No. L186, 15 July 2008.

（59） 基本権庁ホームページ参照。http://fra.europa.eu/fraWebsite/research/projects/projects_en.htm 二〇一一年三月一日閲覧。

（60） 基本権庁ホームページ参照。http://fra.europa.eu/fraWebsite/research/opinions/opinions_en.htm 二〇一一年三月一日閲覧。

（61） 基本権庁ホームページ参照。http://fra.europa.eu/fraWebsite/research/case-law/case-law_en.htm 二〇一一年三月一日閲覧。

（62） 基本権庁ホームページ参照。http://infoportal.fra.europa.eu/InfoPortal/infobaseShowContent.do?btnCat_40&btnCountryBread_169 二〇一一年三月一日閲覧。

（63） "Decision no. 1/2010 of the EU-Croatia Stabilisation and Association Council of 25 May 2010 on the participation of Croatia as an observer in the European Union Agency for Fundamental Rights' work and the respective modalities thereof," O. J. No. L279, 23 October 2010, Art. 4 and 6.

（64） "Report on the annual accounts of the European Fundamental Rights Agency for the financial year 2010 together with the Agency's reply," O. J. No. C366, 15 December 2011, Annex.

（65） European Union Agency for Fundamental Rights, *Homophobia, transphobia and discrimination on grounds of sexual orientation and gender identity 2010 Update : Comparative legal analysis*, Luxembourg : Publications Office of the European Union, 2010.

（66） *Ibid.*, pp. 58–59.

（67） *Ibid.*, pp. 59–60.

（68） "Czech gay asylum 'phallometric test' criticised by EU," *BBC News*, 8 December 2010 ; "Czechs criticised for homosexual 'sexual arousal' tests," *Telegraph*, 9 December 2010 ; "Czech government defends use of 'gay tests' for asylum seekers," *Pinknews*, 9 December 2010 ; "L'UE se dresse contre le test phallométrique," *Le Soir*, 10 December 2010 ; "Czechs respond to criticism of "phallometric testing" of gay asylum seekers," *SDGLN* (San Diego Gay & Lesbian

News), 10 December 2010.; "Have you taken the 'porno exam'?," *IOL News*, 11 December 2010; "Le test phallométrique pourrait gicler," *Liberation*, 13 December 2010; "Des tests humiliants pour les réfugiés gays en République tchèque," *EurActiv*, 19 May 2011.; "Czechs to end tests of gay asylum seekers," *Sify. com*, 29 October 2011. 以上、いずれも電子版。See also, ORAM- Organization for Refuge, Asylum and Migration, *Testing Sexual Orientation: A Scientific and Legal Analysis of Plethysmography in Asylum and Refugee Status Proceedings*, San Francisco, December 2011.

（69） "International Day Against Homophobia and Transphobia," 17 May 2011, http://blogs.ec.europa.eu/malmstrom より。二〇一一年一一月一日閲覧。

（70） "Commissioner got the facts on asylum examination all wrong," *Europeanvoice*, 26 May 2011.

（71） *Ibid.*

（72） 欧州委員会と欧州議会が批判する通りである。COM (2010) 708 final, 2 December 2010.; COM (2011) 880 final, 13 December 2011, p. 7 and 14.; *European Parliament resolution of 14 January 2009 on the situation of fundamental rights in the European Union 2004-2008* (*2007/2145(INI)*), 14 January 2009, para. 10 and 11.

（73） このような分析の視座を提供するのが、本書第3章でも用いた歴史的制度論である。See also, Paul Pierson, "The Path to European Integration: A Historical Institutionalist Analysis," *Comparative Political Studies*, vol. 20, no. 2, 1996.

（74） 山本、前掲書、序章、第六章および第七章参照。

第6章　テロへの対応と人権規範

（1） 欧州委員会が組織した「基本権に関する独立した専門家のEUネットワーク」は、ジレンマという表現は用いないものの、「テロに対抗する国家が基本権を順守しているか、時折疑わしいことがある」と述べている（EU Network of Independent Experts on Fundamental Rights, *The Balance between Freedom and Security in the Response by the European Union and Its Member States to the Terrorist Threat*, March 2002, p. 7）。テロ対策と人権の現代社会における関係を多面的に論じた文献に、Emmanuelle Bribosia et Anne Weyembergh, dir., *Lutte contre le terrorisme et droits fondamentaux*, Bruylant, 2002; Philip B. Heymann and Juliette N. Kayyem, *Protecting Liberty in an Age of Terror*, The MIT Press, 2005 等がある。

（2） 須網隆夫「EU対テロ規制と法政策」福田耕治編著『EU・欧州統合研究』成文堂、二〇〇九年、一七〇頁；山本直

『EU人権政策』成文堂、二〇一一年、第六章参照。

（3）テロへの対応を含むEUの安全対策については、次の邦語文献がある。庄司克宏「欧州連合（EU）におけるテロ対策法制」大沢秀介・小山剛編『市民生活の自由と安全』成文堂、二〇〇六年、二〇三～二三七頁：石垣泰司「欧州統合と対テロ政策」『日本EU学会年報』第二七号、二〇〇七年、五五～七四頁：須網、前掲論文、一五八～一七六頁。

（4）シャルリ事件がフランスおよび欧州社会に与えた問題については、次の文献を参照されたい。「三月臨時増刊号総特集 シャルリ・エブド襲撃／イスラム国人質事件の衝撃」『現代思想』第四三巻五号、二〇一五年：鹿島茂・関口涼子・堀茂樹編著「シャルリ・エブド事件を考える」『ふらんす』白水社、二〇一五年：渡邊啓貴『現代フランス』岩波書店、二〇一五年、二五八～二七〇頁。See also, Robert S. Leiken, *Europe's Angry Muslims*, Oxford University Press, 2012; Angel Rabasa and Cheryl Benard, *Eurojihad: Patterns of Islamist Radicalization and Terrorism in Europe*, Cambridge University Press, 2015.

（5）最多を数える回答は移民問題であり、経済状況、失業、加盟国財政と続く。五番目がテロリズムであった。Tables of Results, Standard Eurobarometer 83, Spring 2015.

（6）European Commission, *The European Agenda on Security*, COM（2015）185 final, Strasbourg, 28 April 2015.

（7）European Commission, *A Secure Europe in a Better World: European Security Strategy*, Brussels, 12 December 2003, p. 10. 傍点は引用者による。以下同じ。

（8）European Commission, *Internal security strategy for the European Union: Towards a European security model*, 2010, p. 19.

（9）European Commission, *The European Agenda … op. cit.*, p. 3.

（10）*Ibid.*, note 5.

（11）基本権憲章第五二条三項および解説文（Explanations relating the Charter of Fundamental Rights, O.J. No. C303, 14 December 2007, p. 33）参照。

（12）Clare Ovey and Robin White, *The European Convention on Human Rights*, third edition, Oxford University Press, 2002, pp. 103–105.

（13）Judgement of the European Court of Justice of 8 April 2014, in joined cases C-293/12 and C-594/12, para. 42.

（14）Resolution: The United Nations Global Counter-Terrorism Strategy, Annex.

(15) European Union Agency for Fundamental Rights, *Embedding Fundamental Rights in the Security Agenda*, Vienna, January 2015, pp. 1-2.

(16) Proposal for a Directive of the European Parliament and of the Council on the use of Passenger Name Record (PNR) data for the prevention, detection, investigation and prosecution of terrorist offences and serious crime, COM (2011) 32 final, Brussels, 2 February 2011.

(17) 管理される項目には、旅客本人の氏名、住所および電話番号をはじめ、Eメールアドレス、予約日、旅行日程、チケット購入情報、チケット番号、頻繁利用履歴、旅行代理店、旅行状況（座席確保、チェックイン、キャンセル、キャンセル待ち）、座席番号、荷物情報およびこれらの変更履歴等が含まれる。さらには所見欄の記述も含まれるとし、かつ、一八歳未満の単独客の場合には以下の情報も含まれるとした。本人の氏名と性別、出発地の保護者の年齢、使用言語、氏名、連絡先および本人との関係、到着地の保護者の氏名、連絡先および本人との関係、出発地および到着地双方の代理店。*Ibid*., Annex.

(18) "MEPs reject EU passenger data storage scheme," *EurActiv*, 30 April 2013 ; Marine Marx, "The EP Committee rejects the proposal for an european passenger name record system (PNR)," posted by edecapitani, May 2013.

(19) Opinion of the European Data Protection Supervisor on the Proposal for a Directive of the European Parliament and of the Council on the use of Passenger Name Record data for the prevention, detection, investigation and prosecution of terrorist offences and serious crime, Brussels, 2011, pp. 4-5.

(20) Opinion of the European Union Agency for Fundamental Rights on the Proposal for a Directive on the use of Passenger Name Record (PNR) data for the prevention, detection, investigation and prosecution of terrorist offences and serious crime (COM(2011)32 final), Vienna, 14 June 2011, pp. 21-22.

(21) Judgement of the European Court of Justice of 8 April 2014, in joined cases C-293/12 and C-594/12, para. 52-65.

(22) European Parliament, Anti-terrorism measures (debate), 28 January 2015.

(23) *Ibid.*

(24) *Ibid.*

(25) リスボン条約第二条六七および六八。

(26) ミグル・ユーロップ・ネットワーク（田邊佳美訳）「『再入国協定』とは何か？」森千香子・エレン・ルバイ編『国境

政策のパラドクス』勁草書房、二〇一四年、七九〜一〇三頁参照。

(27) Peter Teffer, "Up to 5,000 Europeans joined jihad, Europol chief says," *EUobserver*, 14 January 2015.

(28) 欧州人権条約第四議定書第二条三項、国連自由権規約第一二条三項。

(29) シェンゲン協定は、一九八〇年代に有志諸国による条約として出発した。一九九九年発効のアムステルダム条約によって、それはEU法に組み込まれた。ただし加盟国であるアイルランドは、EUからの離脱過程にあるイギリスとともに未参加である。他方、ノルウェーおよびスイスを含むいくつかの非加盟国が参加している。

(30) See, Gianmario Demuro, "Article 45–Freedom of Movement and of Residence," in William B. T. Mock, ed., *Human Rights in Europe : commentary on the Charter of Fundamental Rights of the European Union*, Carolina Academic Press, 2000, pp. 279–284.

(31) RÈGLEMENT (CE) No562/2006 DU PARLEMENT EUROPÉEN ET DU CONSEIL du 15 mars 2006 établissant un code communautaire relatif au régime de franchissement des frontières par les personnes (code frontières Schengen), O. J. L105, 13 avril 2006, Art. 7(2).

(32) *Ibid.*

(33) Dave Keating, "EU leaders to call for revision of Schengen Border Code," *European Voice*, 12 February 2015. 丸カッコは引用者による。

(34) *Ibid.*

(35) RIGA JOINT STATEMENT following the informal meeting of Justice and Home Affairs Ministers in Riga on 29 and 30 January 2015.

(36) European Commission, "Fact Sheet : Fighting terrorism at EU level, an overview of Commission's actions, measures and initiatives," Brussels, 11 January 2015. See also, Camino Mortera-Martinez, "After Paris : What's next for the EU's counter-terrorism policy ?," Center for European Reform, 27 January 2015.

(37) Council of Ministers, "Foreign Fighters : Application of the Schengen Borders Code – Follow-up," 16880/14, Brussels, 18 December 2014, para. 2.

(38) Dario Sarmadi, "Commission pushes for new guidelines against foreign fighters," *EurActiv*, 25 February 2015.

(39) *Ibid.*

(40) E. g., Communication from the Commission to the Council and the European Parliament : Towards integrated management of the external borders of the Member States of the European Union, COM（2002）233 final, Brussels, 7 May 2002, p. 5.

(41) *Ibid.*

(42) 賛同の念のみならず、寛容で対立のない社会を望む願いも込められたとする見方もある。西谷修・栗田禎子「罠はどこに仕掛けられたか」『現代思想』前掲、三三〜三四頁。

(43) Press Release, EUCO1/15, Brussels, 7 January 2015.

(44) Joint statement, Paris, 11 January 2015. See also, Riga joint statement following the informal meeting of Justice and Home Affairs Ministers in Riga on 29 and 30 January.

(45) Quoted in Dave Keating, "MEPs react to Paris shootings," *European Voice*, 12 January 2015.

(46) Informal meeting of the Heads of State or Government Brussels, 12 February 2015 –Statement by the members of the European Council.

(47) Speech, EUCO2/1/15REV1, Riga, 8 January 2015.

(48) Speech, EUCO8/15, Vilnius, 14 January 2015.

(49) European Union Agency for Fundamental Rights, *Reactions to the Paris Attacks in the European Union : fundamental rights considerations ; FRA Paper*, January 2015, p. 1.

(50) 「仏週刊紙：ムハンマド風刺画掲載」『毎日新聞』二〇一五年一月一九日夕刊。

(51) 「ローマ法王『他人の信仰、侮辱してはならぬ』」『朝日新聞』二〇一五年一月一六日。

(52) Jane Cutter, "Charlie Hebdo, and the racist double standard," *Libération*, 13 January 2015.

(53) Council of the European Union, *EU Human Rights Guidelines on Freedom of Expression Online and Offline*, Foreign Affairs Council Meeting, Brussels, 12 May 2014, p. 17.

(54) リスボン条約版EU条約第二条二文。

(55) 二〇一五年一一月のパリでは、「イラク・レバントのイスラム国」を名乗る集団によって少なくとも一三〇名が殺害された。翌年三月のブリュッセルでも、三五名の死亡を含む二〇〇名を超える被害があった。フランスのバルス首相は、賛成派を主導する欧州人民党のカークホープ議員（イギリス）らとともに欧州議会で説得にまわった（Georgi Gotev,

“MEPs concerned that amendments could ‘kill’ PNR directive,” *EurActiv*, 14 April 2016）。結果的に、社会民主グループの議員らが賛成に回ることによって法案は成立している。

（56）ミシェル・ウエルベック（大塚桃訳）『服従』河出書房新社、二〇一五年。

第7章 「共通の価値」と加盟国の法治体制

（1）法治を定義することは容易ではない。欧州審議会の法律家委員会（ベニス委員会）は、rule of law、Rechtstaat および Etat de droit をはじめとする概念の相違を認めつつ、これらを架橋することは可能であるとする。法治の構成要素として、同委員会は⑴合法性（法の卓越性）、⑵法的確実性、⑶恣意性の禁止、⑷独立的で公正な裁判への司法アクセス、⑸人権の尊重、および⑹差別禁止と法の下の平等を挙げている。European Commission for Democracy through Law（Venice Commission）, *Report on the Rule of Law, Adopted by the Venice Commission at its 86th plenary session*（Venice, 25-26 March 2011）, CDL-AD(2011)003rev, Strasbourg, 4 April 2011, pp. 10-13.

（2）E. g., “La France, en pointe dans l'expulsion des Roms en Europe,” *Le Monde*, 9 septembre 2010 ; “Besson et Lellouche contre la《basse opération》du Parlement européen,” *Libération*, 10 septembre 2010.

（3）Ulrich Sedelmeier, “Anchoring Democracy from Above? The European Union and Democratic Backsliding in Hungary and Romania after Accession,” *Journal of Common Market Studies*, vol. 52, no. 1, 2014, pp. 115-116 ; Armin von Bogdandy and Pál Sonnevend, eds., *Constitutional Crisis in the European Constitutional Area*, Hart Publishing, 2015.

（4）詳細は後述する。

（5）山本直『EU人権政策』成文堂、二〇一一年、序章参照。

（6）「これらの価値は、多元主義、非差別、寛容、公正、連帯および男女平等により特徴づけられる社会における加盟国に共通のものである」という一文が、これに続く。リスボン条約版EU条約第二条。

（7）山本、前掲書、第九章参照。

（8）同右、二二一〜二二三頁参照。

（9）EU運営条約第二五八条〜第二六〇条。欧州委員会および加盟国の手続きの違い、ならびに付託状況については、see e. g., Paul Craig and Gráinne de Búrca, *EU Law : Text, Cases and Materials*, fifth edition, Oxford University Press, 2011, chap. 12.

(10) COM(2003)606 final, Brussels, 15 October 2003, pp. 7-8.
(11) リスボン条約版ＥＵ条約第七条三項。
(12) 権利停止手続きの詳細については、山本、前掲書、第一章参照。
(13) See, European Commission, *Communication form the Commission to the European Parliament and the Council : A New EU Framework to strengthen the Rule of Law*, COM (2014) 158 final, 11 March, 2014, pp. 2-4.
(14) See, Annexes of COM (2014) 158 final, 11 March 2014 ; European Union Agency for Fundamental Rights, *Promoting the rule of law in the European Union -FRA Symposium report*, 4th Annual FRA Symposium, Vienna, 7 June 2013, p. 4.
(15) 冷戦後の同国の政治的経緯については、羽場久美子「ヨーロッパ拡大とハンガリーおよび周辺地域マイノリティの『民主化』」日本比較政治学会編『ＥＵのなかの国民国家』早稲田大学出版部、二〇〇三年、一八六～一九二頁；南塚信吾『図説ハンガリーの歴史』河出書房新社、二〇一二年、一三一～一三五頁。
(16) See e. g., European Commission for Democracy through Law (Venice Commission), *Opinion on the Fourth Amendment to the Fundamental Law of Hungary*, CDL-AD (2013) 012, 17 June 2013 ; European Parliament, *Situation of fundamental rights : standards and practices in Hungary*, 3 July 2013, P7_TA-PROV (2013) 0315 ; József Bayer, "Emerging Anti-pluralism in New Democracies- the Case of Hungary," *Osterreichische Zeitschrift für Politikwissenschaft*, vol. 42, no. 1, 2013, pp. 103-108.
(17) リスボン条約版ＥＵ条約第七条一項。
(18) "Hungary : Verhofstadt wants Hungary outlawed from Europe," *Agence Europe*, 11 January 2012, "Press Release Hungary : If the EP is serious about fundamental rights, it must apply Article 7(1) TEU," 欧州自由民主連合公式ホームページ (www.alde.eu) 2 July 2013.
(19) "Hungary : S & D Group in EP also calls for sanctions over controversial laws," *Agence Europe*, 6 January 2012.
(20) European Parliament, Situation of fundamental rights ..., *op. cit.*, para. 58 and 87.
(21) European Commission, "Press Release," 17 January 2012.
(22) European Commission, "Press Release," 22 February 2012.
(23) 二〇一三年援助予定分の三割に当たる約五億ユーロが対象となった。Council of the European Union, 6952/1/12REV1, 13 March 2012.

（24） See, Nicholas Hirst, "Hungary breaches EU data protection law," *Europeanvoice*, 8 April 2014 ; R. Daniel Kelemen, "A Union of Values ?" *Policy Network* （www.policy-network.net）, 2 June 2014 ; "Supermajority 'is only for when debate fails'," *The Budapest Times* （budapesttimes.hu）, 4 April 2014.

（25） Sedelmeier, *op. cit.*, p. 116. See also, Lally Weymouth, "An interview with Viktor Orban, prime minister of Hungary," *The Washington Post*, 6 April 2012.

（26） José Manuel Durão Barroso, *State of the Union 2012 Address*, SPEECH/12/596, 12 September 2012.

（27） *Agence Europe*, 19 January 2012.

（28） http://www.rtt.ro/en/scrisorea-prin-care-germania-finlanda-danemarca-si-olanda-solicita/ （二〇一四年七月一日閲覧）.

（29） "Council conclusions on fundamental rights and rule of law and on the Commission 2012 Report on the Application of the Charter of Fundamental Rights of the European Union," Justice and Home Affairs Council meeting Luxembourg, 6 and 7 June 2013, para. 9.

（30） European Commission, *Communication form the Commission, op. cit.*

（31） *Ibid.*, pp. 6-7.

（32） *Ibid.*

（33） *Ibid.*, pp. 7-8.

（34） *Ibid.*, pp. 8-9.

（35） See, Vivien Szalai-Krausz, "The Rule of Law Framework of the European Union : A Council of Europe approach : co-operation as the pre-condition of efficiency," thesis submitted to Linköping University, 2014, p. 62. See also, "New European Commission Framework to strengthen and Prospect the rule of Law in Member States," *Magyar Tudományos Akadémia* （Hungarian Academy of Sciences, www.tk.mta.hu） （二〇一四年七月一日閲覧）.

（36） Veronika S. Goldston, "For the EU, Rights Should Matter as Much at Home as Abroad," *Human Rights Watch* （www.hrw.org）, 20 November 2013 （二〇一四年七月一日閲覧）.

（37） Viviane Reding, "The EU and the Rule of Law – What next ?" European Commission, 4 September 2013, pp. 10–11.

（38） ＥＵ運営条約第二六九条。

(39) 基本権憲章第五一条一項。
(40) Reding, *op. cit.*, p. 11. 丸カッコ内は引用者による。
(41) *Agence Europe*, 19 March 2014.
(42) *Ibid.*
(43) *Ibid.*
(44) See, Council of the European Union, Doc. 16862/14, 12 December 2014, para. 12.
(45) Council of the European Union, Doc. 17014/14, 16 December 2014, p. 3.
(46) http://stats.oecd.org/Index.aspx?DatasetCode=SNA_TABLE1, 二〇一五年一月二日閲覧。
(47) European Commission, *Standard Eurobarometer*. 加盟国平均が五〇%を割ったのは、二〇〇四年春実施の第六一回通常調査においてのみである。
(48) Charles Gati, "Opinions : What Viktor Orbán's victory means for Hungary and the West," *The Washington Post*, 7 April 2014. 丸カッコ内は引用者による。
(49) See, Charles Gati, "The Mask is Off," *The American Interest*, 7 August 2014.
(50) E. g., Igor Janke, *Hajrá, Magyarok! Az Orbán Viktor-sztori egy lengyel újságíró szemével*, Aeramentum, 2012, pp. 302-305.
(51) "A munkaalapú állam korszaka következik," 26 július 2014. See also, Viktor Orbán's Speech at the XXV Bálványos Free Summer University and Youth Camp, July 26, 2014, BĂILE TUŞNAD (TUSNÁDFÜRDŐ), http://budapestbeacon.com/public-policy/full-text-of-viktor-orbans-speech-at-baile-tusnad-tusnadfurdo-of-26-july-2014/, 二〇一四年一一月一日閲覧。傍点は引用者による。
(52) *Ibid.*
(53) Bull. EC 6-1993.
(54) E. g., Frank Schimmelfennig, "Strategic Calculation and International Socialization," in Jeffrey T. Checkel, ed., *International Institutions and Socialization in Europe*, Cambridge University Press, 2007, pp. 31-62.
(55) European Parliament, *Situation of fundamental rights ..., op. cit.*, para. 73.
(56) See, Attila Ágh, "Decline of democracy in east-central Europe : The last decade as the lost decade in democratization,"

Journal of Comparative Politics, vol. 7, no. 2, 2014, pp. 4–33.

（57） Bayer, *op. cit.*, p. 99 ; Ágh, *op. cit.*, pp. 20–23.

（58） Damien Sharkov, "'Hungary's Mussolini' vows to make the EU member an 'illiberal state'," *Newsweek*, 30 July 2014.

（59） Valentina Pop, "Hungary triggers rule of law 'debates' in EU council," *EUobserver*, 20 November 2014.

第8章　ポーランド憲法裁判所問題とEU

（1） 法治枠組みの概容については本書第7章参照。

（2） ハンガリーへの枠組みの運用可能性については、see, Dimitry Kochenov and Laurent Pech, "Better Late than Never ? On the European Commission's Rule of Law Framework and its First Activation," *Journal of Common Market Studies*, vol. 54, no. 5, 2016, pp. 1067–1071. 問題の発端については、注(11)および(12)参照。

（3） Centrum Badania Opinii Spolecznej (CBOS), *Preferencje partyjne przed wyborami*, KOMUNIKATzBADAŃ, NR142/2015, Warszawa, 2015, p. 3.

（4） 小森田秋夫『体制転換と法——ポーランドの道の検証』有信堂、二〇〇八年、一三〇～一三一頁、二七〇～二七一頁；小森田秋夫「ポーランドにおける『過去の清算』の一断面」『早稲田法学』第八七巻二号、二〇一二年、一六五頁参照。

（5） "Populists eye Poland power with migrant fears, welfare and vows," *EurActiv*, 26 October 2015.

（6） "Polish protests as government rejects court ruling," *BBC News*, 12 March 2016.

（7） Matthew Day, "EU parliament head refuses to apologise over 'coup' comment after Polish PM request," *The Telegraph*, 15 December 2015.

（8） "EU warns Poland on rule of law as constitutional crisis escalates," *Deutsche Welle*, 24 December 2015 ; "Polish officials defend state media law amid EU backlash," *Deutsche Welle*, 4 January 2016.

（9） European Commission, Daily News 13/01/2016, Brussels, 13 January 2016.

（10） *Ibid.*

（11） European Commission for Democracy Through Law (Venice Commission), Opinion on Amendments to the Act of 25 June 2015 on the Constitutional Tribunal of Poland, Opinion no. 833/2015, Venice, CDL-AD(2016)001, 11 March 2016, p.

24, para. 135.

（12）European Parliament resolution of 13 April 2016 on the situation in Poland（2015/3031(RSP)）, P8_TA-PROV(2016)0123, para. 3-8.

（13）以上の投票データは、国際民間団体である投票ウォッチ・ヨーロッパ（Vote Watch Europe）の集計による（http://www.votewatch.eu/）。二〇一六年六月一日閲覧。

（14）欧州議会サイト内の「二〇一四年選挙結果」（http://www.europarl.europa.eu/elections2014-results/en/country-results-pl-2014.html#table02）より。二〇一六年八月一日閲覧。

（15）European Commission, "College discusses a draft Rule of Law Opinion on the situation in Poland," Press release, Brussels, 18 May 2016.

（16）"Timmermans meets Szydlo in Warsaw," *Warsaw Business Journal*, 24 May 2016.

（17）Sited in Nicholas Richardson, "Sovereignty," *thepolishedlawyer.com*, 24 May 2016. See also, "Polish Parliament adopted a resolution on the defense of its sovereignty and the rights of its citizens," *Poland Current Events*, 22 May 2016.

（18）Andrew Rettman, "Poland questions legality of EU probe," *EUobserver*, 30 May 2016. See also, "Warsaw threatens legal challenge to EU rule of law procedure," *Deutsch Welle*, www.dwcom., 30 May 2016.

（19）*Ibid.*

（20）Aleksandra Eriksson, "Poland tries to appease EU critics before Nato summit," *EUobserver*, 6 July 2016.

（21）"Rule of Law under threat: Poland in the EU pillory," *Deutsch Welle*, www.dwcom., 23 May 2016.

（22）二〇一六年四月に欧州議会が採択した前出の決議では、ハンガリー選出の二一議員中一四名が反対票を投じた。投票データは注⒀に同じ。二〇一六年六月一日閲覧。

（23）小森田秋夫「欧州を驚かすポーランドの政変――二〇一五年の二つの選挙が生み出した議会多数派至上主義の〝暴走〟」『ロシア・ユーラシアの経済と社会』第一〇〇二号、二〇一六年、四〇～四一頁参照。

（24）European Commission, "Commission adopts Rule of Law Opinion on the situation in Poland," Press release, Brussels, 1 June 2016.

（25）*Ibid.*

（26）"Poland constitution: EU warns over threat to rule of law," *BBC News*, 1 June 2016.

(27) "European Commission issues critical opinion on Poland's rule of law," *Warsaw Business Journal*, 1 June 2016. 丸カッコは引用者による。
(28) "Poland gets official warning from EU over constitutional court changes," *The Guardian*, 1 June 2016.
(29) E.g., "EU Proposes New Asylum Rules to Stop Migrants Crossing Europe," *Reuters*, 13 July 2016.
(30) ポーランドは、チェコ、ハンガリーおよびスロバキアと首脳会議を開き、EUが改革することを共同で求めてもいる。"Visegrad Group calls for EU reforms in wake of Brexit vote," *Deutsch Welle*, www.dwcom., 21 July 2016.
(31) Quoted in Henry Foy, "Why Obama decided to criticise Poland," *Financial Times*, 9 July 2016.
(32) European Commission, *Commission Recommendation of 27.7.2016 regarding the rule of law in Poland*, C (2016) 5703 final, Brussels, 27 July 2016.
(33) *Ibid.*, para. 73.
(34) *Ibid.*, para. 17 and 74(a).
(35) *Ibid.*, para. 24 and 74(b).
(36) *Ibid.*, para. 28 and 74(c).
(37) *Ibid.*, para. 74(d).
(38) *Ibid.*, para. 74(e).
(39) *Ibid.*, para. 76.
(40) Nikolaj Nielsen, "EU confrontation with Poland escalates," *EUobserver*, 27 July 2016.
(41) Quoted in Henry Foy, "Brussels gives Poland 3 month to rectify court changes," *Financial Times*, 27 July 2016.
(42) Aleksandra Eriksson, "Ceta, Poland and Human Rights on the agenda THIS WEEK," *EUobserver*, 24 October 2016.
(43) Aleksandra Eriksson, "Poland rejects EU 'interferences' on rule of law," *EUobserver*, 28 October 2016.
(44) データは欧州委員会の予算政策のホームページより。二〇一五年実績。
(45) See, Jesus Lopez-Rodriguez, "Regional Income Disparities in Poland: Analysis of the Impact of Second Nature Geography Variables," *Transformations in Business and Economics*, vol. 14, no. 3(36), 2015.
(46) See, Henry Foy, "Poland's New Majoritarians," *The American Interest*, 7 June 2016.
(47) 伊東孝之「中東欧諸国のEU加盟——人々の憧れと懼れ」堀口健治・福田耕治編『EU政治経済統合の新展開』早

稲田大学出版部、二〇〇四年、一八九頁；小森田秋夫「ポーランドの民主化――プロセス・制度化・課題」羽場久美子・溝端佐登史編著『ロシア・拡大ＥＵ』ミネルヴァ書房、二〇一一年、一四七～一四九頁。

（48） トゥスクが欧州理事会常任議長に再任された際にも、ポーランドは「猛烈に反対」したと報道された。Jennifer Rankin, "Poland reacts with fury to re-election of Donald Tusk," *The Guardian*, 9 March 2017.

（49） 「法と正義」は三〇％台半ばから四〇％を維持している。市民プラットフォームは、下野以降一〇％に落ち込み、「現代」と競う状況が続いた。CBOS, *Preferencje partyjne w lutym*, KOMUNIKATzBADAŃ, NR15/2017, Warszawa, luty 2017, pp. 2-3.

（50） Eriksson, "Poland rejects...," *op. cit.*

（51） *Ibid.*

（52） Frank Engel et al., "Mr Juncker, be Bob the Builder," *EUobserver*, 25 November 2016.

（53） Aleksandra Eriksson, "Poland avoids talks on rule-of-law sanctions," *EUobserver*, 16 May 2017.

（54） European Parliament resolution of 25 October 2016 with recommendations to the Commission on the establishment of an EU mechanism on democracy, the rule of law and fundamental rights (2015/2254(INL)), P8_TA-PROV (2016) 0409, para. AI.

（55） *Ibid.*, Annex.

（56） *Ibid.*

（57） 理事会は、委員会が法治枠組みを運用することにさえ協力的ではない。Peter Oliver and Justine Stefanelli, "Strengthening the Rule of Law in the EU: Council's Inaction," *Journal of Common Market Studies*, vol. 54, no. 5, 2016, pp. 1075-1084.

（58） 実際にチマーマンスは欧州議会の提案に消極的である。Israel Butler, "MEPs Urge Regular Rights Monitoring for All EU Countries," *European Liberties Platform*, 26 October 2016.

（59） *Draft treaty establishing the European Union*, O. J. No. C77, 19 March 1984.

（60） 鷲江義勝「制度改革で欧州統合を離陸させる」金丸輝男編著『ヨーロッパ統合の政治史』有斐閣、一九九六年、一五二～一六二頁。

（61） Paul Blokker, "EU Democratic Oversight and Domestic Deviation from the Rule of Law," in Carlos Closa and Dimitry

Kochenov, eds., *Reinforcing Rule of Law Oversight in the European Union*, Cambridge University Press, 2016, pp. 266–269.

（62）*Ibid.*, pp. 260–266.

第9章　先行統合の制度整備

（1）適用除外のルールは、ＥＵの基本条約の付属議定書で規定されている。

（2）Rapport sur l'Union européenne, *Bulletin des Communautés européennes*, 1976, No Supplément, 1/76. この案を包含するチンデマンス報告の評価については、富川尚「欧州統合の大道を確認する」金丸輝男編著『ヨーロッパ統合の政治史』有斐閣、一九九六年、一〇六～一二〇頁参照。

（3）当初 closer cooperation と命名され、後に enhanced cooperation へと改称された。後者は「強化された協力」とも邦訳しうるが、ここでは前者の邦訳である「より緊密な協力」を引き続き用いることにする。

（4）「より緊密な協力」の法的側面については、次の邦語研究がある。安江則子「アムステルダム条約におけるフレキシビリティ概念とＥＵ統合の新局面」『政策科学』立命館大学、第五巻二号、一九九八年、一九～二八頁：庄司克宏「アムステルダム条約とＥＵの多段階統合」『外交時報』一九九八年三月号、四～一七頁：中西優美子『ＥＵ権限の法構造』信山社、二〇一三年、第一一章。

なお本章は、「より緊密な協力」の制度をめぐる動向に対象を絞っている。この制度の枠外における先行統合の一端は第10章を参照されたい。

（5）同条約は、第一に、旧来のＥＵ条約の改定を命じるものである。第二に、旧来のＥＣ設立条約をＥＵ運営条約に再編することを命じるものである。「より緊密な協力」は、改定されたＥＵ条約ならびに再編後のＥＵ運営条約の双方において規定されている。

（6）ＥＵ条約第二〇条およびＥＵ運営条約第三二六～第三二八条。

（7）ＥＵ運営条約第三二九～第三三〇条。

（8）鷲江義勝「ＥＵの政策決定過程」辰巳浅嗣編著『ＥＵ欧州統合の現在』第三版、創元社、二〇一二年、九六～一〇〇頁。

（9）ＥＵ運営条約第三二九～第三三〇条。

（10）同右。

（11）同右、第三三二条。

（12）同右、第三三一条。

（13）"Überlegungen zur europäischen Politik," 1.9.1994. ドイツキリスト教民主同盟・社会同盟のホームページ（www.cducsu.de）より二〇一四年九月一日閲覧。

（14）Alexander Stubb, *Negotiating Flexibility in the European Union : Amsterdam, Nice and Beyond*, Palgrave 2002, pp. 63-64.

（15）*Ibid.*, pp. 64-65.

（16）ＥＵによる政策を自由選択できるモデルは「アラカルトの欧州」と呼ばれる。これに対して、統合速度の差異に重きを置くモデルは「二速度（two-speed）の欧州」もしくは「多速度（multi-speed）の欧州」である。さらに、特定の加盟国群とその他の加盟国群を地理的に分かつモデルは「中心メンバー（core）のいる欧州」や「可変翼の欧州」と呼ばれる。See, Paul Luif and Florian Trauner, "The Prüm Process : The Effects of Enhanced Cooperation within Europe and with the United States in Combating Serious Crime," in Ronald L. Holzhacker and Paul Luif, eds., *Freedom, Security and Justice in the European Union*, Springer, 2014, p. 103.

（17）Report by the Reflection Group : A Strategy for Europe, Brussels, 5 December 1995, para. 14 and 15.

（18）アムステルダム条約当時は、欧州共同体が法的枠組みとして残っていた。「刑事分野における警察・司法協力」（本来の「司法内務協力」）の枠組みも別置されていた。このような状況から、現行制度との法的比較を進める作業は煩雑である。同条約以降の法的枠組みの変遷については、山本直『ＥＵ人権政策』成文堂、二〇一一年、一八頁参照。

（19）アムステルダム条約版ＥＣ設立条約第五ａ条。

（20）本書第1章参照。

（21）Stubb, *op. cit.*, p. 100.

（22）力久昌幸『イギリスの選択――欧州統合と政党政治』木鐸社、一九九六年、第九章：力久昌幸「メージャーとマーストリヒト条約一九九〇－一九九七年」細谷雄一編『イギリスとヨーロッパ――孤立と統合の二百年』勁草書房、二〇〇九年、二七八～二八三頁。

（23）辰巳浅嗣「ＣＦＳＰ上級代表の設置とハヴィエル・ソラナの役割」『同志社法学』第五三巻六号、二〇〇二年、三四一〜四五四頁。

（24） Stubb, *op. cit.*, p. 100.

（25） Derek Beach, "The Vital Cog : Agenda-Shaping and Brokerage by the Council Secretariat in IGC Negotiations," Paper prepared at the EUSA 8th Biennial International Conference, March 27–29, 2003, pp. 22–23.

（26） 以上の経緯については、辰巳浅嗣『EUの外交・安全保障政策』成文堂、二〇〇一年、三一一〜三一五頁参照。

（27） See, Eric Philippart and Geoffrey Edwards, "The Provisions on Closer Co-operation in the Treaty of Amsterdam : The Politics of Flexibility in the European Union," *Journal of Common Market Studies*, vol. 37, no. 1, 1999, p. 88.

（28） Stubb, *op. cit.*, p. 106.

（29） *Ibid.*

（30） *Ibid.*

（31） E. g., European Parliament resolution containing the European Parliament's proposals for the Intergovernmental Conference（14094/1999–C5–0341/1999–1999/0825（CNS））13 April 2000, para. 37. 3. See also, European Parliament resolution on closer cooperation（2000/2162（INI））25 October 2000.

（32） 欧州議会と理事会が同等の機能を担うことから、この手続きは共同立法手続きと呼ばれた。リスボン条約を機に、通常立法手続きとして再編されている。

（33） Joschka Fischer, *Vom Staatenverbund zur Föderation : Gedanken über die Finalität der europäischen Integration*, Rede am 12 Mai 2000 in der Humboldt-Universität in Berlin. カッコ内は引用者による。以下同じ。

（34） *Ibid.*

（35） Stubb, *op. cit.*, p. 114.

（36） Quoted in Vaughne Miller, *IGC2000 : Enhanced Cooperation*, Research Paper 00/88, 21 November 2000, p. 27.

（37） *Ibid.*, p. 28.

（38） ニース条約版EU条約第二七A条、第二七B条、第二七C条、第四〇条、第四〇a条および第四三条、ならびにEC設立条約第一一条参照。

（39） CONV723/03, Brussels, 14 May 2003, pp. 2–4.

（40） *Ibid.*

(41) Peter Norman, *The Accidental Constitution : The Story of the European Convention*, EuroComment, 2003, pp. 242–244.

(42) 欧州憲法条約第Ⅰ-四四条三項、リスボン条約版ＥＵ運営条約第三三〇条。See, Eric Philippart, "Optimising the Mechanism for 'Enhanced Cooperation' within the EU : Recommendations for the Constitutional Treaty," *CEPS Policy Brief No. 33*, Centre for European Policy Studies, 2003, p. 7.

(43) 欧州憲法条約第Ⅲ-四二二条一項、リスボン条約版ＥＵ運営条約第三三三条一項。

(44) Brendan Donnelly and Anthony Dawes, "The beginning of the end or the end of the Beginning? Enhanced co-operation in the Constitutional Treaty," *European Policy Brief*, Issue 7, The Federal Trust, November 2004.

(45) 欧州憲法条約第Ⅰ-四四条四項、リスボン条約版ＥＵ条約第二〇条四項。

(46) See, Paul Craig, *The Lisbon Treaty : Law, Politics, and Treaty Reform*, Oxford University Press, 2010, p. 449.

(47) See, Philippart, *op. cit.*, p. 8.

(48) リスボン条約版ＥＵ条約第四二条六項および第四六条。

(49) フランスとイギリスの防衛イニシアティブが欧州憲法条約草案に与えたインパクトについては、山田亮子「イラク戦争後のＥＵ安全保障・防衛政策の新展開」『愛知県立大学大学院国際文化研究科論集』第一三号、二〇一二年、一五七〜一八五頁参照。同草案を作成した「欧州の将来に関する諮問会議」の協議については、see, Frédéric Mauro, "Permanent Structured Cooperation The Sleeping Beauty of European Defence," *ANALYSIS -27 May 2015*, Le Groupe de recherche et d'information sur la paix et la sécurité（GRIP）, www.grip.org/en/node/1751, 2015, pp. 4–6.

(50) アムステルダム条約版ＥＵ条約第二三条一項参照。当時は、国家数ではなく、加重票数によって実行の可否を決めるとしていた。See also, CONV461/02, Brussels, 16 December 2002, pp. 18–19.

(51) リスボン条約版ＥＵ条約第四二条六項および第四六条。

(52) CONV783/03, Brussels, 16 June 2003, p. 2.

(53) *Ibid.*

(54) Alex Warleigh, *Flexible Integration : Which Model for the European Union?*, Sheffield Academic Press, 2002, p. 54, pp. 70–77 ; Philippart, *op.* cit., pp. 7–8 ; Jean-Claude Piris, *The Future of Europe : Towards a Two Speed EU?*, Cambridge University Press, 2012, pp. 81–82. See also, Daniel Thym, "'United in Diversity' The Integration of Enhanced Cooperation into the European Constitutional Order," *German Law Journal*, vol. 6, no. 11, 2005, p. 1741.

（55）Giulia Rossolillo, "Enhanced Cooperation and Economic and Monetary Union : a Comparison of Models of Flexibility," *Reflection Paper 2015 October*, Union of European Federalists, 2015, pp. 11-12.

（56）Thym, *op. cit*., p. 1737.

（57）Richard Corbett, "Two-tier Europe –Really ?" in Steven Blockmans, ed., *Differentiated Integration in the EU : From the Inside Looking Out*, Centre for European Policy Studies（CEPS）, 2014, pp. 8-11.

第10章　越境協力・家族法・特許保護

（1）European Commission, Proposal for a Council Directive, COM（2013）71 final, Brussels, 14 February 2013 ; Council Decision（EU）2016/954 of 9 June 2016, O. J. No. L159, 16 June 2016.

（2）Funda Tekin and Wolfgang Wessels, "Flexibility within the Lisbon Treaty : Trademark or Empty Promise ?" *EIPASCOPE*, 2008/1, 2008, p. 3.

（3）See, Paul Luif and Florian Trauner, "The Prüm Process : The Effects of Enhanced Cooperation within Europe and with the United States in Combating Serious Crime," in Ronald L. Holzhacker and Paul Luif, eds., *Freedom, Security and Justice in the European Union*, Springer, 2014, p. 106.

（4）Convention between the Kingdom of Belgium, the Federal Republic of Germany, the Kingdom of Spain, the French Republic, the Grand Duchy of Luxembourg, the Kingdom of the Netherlands and the Republic of Austria on the stepping up of cross-border cooperation, particularly in combating terrorism, cross-border crime and illegal migration. ＥＵ理事会文書（10900/05, Brussels, 7 July 2005）より。

（5）*Ibid*., Art. 47.

（6）Council Resolution of 29 April 2004 on security at European Council meetings and other comparable events, O. J. No. C116, 30 April 2004.

（7）Council Decision 2008/615/JHA of 23 June 2008, O.J. No. L210, 6 August 2008. See also, Council Decision 2008/616/JHA of 23 June 2008, O. J. No. L210, 6 August 2008.

（8）ＥＵに加盟していないノルウェーとアイスランドは、適用のための協定をＥＵと結んでいる。

（9）Commission Decision（EU）2016/809 of 20 May 2016, O. J. No. L132, 21 May 2016.

(10) Thierry Balzacq, Didier Bigo, Sregio Carrera and Elspeth Guild, "Security and the Two-Level Game : The Treaty of Prüm, the EU and Management of Threats," *CEPS Working Document*, no. 234, January 2006, pp. 17-18.

(11) *Ibid*. See also, Elspeth Guild and Florian Geyer, "Getting local : Schengen, Prüm and the dancing procession of Echternach," *CEPS Commentaries,* 2006.

(12) Christopher Walsch, "Europeanization and Democracy : Negotiating the Prüm Treaty and the Schengen Ⅲ Agreement," *Politička misao*, vol. XLV, no. 5, 2008, p. 86.

(13) *Ibid*., pp. 87-89. See also, European Parliament legislative resolution of 22 April 2008 on the initiative of the Federal Republic of Germany with a view to the adoption of a Council Decision on the implementation of Decision 2008/…/JHA on the stepping up of cross-border cooperation, particularly in combating terrorism and cross-border crime, para. 5.

(14) Hugo Brady, "The EU and the fight against organized crime," *Centre for European Reform*, April 2007, p. 21 ; Luif and Trauner, *op. cit*., pp. 108-109.

(15) O. J. No. L343, 29 December 2010.

(16) O. J. No. L189, 22 July 2010.

(17) Steve Peers, "Divorce, European Style : The First Authorization of Enhanced Cooperation," *European Constitutional Law Review*, no. 6, 2010, pp. 344-345 ; Jan-Jaap Kuipers, "The Law Applicable to Divorce as Test Ground for Enhanced Cooperation," *European Law Journal*, vol. 18, no. 2, 2012, p. 206.

(18) COM (2005) 82 final, 14 March 2005.

(19) *Ibid*., p. 3.

(20) COM (2006) 399 final, 17 July 2006.

(21) リスボン条約に付属される「自由・安全・公正」分野についてのイギリスとアイルランドの立場に関する議定書、ならびにデンマークの立場に関する議定書参照。O. J. No. C115, 9 May 2008, pp. 295-303. See also, Aude Fiorini, "Harmonizing the law applicable to divorce and legal separation -Enhanced cooperation as the way forward ?" *International & Comparative Law Quarterly*, vol. 59, 2010, p. 1144.

(22) EU運営条約第三二九条一項。共通外交・安全保障政策の「より緊密な協力」には適用されない。本書第9章参照。

(23) Peers, *op. cit*., p. 347.

(24) European Parliament legislative resolution of 16 June 2010 on the draft Council decision authorizing enhanced cooperation in the area of the law applicable to divorce and legal separation, P7_TA (2010) 0216, para. 2.
(25) Kuipers, *op. cit.*, p. 216.
(26) Peers, *op. cit.*, pp. 354-355.
(27) Council of the European Union, JUSTCIV214 JAI1008, 17046/1/10REV1, 1 December 2010, p. 8, AnnexⅣ.
(28) *Ibid.*
(29) Kuipers, *op. cit.*, pp. 214-215.
(30) *Ibid.*, pp. 215-216.
(31) マルタは、二〇〇八年時点では、この分野における「より緊密な協力」に懐疑的であった。その後、参加へと方針を転換した。Fiorini, *op. cit.*, p. 1145, n. 16.
(32) 二〇一〇年規則第一三条。O.J. No. L343, 29 December 2010, p14.
(33) Council of the European Union, JUSTCIV214 JAI1008, *op. cit.*, p. 7, Annex.
(34) ＥＵ運営条約第六七条一項。
(35) 同右、第三二八条一項。
(36) See, Kuipers, *op. cit.*, pp. 221-223.
(37) ＥＵ運営条約第三二九条一項。
(38) See, Council of the European Union, JUSTCIV214 JAI1008, *op. cit.*, p. 6, Annex Ⅱ.
(39) See, Steve Peers, "The Constitutional Implications of the EU Patent," *European Constitutional Law Review*, no. 7, 2011, pp. 232-234.
(40) 欧州憲法条約第Ⅲ-一七六条。
(41) COM（2007）165 final, 3 April 2007. 統一特許は、正式には「統一的効果をもつ欧州特許」である。二〇〇七年の委員会提案以前は「共同体特許（Community patent）」と呼ばれていた。
(42) *Ibid.*, p. 9.
(43) 法の接近の分野に該当する措置である。ＥＵ運営条約第一一八条。
(44) Council of the European Union, 14377/10, 6 October 2010.

(45) デンマーク、エストニア、フィンランド、フランス、ドイツ、リトアニア、ルクセンブルク、オランダ、ポーランド、スロベニア、スウェーデン、イギリスの一二カ国である。
(46) COM (2010) 790 final, 14 December 2010.
(47) Council Decision of 10 March 2011, O. J. No. L76, 23 March 2011.
(48) Regulation (EU) No1257/2012 of the European Parliament and the Council of 17 December 2012, O. J. No. L361, 31 December 2012.
(49) Council Regulation (EU) No1260/2012 of 17 December 2012, O. J. No. L361, 31 December 2012.
(50) Agreement on a Unified Patent Court, O. J. No. C175, 20 June 2013. 統一特許裁判所の裁判管轄については、山口敦子「欧州統一特許裁判所と我が国の国際司法――判決の承認・執行の観点から」『国際法外交雑誌』第一一五巻二号、二〇一六年、八一～一〇七頁参照。
(51) Council of the European Union, 9098/17, 15 May 2017, pp. 1-2.
(52) Joined Cases C-274/11 and C-295/11 Spain and Italy v. Council [2013] ECLI : EU : C :2013 : 240.
(53) Case C-146/13 Spain v. Parliament and Council [2015] ECLI : EU : C :2015 : 298 : Case C-147/13 Spain v. Council [2015] ECLI : EU : C :2015 : 299
(54) 統一特許裁判所協定第二十条。
(55) 同右、第二一条。
(56) See, Peers, "The Constitutional Implications ..." *op. cit.*, pp. 245-247.
(57) European Parliament, "EU Patent : Parliament postpones vote due to Council's last-minute change," *Press release-Competition*, 3 July 2012.
(58) Tania Rabesandratana, "After Decades of Debate, E. U. Leaders Sign Off on Single Patent," *Science*, http://news.sciencemag.org, 10 December 2012 (二〇一六年二月一日閲覧). See also, Council of the European Union, 16220/12, 14 November 2012 ; Bardehle Pagenberg, *Unitary Patent and Unified Patent Court*, www.bardehle.com, 2015, pp. 19-20.
(59) Council of the European Union, 13031/10, 31 August 2010.
(60) *Ibid.*, pp. 2-6.
(61) *Ibid.*, p. 5.

（62）Council of the European Union, 14377/10, 6 October 2010, pp. 3-5.
（63）Case C-147/13 Spain v. Council［2015］ECLI : EU : C :2015 : 299, para. 31.
（64）*Ibid*., para.47.
（65）Mathias Lamping, "Enhanced Cooperation : A Proper Approach to Market Integration in the Field of Unitary Patent Protection ?" Max Planck Institute for Innovation and Competition, 2011, pp. 34-35.
（66）本書第9章参照。
（67）管轄する分野も次のように配分されていた。物理・電気・繊維等（パリ本部）、化学・バイオ等（ロンドン支部）、機械工学等（ミュンヘン）。統一特許裁判所協定第七条二項および付属資料Ⅱ。
（68）"Brexit : UK to leave single market, says Theresa May," *BBC News*, 17 January 2017 ; "Theresa May to confirm UK Exit from EU single market," *The Guardian*, 17 January 2017.
（69）興味深い提言を出したのはティルマンである。まずは、統一特許裁判所協定をイギリスが速やかに批准する等して、これを早期に発効させる。その後、同協定に従い設置される運営評議会が、EU離脱後のイギリスが引き続き当事国でいられるように同協定を改正するのである（Winfried Tilmann, "The Future of the UPC After Brexit", http://www.theunitarypatent.com、二〇一六年一二月一日閲覧）。しかし協定第八七条によると、一締約国が一二カ月以内に異議を申し立てた場合、改正は締約国会議の審査に服さねばならない。離脱国に単一市場の利益を容易に付与するべきではないと考える締約国もあるために、会議は難航することが予想される。本章でも触れたことであるが、統一特許裁判所はEU法の卓越性を尊重する義務を負う。イギリスとしても、そのような義務を負う裁判所の判決を容易に受入れることはできそうにない。
（70）See, Hervé Bribosia, "Les coopérations renforcées : Quel modèle d'intégration différenciée pour l'Union européenne ?" Institut Universitaire Européen, 2007, pp. 543-546.
（71）See, Council of the European Union, 13608/16, 28 October 2016. 金融取引税の導入計画と制度設計については、諸富徹「EU金融取引税の制度設計と実行可能性」上村雄彦編『グローバル・タックスの構想と射程』法律文化社、二〇一五年、三一～五三頁参照。

（1）　David Phinnemore, "Crisis-Ridden, Battered and Bruised : Time to Give up on the EU ?" *Journal of Common Market Studies*, vol. 53 Annual Review, 2015, pp. 61-74.

（2）　庄司克宏『欧州の危機 Brexit ショック』東洋経済新報社、二〇一六年、第四章；遠藤乾『欧州複合危機――苦悩するＥＵ、揺れる世界』中央公論新社、二〇一六年、第四章；力久昌幸「ＥＵ国民投票と英国情勢の展望」『海外事情』第六四巻一二号、二〇一六年、六～一二頁。

（3）　See, Ian Bond, Sophia Besch, Agata Gostyńska-Jakubowska, Rem Korteweg, Camio Mortera-Martinez and Simon Tilford, "Europe after Brexit : Unleashed or undone ?" Center for European Reform, April 2016 ; Mtthias Matthijs, "Europe After Brexit : A Less Perfect Union," *Foreign Affairs*, January/February 2017, p. 85.

（4）　Stephen George, *An Awkward Partner : Britain in the European Community*, third edition, Oxford University Press, 1998.

（5）　スーザン・ストレンジ（櫻井公人訳）『国家の退場』岩波書店、一九九八年。

（6）　森井裕一「揺れる米独関係」ニューズウィーク日本版（電子版）、二〇一七年六月二日。

（7）　See, e. g., "Hollande, Merkel, Rajoy et Gentiloni pour une Europe á la Carte," *Le Figaro*, 6 mars 2017 ; Aline Robert, "Versailles : A Summit to restore faith in Europe," *EurActiv*, 6 March 2017.

（8）　European Commission, *White Paper on the Future of Europe : Reflections and scenarios for the EU27 by 2025*, March 2017, pp. 20-21.

（9）　The Rome Declaration, European Council The President, Press Release, 149/17, 25 March 2017.

（10）　Frédéric Mauro, "Permanent Structured Cooperation : The Sleeping Beauty of European Defence," Le Groupe de recherche et d'information sur la paix et la sécurité（GRIP）, Analysis-27 May 2015.

（11）　European Commission, *op. cit.*, p. 20 ; European Commission, *Reflection Paper on the Social Dimension of Europe*, April 2017, pp. 28-29.

（12）　E. g., Alexander Stubb, "Europe's choice : a hard core or enhanced cooperation," *Financial Times*, 17 February 2017 ; Steven Blockmans, "The uncertain future of the European Union," International Politics and Society（IPS）, 6 March 2017.

（13）　"Jean-Claude Juncker's white paper on the future of Europe : five scenarios not to make a choice," European Green

Party, 3 April 2017.

（14）Frédérique Cerisier, "European Union What future for Europe ?" economic-research.bnpparibas.com, 24 March 2017, p. 3.

（15）See, Jeroen Bult, "A Dilemma for the Baltic States," *Visegrad Insight*, 17 June 2016.

（16）Ivaylo Iaydjiev, "Those who want more, do more ? A view from Bulgaria," *Open Democracy*, 28 April 2017.

（17）Wojciech Przybylski, "Hungary and Poland are facing a strong criticism from the United Nations, the European Parliament and the European Council," *Visegrad Insight*, 18 May 2017.

（18）次の邦語・邦訳文献を参照。ウルリッヒ・ベック（島村賢一訳）『ユーロ消滅？——ドイツ化するヨーロッパへの警告』岩波書店、二〇一三年；エマニュエル・トッド（堀茂樹訳）『「ドイツ帝国」が世界を破滅させる』文藝春秋、二〇一五年；田中素香『ユーロ危機とギリシャ反乱』岩波書店、二〇一六年；水野和夫『閉じてゆく帝国と逆説の二一世紀経済』集英社、二〇一七年。

（19）Quoted in Sumantra Maitra, "The EU is essentially a German Empire : Peter Hitchens on Geopolitics and the Future of Europe," *Quillette*, 19 May 2017.

（20）前者の議論については以下参照。中村健吾『欧州統合と近代国家の変容——EUの多次元的ネットワーク・ガバナンス』昭和堂、二〇〇五年；Jan Zielonka, *Europe as Empire The Nature of the Enlarged European Union*, Oxford University Press, 2006.

（21）Federico Steinberg and Mattias Vermeiren, "Germany's Institutional Power and the EMU Regime after the Crisis : Towards a Germanized Euro Area ?" *Journal of Common Market Studies*, vol. 54, no. 2, 2016, pp. 388-407.

（22）E. g., Carl J. Friedrich, "International Federalism in Theory and Practice," in Elmer Plischke, ed., *Systems of Integrating the International Community*, D. Van Nostrand Company, 1964, pp. 140-141.

あとがき

恩師の故・金丸輝男先生がヨーロッパ統合の研究を始められたのは、一九五〇年代とうかがっている。先生によると、当時から「ヨーロッパ統合は成功しない。研究する価値があるのか」といった言葉を、同僚からしばしば投げかけられた。その同僚は冗談交じりであり、先生も苦笑いしながら往時を回顧されていたのであるが、なぜこの挿話を持ち出したかというと、ヨーロッパ統合は失敗であったとする言説が近年巷にあふれているからである。

そのような言説の中には、たしかに優れた知見や分析がある。とはいえ、他の言説の中には、ヨーロッパや一部のEU加盟国が取り入れてきた政治・経済・社会体制や伝統への嫌悪感に支えられていると思しきものが散見される。幸か不幸か――否、ここでは「幸」と断定しておこう――EU研究に従事する者の多くは、統合失敗論に対する耐性と免疫を備えている。ヨーロッパ統合史上初めてといえる危機的な状況にある今こそ、冷静かつ精緻にヨーロッパを見つめる時であろう。

本書の一部は、次の論文が初出となる。「EU多数決制の起源と成立」『国際論集』北九州市立大学、第一二号、二〇一四年（第1章）。「贈与の共同体としてのEU」『グローバル・ガバナンス』グローバル・ガバナンス学会、第一号、二〇一四年（第2章）。「EU東方拡大過程の胎動とフランス・ミッテラン政権」『同志社法学』第五三巻一号、二〇〇一年（第3章）。「グローバル世界の中のEU人権外交」『日本EU学会年報』日本EU学会、第三三号、二〇一三年（第4章）。「EU人権統治の現代的様相」『政治研究』九州大学、第六〇号、二〇一三年（第5章）。「EUのテロ対策と人権保護」『阪南論集社会科学編』阪南大学、第五一巻三号、二〇一六年（第6章）。「EU『共通の価値』と加盟国の法治体制」『国際政治』日本国際政治学会、第一八二号、二〇一五年（第7章）。「EUにおける先行統合の制度整備」『外国語学部紀要』北九州市立大学、第一四四号、二〇一七年（第9章）。いずれの章も、初出時より若干もしくは大幅な加筆修正を施している。序章・第8章・第10章・終章は書き下ろしである。

また本書は、文部科学省科学研究費基盤研究C（一五K〇三三二七）による成果の一部でもある。出版に際しては、北九州市立大学の助成を受けた。

日々ご指導いただいている先輩の先生方、そして常に知的な刺激を与えてくれる仲間に恵まれながら研究できる幸せを噛みしめている。改めて御礼申し上げる。本来であれば御一名ずつ謝意を表すべきところ、失礼をご海容いただきたい。

大学で共に学んだミネルヴァ書房編集部の田引勝二さん、そして編集部の皆様には感謝しかない。ありがとうございました。

二〇一七年一一月一〇日

筆　者

「国際政治・日本外交叢書」刊行の言葉

日本は長らく世界のなかで孤立した存在を、最近にいたるまで当然のこととしていた。たしかに日本は地理的にも外交的にもアジア大陸から一定の距離を保ちつつ、文字、技術、宗教、制度といった高度な文明を吸収してきたといってよい。しかも日本にとって幸いなことに、外国との抗争は、近代に入るまでそれほど頻繁ではなかった。七世紀、一二世紀、一六世紀とそれぞれ大きな軍事紛争に日本は参加したが、平和な状態の方が時間的には圧倒的に長かった。とりわけ江戸時代には、中国を軸とする世界秩序から大きく離脱し、むしろ日本を軸とする世界秩序、日本の小宇宙を作らんばかりの考えを抱く人も出てきた。

日本が欧米の主導する国際政治に軍事的にも外交的にも参加するようになったのは、一九世紀に入ってからのことである。日本を軸とする世界秩序構想はいうまでもなく現実離れしたものだったため、欧米を軸とする世界秩序のなかで日本の生存を図る考えが主流となり、近代主権国家を目指した富国と強兵、啓蒙と起業（アントルプルナールシップ）の努力と工夫の積み重ねが、すなわち日本の近代史であった。ほぼ一世紀前までに日本は欧米の文明国から学習した国際法を平和時にも戦争時にも遵守し、規律のある行動を取るという評判を得ようとした。それが義和団事変、日清戦争、日露戦争の前後である。

だが、当時の東アジアは欧米流の主権国家の世界ではなく、むしろ欧米と日本でとりわけ強まっていた近代化の勢いから取り残され、貧困と混乱と屈辱のなかで民族主義の炎が高まっていった。日本は東洋のなかで文明化の一番手であればこそ、アジアの心を理解できるはずだったが、むしろ欧米との競争に東洋の代表として戦っていると思い込み、アジアの隣人は日本の足枷になるとの認識から、彼らを自らの傘下に置くことによってしか欧米との競争に臨めないとの考えに至ったのである。

しかし、その結果、第二次世界大戦後には欧米とまったく新しい関係を育むことが出来るようになった。しかも一九世紀的な主権国家を軸とする世界秩序から、二〇世紀的な集団的安全保障を軸とする世界秩序を経験し、さらには二一世紀的なグローバル・ガバナンスを軸とする世界秩序が展開するのを眼前にしている。二一世紀初頭の今日、世界のなかの日本、日本の外交、そして世界政治についての思索が、今ほど強く日本人に求められている時はないといってもよいのではなかろうか。

われわれは様々な思索の具体的成果を「国際政治・日本外交叢書」として社会に還元しようとするものである。この叢書では、国際政治・日本外交の真摯な思索と綿密な検証を行う学術研究書を刊行するが、現代的な主題だけでなく、歴史的な主題も取りあげ、また政策的な主題のみならず、思想的な主題も扱う。われわれは所期の目的達成の産婆役としての役割を果たしたい。

二〇〇六年六月一日

編集委員　五百旗頭真・猪口孝・国分良成
白石隆・田中明彦・中西寛・村田晃嗣

《著者紹介》

山本　直（やまもと・ただし）

1972年　京都府生まれ。

同志社大学法学部卒業，同大学院法学研究科博士後期課程退学（博士，政治学）。

北九州市立大学外国語学部講師，テュービンゲン大学政治学研究所客員研究員等を経て，

現　在　北九州市立大学外国語学部准教授。

専　攻　国際政治学，国際統合論，欧州統合研究。

著　作　『EU とグローバル・ガバナンス』共著，早稲田大学出版部，2009 年。

『リスボン条約による欧州統合の新展開』共著，ミネルヴァ書房，2009 年。

『EU 人権政策』成文堂，2011 年。

『EU 欧州統合の現在　第 3 版』共著，創元社，2012 年。

『EU・欧州統合研究　改訂版』共著，成文堂，2016 年，など。

国際政治・日本外交叢書㉑

EU 共同体のゆくえ

――贈与・価値・先行統合――

2018 年 3 月 30 日　初版第 1 刷発行　〈検印省略〉

定価はカバーに
表示しています

著　者　山　本　直

発行者　杉　田　啓　三

印刷者　大　道　成　則

発行所　株式会社　ミネルヴァ書房

607-8494　京都市山科区日ノ岡堤谷町 1

電話代表　(075)581-5191

振替口座　01020-0-8076

太洋社・新生製本

ISBN978-4-623-08218-6

Printed in Japan

人名索引

あ 行

アデナウアー，K.　24
アナン，K.　88
アハティサーリ，M.　94
アブラモプロス，D.　119
アマート，G.　180
アリストテレス　2
アルストン，P.　94, 95, 97
アルブレヒト，J.　119
イリエスク，I.　65
ウエルベック，M.　129
ウォーカー，P.　31
ウォレス，H.　18, 20
エッチンガー，G.　151
エルンスト，C.　120
オバマ，B.　156
オルバン，V.　134, 143, 144, 155

か 行

カー，E.H.　45
カズヌーブ，B.　125
カチンスキ，J.　49, 150, 154, 155
ガティ，C.　143
金丸輝男　31
クーブドミュルビル，M.　31
クカン，E.　66
クルース，N.　136
ケールスメーカー，P.de　31
コール，H.　61, 68, 69, 172, 184
小坂井敏晶　36
ゴジ，S.　146
ゴルバチョフ，M.　63
ゴンザレス，F.　68

さ 行

サッチャー，M.　30, 31, 34, 48, 49
サン-ピエール，A.de　44
ジェレネツ，J.　66
ジスカルデスタン，V.　180, 183, 184
シドゥウォ，B.　150, 154, 156, 158
シューマン，R.　24
シュミッター，P.　7
シュルツ，M.　126, 151
ジョブロ，Z.　151, 156
シラク，J.　60, 70, 178
スタインバーグ，F.　214
スパーク，P.-H.　26, 28, 29
スリジエ，F.　212

た・な 行

チマーマンス，F.　151-154, 161
チョーカー，L.　32
チンデマンス，L.　33
テイラー，M.　44
デハーネ，J.-L.　180
デミケリス，G.　68
テンニエス，F.　4, 50
ドイッチュ，K.　2, 3 42, 46, 47, 81
トゥスク，D.　6, 125, 126, 127, 160
ドゥダ，A.S.　148, 149, 156, 158
ドゴール，C.　30, 31, 34, 48, 49
トランプ，D.　210
ドロール，J.　60
ノエル，E.　29

は 行

ハース，E.　46, 47, 81

ハード，D.　32
ハウ，G.　32
ハエス・レンショー，F.　18, 20
バシチコフスキ，W.　151, 152, 154, 155, 158
ハベル，V.　61, 65
バラデュール，É.　64-66, 68, 69, 172
バルザック，T.　190
ハルシュタイン，W.　30
バローゾ，J.　136, 137, 141
ピアソン，P.　56-58
ヒッチェンズ，P.　213
ピッテッラ，G.　120
ピノー，C.　27, 28
ピム，F. L.　31
ファンデンブルック，H.　65
フィッシャー，J.　177, 178, 184
フェルホフスタット，G.　136
フェルメーレン，M.　214
ブッシュ，G. W.　85
ブデル，G.　33
ブレア，A.　174
ブレンターノ，H. von　28
ブロッカー，P.　163, 164
プロディ，R.　133
ペントランド，C.　51
ホールマイヤー，M.　120
ボレル，J. B.　190

ま　行

マクロン，E.　210
マルムストロム，C.　110
ミッテラン，F.　58-65, 67-70, 83
メイ，T.　202
メージャー，J.　172, 173
メルケル，A.　210
モース，M.　9, 35-37, 39, 41, 47, 48, 51
モネ，J.　4, 5 21, 22, 24
モラブチック，A.　42, 55

や　行

ユンケル，J.-C.　106, 161
ヨウロワ，V.　151

ら　行

ランゲー，A.　66
リントナー，J.　41
ルペン，M.　210
ルンス，J.　28
レヴィ＝ストロース，C.　38, 39
レディング，V.　136, 140, 141
レナード，M.　85

わ　行

ワイラー，J. H. H.　94, 95, 97
ワルシュ，C.　191

事項索引

あ 行

アムステルダム条約　76, 167, 168, 172-179, 183-186, 192, 206
アメリカ　1, 5 7, 45, 60, 73, 75, 76, 81, 118, 125, 145, 156, 208, 210, 213
アラブの春　208
アラブ連盟　6
安全保障共同体　2, 3
安全保障のジレンマ　45, 46
安定条約　65, 66
イオニアの妥協　48, 49
域内市場　20, 32, 58, 169
イギリスの EU 離脱　2
イスラム　109, 125-129, 158
一般特恵関税制度　78
ウェストファリア　15, 33
黄金の拘束服　8
欧州安全保障協力会議　66
欧州安全保障協力機構　135
欧州安定条約　62, 64, 68, 69
欧州開発基金　79
欧州協定　62
欧州検察局　203
欧州憲法条約　95, 167, 168, 179, 184, 197, 211
欧州国家連合　58, 59, 60, 61, 63, 65
欧州社会憲章　99
欧州自由民主連合　136
欧州審議会　54, 65, 66, 80, 89, 97, 99, 102, 106, 116, 134, 135, 139, 151, 162
欧州人権裁判所　89, 94, 99, 116
欧州人権条約　95, 99, 101, 103, 106, 108, 110, 116, 134, 138
欧州人種主義・外国人排斥監視センター　92, 111, 205
欧州人民党　120, 136
欧州政治協力　82
欧州対外行動局　85
欧州逮捕令状　113
欧州データ保護監督官　119, 191
欧州的アイデンティティ　82, 83, 90
欧州統一左派　119, 120
欧州同盟条約案　163
欧州特許　197, 199
欧州特許条約　197, 200
欧州復興開発銀行　63, 67
欧州緑の党　66, 119, 136, 212
欧州連邦　16, 178
オプト・アウト　167

か 行

外務・安全保障政策上級代表　170
架け橋条項　195
加盟候補国　80, 106, 108, 168, 182
加盟前の戦略　62, 67, 69
関税同盟　82, 92
北大西洋条約機構　54, 85, 156, 206
基本権憲章　76, 84, 95, 102, 103, 108, 112, 115, 116, 119, 140, 141, 162
基本権プラットフォーム　97, 98
「9・11」事件　113, 118
旧ユーゴスラビア　82, 106
——国際刑事法廷　94
共通外交・安全保障政策　64, 75, 78-82, 104, 169, 180-183, 170, 171, 174-176, 179
共通農業政策　20, 30, 92
共通の立場　179, 181, 182

共同市場　26, 27, 30
京都議定書　78
キリスト教　34, 132, 206
緊急ブレーキ（手続き）　174, 178
金融取引税　187, 203
空席危機　30
グローバル化　8, 9 74, 207, 209
経済通貨同盟　204
警察・司法協力　176, 179, 180
ゲマインシャフト　4
建設的な棄権　175, 183
恒常的組織協力　183, 211
交流主義　46, 47
国際刑事裁判所　75-77
国際私法に関するハーグ会議　195
国際通貨基金　49, 63, 143
国際連合（国連）　28, 29, 41, 74, 117, 205
——安全保障理事会　24, 28, 75, 79, 209
——社会権規約　87
——自由権規約　84
——人権理事会　88
——総会　15, 18, 76, 117
国際連盟　28, 29
国際労働機関　78
国民投票　5, 63, 156, 196, 202, 208
コトヌー協定　79, 86
コペンハーゲン基準　62, 64, 66, 144, 145
固有財源　30
コンストラクティビズム　51
コンディショナリティ　73, 77, 78, 80, 81, 89, 90, 159

さ　行

サン・マロ合意　183
シェンゲン　11, 121-124, 129, 164, 187, 189, 190, 204
死刑制度　83
自己高揚　83
司法・内務協力　104, 107, 108, 111
社会民主　120, 136
ジャガイモ飢饉　47
「自由・安全・公正」分野　108, 192, 196
シューマン宣言　21
主権平等　43
主要国首脳会談　210
障害者権利条約　76, 77
常駐代表委員会　201
新機能主義　1, 2 46, 55, 57
新現実主義　45
西欧同盟　66, 175
世界銀行　63
世界人権宣言　74
世界貿易機関　87
全会一致　15, 17, 22, 24-28, 33, 34, 42, 48, 80, 95-97, 99, 133, 140, 155, 171, 173, 174, 177, 182, 189, 192-194, 197, 203
全体主義　73
相互扶助　4, 37
阻止少数　49
ソビエト連邦　5, 7 60, 63, 73, 81, 82, 127

た　行

対イラク武力行使　210
第二次世界大戦　3, 7
多国間主義　7
多次元統治　8, 9
単一欧州議定書　32, 83, 163
単一市場　6, 34, 197, 202, 206, 211, 213
チェチェン紛争　86
力の政治　16
超国家性　1, 21
朝鮮戦争　21
直接効果　44
通常立法手続き　170, 177, 198
帝国　8
デンマーク風刺画事件　125

ドイツ憲法　27
統一行動　65, 179, 181, 182
統一特許　197-199, 200, 202-204, 209
統一特許裁判所　198-200, 202
東西冷戦　53, 58, 206
同時多発テロ事件　75
東南アジア諸国連合　2, 6 44
特定多数決　9, 16, 17, 42, 80, 96, 137, 170, 173, 174, 179, 182, 183, 192-194, 198, 214
特別立法手続き　182, 198
トルコ　208

な　行

ナショナリズム　45
ナチス　132
ナチスドイツ　45, 155
難民　121, 150, 154, 156, 209
ニース条約　167, 168, 176-179, 181, 183-186, 188, 206
ノブレス・オブリージュ　20, 48

は　行

ハーグ・プログラム　188, 191
排外主義　9
排他的な権限　168, 169
バルトの道　127
東アジア共同体　44
ピクニック計画　134
人の自由移動　187, 192
ヒューマン・ライツ・ウォッチ　90, 140
費用便益分析　45
比例性　8
不法移民　121
フラネット　97-99
プリュム条約　187-191, 198, 201
ベニス委員会　151, 152, 157
ベルリンの壁　58
補完性原則　8, 33, 152, 180
ポトラッチ　36
ポピュリズム　155
ホロコースト　73, 108

ま　行

マーストリヒト条約　32, 63, 73, 124, 163, 172, 192, 204
マドリード列車爆破事件　114
民事における司法協力　203
民主主義の赤字　8

や　行

ユーゴスラビア連邦　63
ユーロ　164, 176, 177, 207, 211, 212
——危機　49
四つの自由移動　6

ら・わ　行

ライシテ　128
リスボン条約　49, 83, 93, 111, 118, 120, 131, 132, 154, 168, 173, 179, 181, 184-186, 206, 211
立憲主義　113, 114, 163
リベラリズム　73
リベラル政府間主義　1, 2 51, 54-56, 69
ルクセンブルクの妥協　29-32, 49, 174
歴史的制度論　54-56, 58, 61
連合協定　62-64, 68, 105
ロシア　145, 158, 212
ロマ人　89, 130, 134, 135
ロンドン爆破事件　114
私たち感情　46

欧　文

EU 域外からの移民　190
EU オンブズマン　180
EU 法の優位性　44

参考文献

アタリ，ジャック（磯村尚徳監訳）『ヨーロッパ未来の選択』原書房，1995年。

荒木誠之・桑原洋子編『社会保障法・福祉と労働法の新展開』信山社，2010年。

池田謙一・唐沢穣・工藤恵理子・村本由紀子『社会心理学』有斐閣，2010年。

石垣泰司「欧州統合と対テロ政策」『日本EU学会年報』第27号，2007年。

石田淳「国際関係論はいかなる意味においてアメリカの社会科学か」『国際政治』日本国際政治学会，第160号，2010年。

猪口孝ほか編『アメリカによる民主主義の推進』ミネルヴァ書房，2006年。

ヴィーナー，アンツェ，トマス・ディーズ編（東野篤子訳）『ヨーロッパ統合の理論』勁草書房，2010年。

植田隆子「EU，NATOの東方拡大と欧州国際政治の変容」『国際問題』第458号，1998年。

植田隆子編『EUスタディーズ 対外関係』勁草書房，2007年。

上村雄彦編『グローバル・タックスの構想と射程』法律文化社，2015年。

ウエルベック，ミシェル（大塚桃訳）『服従』河出書房新社，2015年。

臼井陽一郎『環境のEU，規範の政治』ナカニシヤ出版，2013年。

遠藤乾『統合の終焉』岩波書店，2013年。

遠藤乾『欧州複合危機』中央公論新社，2016年。

大沢秀介「アメリカのテロ対策と人権問題」『国際問題』第526号，2004年。

大沢秀介・小山剛編『市民生活の自由と安全』成文堂，2006年。

大貫啓行「反テロ戦争下の人権に関する備忘録」『麗澤経済研究』第13巻1号，2005年。

長部重康・田中友義編『拡大ヨーロッパの焦点――市場統合と新秩序の構図』ジェトロ，1994年。

尾上修悟『欧州財政統合論』ミネルヴァ書房，2014年。

鹿島茂・関口涼子・堀茂樹編著「シャルリ・エブド事件を考える」『ふらんす』白水社，2015年。

金丸輝男「EECの政策決定過程における多数決方式と『一括処理』方式」『国際政治』日本国際政治学会，第77号，1984年。

金丸輝男「欧州同盟（European Union）と国家主権」『同志社法学』第49巻3号，1998年。

金丸輝男編『EUとは何か』ジェトロ，1994年。

金丸輝男編『ヨーロッパ統合の政治史』有斐閣，1994年。

金丸輝男編『EUアムステルダム条約』ジェトロ，2000年。

鴨武彦『国際統合理論の研究』早稲田大学出版部，1985年。

川口マーン惠美『住んでみたドイツ8勝2敗で日本の勝ち』講談社，2013年。

川保甲子夫編著『社会心理学』八千代出版，2004年。

菅英輝編著『冷戦と同盟——冷戦終焉の視点から』松籟社，2014年。

クアンユー，リー（古川栄一訳）「人権外交は間違っている」『諸君！』9月号，1993年。

クアンユー，リー（小牧利寿訳）『リー・クアンユー回顧録』下，日本経済新聞社，2000年。

高坂正堯「政治に“教科書”はない」『司馬遼太郎対話選集7　人間について』文藝春秋，2006年。

高齢・障害者雇用支援機構障害者職業総合センター「欧米諸国における障害者権利条約批准に向けた取り組み」資料シリーズ第42号，2008年。

小久保康之「EUの東方拡大と『アジェンダ2000』」『外交時報』1998年3月。

小坂井敏晶『社会心理学講義』筑摩書房，2013年。

児玉昌己『欧州議会と欧州統合』成文堂，2004年。

ゴドリエ，モーリス（山内昶訳）『贈与の謎』新装版，法政大学出版局，2014年。

小林正英「EU文民的安全保障政策の成立と発展」『法学研究』慶應義塾大学，第84巻1号，2011年。

コヘイン，ロバート（石黒馨・小林誠訳）『覇権後の国際政治経済学』晃洋書房，1998年。

小森田秋夫『体制転換と法——ポーランドの道の検証』有信堂，2008年。

小森田秋夫「ポーランドにおける『過去の清算』の一断面」『早稲田法学』第87巻2号，2012年。

小森田秋夫「欧州を驚かすポーランドの政変——2015年の2つの選挙が生み出した議会多数派至上主義の〝暴走〟」『ロシア・ユーラシアの経済と社会』第1002号，2016年。

サン-ピエール（本田裕志訳）『永久平和論』1，京都大学学術出版会，2013年。

清水貞俊『欧州統合への道』ミネルヴァ書房，1998年。

シューマン，ロベール（上原和夫・杉辺利英訳）『ヨーロッパ復興』朝日新聞社，1964年。

庄司克宏「アムステルダム条約とEUの多段階統合」『外交時報』1998年3月号。

庄司克宏『欧州連合』岩波書店，2007年。

庄司克宏『欧州の危機 Brexit ショック』東洋経済新報社，2016年。

須網隆夫「地域的国際機構と国際テロリズム規制」『国際法外交雑誌』第106巻1号，2007年。

杉原泰雄『人権の歴史』岩波書店，1992年。

鈴木輝二「中東欧諸国のEU加盟準備過程」『日本EU学会年報』第18号，1998年。

ストレンジ，スーザン（櫻井公人訳）『国家の退場』岩波書店，1998年。

スミス，マイケル・J（押村嵩他訳）『現実主義の国際政治思想』垣内出版，1997年。

高橋進・石田徹編『「再国民化」に揺らぐヨーロッパ』法律文化社，2016年。

武田健「EU政府間交渉における威圧的な脅し」『国際政治』日本国際政治学会，第177号，2014年。

辰巳浅嗣「EUの対ユーゴ政策――欧州政治協力（EPC）から共通外交・安全保障政策（CFSP）への歩み」『国際法外交雑誌』第94巻1号，1995年。

辰巳浅嗣『EUの外交・安全保障政策』成文堂，2001年。

辰巳浅嗣「CFSP上級代表の設置とハヴィエル・ソラナの役割」『同志社法学』第53巻6号，2002年。

辰巳浅嗣編著『EU欧州統合の現在』第3版，創元社，2012年。

辰巳浅嗣・鷲江義勝編著『国際組織と国際関係』成文堂，2003年。

田中素香『ユーロ危機とギリシャ反乱』岩波書店，2016年。

田中俊郎『EUの政治』岩波書店，1998年。

ダルトロップ，アン（金丸輝男監訳）『ヨーロッパ共同体の政治』有斐閣，1984年。

チャルディーニ，ロバート・B（社会行動研究会訳）『影響力の武器』第2版，誠信書房，2007年。

ツェベリス，ジョージ（眞柄秀子・井戸正伸訳）『拒否権プレイヤー』早稲田大学出版部，2009年。

塚田鉄也『ヨーロッパ統合正当化の論理』ミネルヴァ書房，2013年。

テンニエス（杉之原寿一訳）『ゲマインシャフトとゲゼルシャフト』上，岩波書店，1957年。

ドゴール，シャルル（朝日新聞外報部訳）『ドゴール希望の回想・第一部「再生」』朝日新聞社，1971年。

トッド，エマニュエル（堀茂樹訳）『「ドイツ帝国」が世界を破滅させる』文藝春秋，2015年。

トマチェフスキー，カタリナ（宮崎繁樹・久保田洋監訳）『開発援助と人権』国際書院，1992年。

中坂恵美子「ヨーロッパ統合における人の自由移動」『法政論集』名古屋大学，第202号，2004年。

中西優美子『EU権限の法構造』信山社，2013年。

中村健吾『欧州統合と近代国家の変容』昭和堂，2005年。

中村民雄『欧州憲法条約——解説と翻訳』衆憲資56号，衆議院憲法調査会事務局，2004年。

中村民雄『EUとは何か』信山社，2015年。

中村民雄・須網隆夫編著『EU法基本判例集』第2版，日本評論社，2010年。

西谷修・栗田禎子「罠はどこに仕掛けられたか」『現代思想』第43巻5号，2015年。

西脇靖洋「ポルトガルのEEC加盟申請」『国際政治』日本国際政治学会，第168号，2012年。

ニーバー，ラインホールド（大木英夫訳）『道徳的人間と非道徳的社会』白水社，1998年。

ハスラム，ジョナサン（角田史幸・川口良・中島理暁訳）『誠実という悪徳』現代思潮新社，2007年。

バタイユ，ジョルジュ（生田耕作訳）『呪われた部分』二見書房，1973年。

畑山敏夫『現代フランスの新しい右翼』法律文化社，2007年。

八谷まち子編『EU拡大のフロンティア——トルコとの対話』信山社，2007年。

羽場久美子「ヨーロッパ拡大とハンガリーおよび周辺地域マイノリティの『民主化』」日本比較政治学会編『EUのなかの国民国家』早稲田大学出版部，2003年。

羽場久美子・溝端佐登史編著『ロシア・拡大EU』ミネルヴァ書房，2011年。

原田徹「EU政治過程におけるリベラルと保守の対抗関係」『同志社政策科学研究』第18巻2号，2016年。

ピアソン，ポール（粕谷祐子監訳）『ポリティクス・イン・タイム』勁草書房，2010年。

東野篤子「EU東方拡大への道，1995—1997年」『日本EU学会年報』第20号，2000年。

引馬知子「国連障害者権利条約のEU正式確認」『自由と正義』第61号，2010年。

ヒーター，デレック（田中俊郎監訳）『統一ヨーロッパへの道』岩波書店，1994年。

福田耕治『EC行政構造と政策過程』成文堂，1992年。

福田耕治編『多元化するEUガバナンス』早稲田大学出版部，2011年。

福田耕治編著『EU・欧州統合研究』改訂版，成文堂，2016年。

藤本茂「国際システムにおける『制度』の役割に関する経済学的分析」『国際政治』日本国際政治学会，第132号，2003年。

ペスカトール，ピエール（小田滋監修，大谷良雄・最上敏樹訳）『EC法』有斐閣，1979年。

ベック，ウルリッヒ（島村賢一訳）『ユーロ消滅？』岩波書店，2013年。

細谷雄一編『イギリスとヨーロッパ』勁草書房，2009年。

ホフマン，スタンリー（寺澤一監修・最上敏樹訳）『国境を超える義務』三省堂，1985年。

堀口健治・福田耕治編『EU政治経済統合の新展開』早稲田大学出版部，2004年。

マリノフスキ，ブロニスロウ（増田義郎訳）『西太平洋の遠洋航海者』講談社，2010年。

水野和夫『閉じてゆく帝国と逆説の21世紀経済』集英社，2017年。

南塚信吾『図説ハンガリーの歴史』河出書房新社，2012年。

宮治一雄「EUとマグレブ3国」『現代の中東』アジア経済研究所，第22号，1997年。

モース研究会『マルセル・モースの世界』平凡社，2011年。

百濟勇『EUの「東方拡大」とドイツ経済圏』日本評論社，1999年。

森千香子・エレン・ルバイ編『国境政策のパラドクス』勁草書房，2014年。

森嶋通夫『日本にできることは何か』岩波書店，2001年。

安江則子「アムステルダム条約におけるフレキシビリティ概念とEU統合の新局面」『政策科学』立命館大学，第5巻2号，1998年。

安江則子『欧州公共圏』慶應義塾大学出版会，2007年。

安江則子編著『EUとグローバル・ガバナンス』法律文化社，2013年。

山影進『対立と共存の国際理論』東京大学出版会，1994年。

山口敦子「欧州統一特許裁判所と我が国の国際司法――判決の承認・執行の観点から」『国際法外交雑誌』第115巻2号，2016年。

山田亮子「イラク戦争後のEU安全保障・防衛政策の新展開」『愛知県立大学大学院国際文化研究科論集』第13号，2012年。

山本直「歴史的制度主義によるEU分析の特徴と諸問題」『同志社法学』第52巻4号，2000年。

山本直「EU東方拡大過程の胎動とフランス・ミッテラン政権」『同志社法学』第53巻1号，2001年。

山本直『EU人権政策』成文堂，2011年。

山本直「グローバル世界の中のEU人権外交」『日本EU学会年報』第33号，2013年。

山本直「EU人権統治の現代的様相」『政治研究』九州大学，第60号，2013年。

山本直「贈与の共同体としてのEU」『グローバル・ガバナンス』グローバル・ガバナンス学会，第1号，2014年。

山本直「EU多数決制の起源と成立」『国際論集』北九州市立大学，第12号，2014年。

山本直「EU『共通の価値』と加盟国の法治体制」『国際政治』日本国際政治学会，

第182号，2015年。

山本直「EUのテロ対策と人権保護」『阪南論集社会科学編』阪南大学，第51巻3号，2016年。

山本直「地域統合」出原政雄・長谷川一年・竹島博之編『原理から考える政治学』法律文化社，2016年。

山本直「EUガバナンスの様相」『グローバル・ガバナンス』グローバル・ガバナンス学会，第3号，2016年。

山本直「EUにおける先行統合の制度整備」『外国語学部紀要』北九州市立大学，第144号，2017年。

山本吉宣・羽場久美子・押村高編著『国際政治から考える東アジア共同体』ミネルヴァ書房，2012年。

鷲江義勝「EUの理事会における加重票数及び特定多数決と人口に関する一考察」『同志社法学』第53巻6号，2002年。

鷲江義勝編著『リスボン条約による欧州統合の新展開』ミネルヴァ書房，2009年。

渡邊啓貴『米欧同盟の協調と対立』有斐閣，2008年。

渡邊啓貴『現代フランス』岩波書店，2015年。

力久昌幸『イギリスの選択』木鐸社，1996年。

力久昌幸『ユーロとイギリス』木鐸社，2003年。

力久昌幸「EU国民投票と英国情勢の展望」『海外事情』第64巻12号，2016年。

ルンデスタッド，ゲア（河田潤一訳）『ヨーロッパの統合とアメリカの戦略』NTT出版，2005年。

レヴィ=ストロース，クロード（福井和美訳）『親族の基本構造』青弓社，2000年。

ロシア東欧貿易会編『中欧諸国のEU加盟の準備過程』ロシア東欧貿易会，1997年。

ロドリック，ダニ（柴山桂太・大川良文訳）『グローバリゼーション・パラドクス』白水社，2014年。

Adler, Emanuel, and Michael Barnett, eds., *Security Communities*, Cambridge University Press, 1998.
Ágh, Attila, "Decline of democracy in east-central Europe : The last decade as the lost decade in democratization," *Journal of Comparative Politics*, vol. 7, no. 2, 2014.
Alston, Philip, ed., with Mara Bustelo and James Heenan, *The EU and Human Rights*, Oxford University Press, 1999.
Alston, Philip and Olivier de Schutter, eds., *Monitoring Fundamental Rights in the EU : The Contribution of the Fundamental Rights Agency*, Hart Publishing, 2005.
Arnull, Anthony and Wincott, eds., *Accountability and Legitimacy in the European*

Union, Oxford University Press, 2002.

Auvret-Finck, Josiane, "Les procédures de sanction internationale en vigueur dans l'ordre interne de l'Union et la défense des droits de l'homme dans le monde," *Revue trimestrielle de droit européen*, vol. 39, no. 1, 2003.

Baehr, Peter R. *The Role of Human Rights in Foreign Policy*, St.Martin's Press, 1994.

Balzacq, Thierry, Didier Bigo, Sregio Carrera and Elspeth Guild, "Security and the Two-Level Game : The Treaty of Prüm, the EU and Management of Threats," *CEPS Working Document*, no. 234, January 2006.

Barroso, José Manuel Durão, *State of the Union 2012 Address*, SPEECH/12/596, 12 September 2012.

Bartels, Lorand, *Human Rights Conditionality in the EU's International Agreements*, Oxford University Press, 2005.

Baun, Michael J., *A Wider Europe : the process and politics of European Union enlargement*, Rowman & Littlefield, 2000.

Bayer, József, "Emerging Anti-pluralism in New Democracies- the Case of Hungary," *Osterreichische Zeitschrift für Politikwissenschaft*, vol. 42, no. 1, 2013.

Beach, Derek, "The Vital Cog : Agenda-Shaping and Brokerage by the Council Secretariat in IGC Negotiations," Paper prepared at the EUSA 8th Biennial International Conference, March 27-29, 2003.

Benoît-Rohmer, Florence, "Valeurs et droits fondamentaux dans la Constitution," *Revue trimestrielle de droit européen*, vol. 41, no. 2, 2005.

Betten, Lammy and Nicholas Grief, *EU Law and Human Rights*, Longman, 1998.

Beyers, Jan, "Multiple Embeddedness and Socialization in Europe : The Case of Council Officials," in Jeffrey T. Checkel, ed., *International Institutions and Socialization in Europe*, Cambridge University Press, 2007.

Bieber, Roland, Astrid Epiney und Marcel Haag, Hrsg., *Die Europäische Union : Europarecht und Politik*, 8. Auflage, Nomos, 2009.

Blockmans, Steven, "The uncertain future of the European Union," International Politics and Society, 6 March 2017.

Bloed, Arie et al., *Monitoring Human Rights in Europe : Comparing International Procedures and Mechanism*, Martinus Nijhoff Publishers, 1993.

Blokker, Paul, "EU Democratic Oversight and Domestic Deviation from the Rule of Law," in Carlos Closa and Dimitry Kochenov, eds., *Reinforcing Rule of Law Oversight in the European Union*, Cambridge University Press, 2016.

Bogdandy, Armin von, und Jürgen Bast, Hrsg., *Europäisches Verfassungsrecht :*

Theoretische und dogmatische Grundzüge, Springer, 2009.

Bond, Ian, Sophia Besch, Agata Gostyńska-Jakubowska, Rem Korteweg, Camio Mortera-Martinez and Simon Tilford, "Europe after Brexit : Unleashed or undone ?" Center for European Reform, April 2016.

Brady, Hugo, "The EU and the fight against organized crime," Centre for European Reform, April 2007.

Brandtner, Barbara and Allan Rosas, "Human Rights and the External Relations of the European Community," *European Journal of International Law*, vol. 9, no. 3, 1998.

Brauch, Hans G., Antonio Marquina and Abdelwahab Biad, eds., *Euro-Mediterranean Partnership for the 21st Century*, Macmillan Press, 2000.

Bribosia, Emmanuelle et Anne Weyembergh, dir., *Lutte contre le terrorisme et droits fondamentaux*, Bruylant, 2002.

Bribosia, Hervé, "Les coopérations renforcées : Quel modèle d'intégration différenciée pour l'Union européenne ?" Institut Universitaire Européen, 2007.

Bronstone, Adam, *The European Bank for Reconstruction and Development : The Building of a Bank for East Central Europe*, Manchester University Press, 1999.

Broomhall, Bruce, *International Justice and the International Criminal Court : Between Sovereignty and the Rule of Law*, Oxford University Press, 2003.

Bult, Jeroen, "A Dilemma for the Baltic States," *Visegrad Insight*, 17 June 2016.

Burgorgue-Larsen, Laurence, Anne Levade et Fabrice Picod, dir., *Traité établissant une Constitution pour l'Europe, Partie II la Charte des droits fondamentaux de l'Union : Commentaire article par article, Tome 2*, Bruylant, 2005.

Butler, Israel, "MEPs Urge Regular Rights Monitoring for All EU Countries," *European Liberties Platform*, 26 October 2016.

Carr, E. H., *The Twenty Years' Crisis 1919-1939 : An Introduction to the Study of International Relations*, Palgrave, 2001,（原彬久訳『危機の二十年――理想と現実』岩波書店，2011 年）.

Centre for Strategy and Evaluation Services, *Evaluation of the European Monitoring Centre on Racism and Xenophobia : Final Report*, Employment and Social Affairs of European Commission, 2002.

Cerisier, Frédérique, "European Union What future for Europe ?" economic-research.bnpparibas.com, 24 March 2017.

Checkel, Jeffrey T. ed., *International Institutions and Socialization in Europe*, Cambridge University Press, 2007.

Checkel, Jeffrey T. and Peter J. Katzenstein, *European Identity*, Cambridge University

Press, 2009.
Chiti, Edoardo, "The Emergence of a Community Administration: the Case of European Agencies," *Common Market Law Review*, vol. 37, 2000.
Church, Clive H. and David Phinnemore, eds., *European Union and European Community: A Handbook and Commentary on the post-Maastricht Treaties*, Harvester Wheatsheaf, 1994.
Claig, Paul and Gráinne de Búrca, *EU Law : Text, Cases and Materials, third edition*, Oxford University Press, 2003.
Constantinesco, Vlad, Yves Gautier et Valérie Michel, dir., *Le Traité établissant une Constitution pour l'Europe : Analyses & Commentaires*, Presses Universitaires de Strasbourg, 2005.
Corbett, Richard, "The 1985 Intergovernmental Conference and the Single European Act," in Pryce, 1989.
Corbett, Richard, "Two-tier Europe-Really ?" in Steven Blockmans, ed., *Differentiated Integration in the EU : From the Inside Looking Out*, Centre for European Policy Studies (CEPS), 2014.
Council of the European Union, *EU Human Rights Guidelines on Freedom of Expression Online and Offline*, Foreign Affairs Council Meeting, Brussels, 12 May 2014.
Couve de Murville, Maurice, *Une politique étrangère (1958-1969)*, Plon,1971.
Craig, Paul, *The Lisbon Treaty : Law, Politics, and Treaty Reform*, Oxford University Press, 2010.
Craig, Paul and Gráinne de Búrca, *EU Law : Text, Cases and Materials*, fifth edition, Oxford University Press, 2011.
Crawford, Gordon, *Foreign Aid and Political Reform : A Comparative Analysis of Democracy Assistance and Political Conditionality*, Palgrave, 2001.
Cremona, Marise, "EU Enlargement: solidarity and conditionality," *European Law Review*, no. 30, 2005.
Crosbie, Judith, "Member States reluctant to cede policing powers," *European Voice*, 8 June 2006.
Cutter, Jane, "Charlie Hebdo, and the racist double standard," *Liberation*, 13 January 2015.
Day, Matthew, "EU parliament head refuses to apologize over 'coup' comment after Polish PM request," *The Telegraph*, 15 December 2015.
De Búrca, Gráinne, "The EU in the negotiation of the UN Disability Convention,"

European Law Review, vol. 35, no. 2, 2010.
Delaplace, Dominique, "L'Union européenne et la conditionnalité de l'aide au développement," *Revue trimestrielle de droit européen*, vol. 37, no. 3, 2001.
De La Serre, Françoise, "France : The Impact of François Mitterrand," in Christopher Hill, ed., *The Actors in Europe's Foreign Policy*, Routledge, 1996.
Demuro, Gianmario, "Article 45-Freedom of Movement and of Residence," in William B. T. Mock, ed., *Human Rights in Europe : commentary on the Charter of Fundamental Rights of the European Union*, Carolina Academic Press, 2000.
Deutsch, Karl W., *Political Community at the International Level*, Doubleday and Company, 1954.
Deutsch, Karl W. et al., *Political Community and the North Atlantic Area : International Organization in the Light of Historical Experience*, Princeton University Press, 1957.
Deutsch, Karl W. et al., "Communication Theory and Political Integration," in Philip E. Jacob and James V. Toscano, eds., *The Integration of Political Communities*, J. B. Lippincott Company, 1964.
Deutsch, Karl W., *Nationalism and Social Communication, An Inquiry into the Foundations of Nationality*, second edition, M. I. T. Press, 1966.
Donnelly, Brendan and Anthony Dawes, "The beginning of the end or the end of the Beginning ? Enhanced co-operation in the Constitutional Treaty," *European Policy Brief*, Issue 7, The Federal Trust, November 2004.
Donnelly, Jack, *International Human Rights*, third edition, Westview Press, 2007.
Dony, Marianne et Emmanuelle Bribosia, dir., *Commentaire de la Constitution de l'Union européenne*, Institut d'Etudes européennes, 2005.
Douglas-Scott, Sionaidh, *Constitutional Law of the European Union*, Longman, 2002.
Ehlers, Dirk, ed., *European Fundamental Rights and Freedoms*, De Gruyter Recht, 2007.
Elgström, Ole and Michael Smith, eds., *The European Union's Roles in International Politics*, Routledge, 2006.
Engel, Frank, et al., "Mr Juncker, be Bob the Builder," *EUobserver*, 25 November 2016.
Eriksson, Aleksandra, "Poland tries to appease EU critics before Nato summit," *EUobserver*, 6 July 2016.
Eriksson, Aleksandra, "Ceta, Poland and Human Rights on the agenda THIS WEEK," *EUobserver*, 24 October 2016.
Eriksson, Aleksandra, "Poland rejects EU 'interferences' on rule of law," *EUobserver*,

28 October 2016.

Eriksson, Aleksandra, "Poland avoids talks on rule-of-law sanctions," *EUobserver*, 16 May 2017.

EU Network of Independent Experts on Fundamental Rights, *The Balance between Freedom and Security in the Response by the European Union and Its Member States to the Terrorist Threat*, March 2002.

European Commission, "Preparation of the Associated Countries of Central and Eastern Europe for Integration into the Internal Market of the Union," COM (95) 163 final, 3 May 1995.

European Commission, "Communication de la Commission sur la Prise en Compte du Respect des Principes Démocratiques et des Droits de l'homme dans les Accords entre la Communauté et les Pays Tiers," COM (95) 216 final, 23 mai 1995.

European Commission, "Communication from the Commission to the Council, the European Parliament, the European Economic and Social Committee and the Committee of the Regions on the Activities of the European Monitoring Centre on Racism and Xenophobia, together with proposals to recast Council Regulation (EC) 1035/97," COM (2003) 483 final, Brussels, 5 August 2003.

European Commission, "Communication from the Commission to the Council and the European Parliament : on Article 7 of the Treaty on European Union. Respect for and promotion of the values on which the Union is based," COM (2003) 606 final, Brussels, 15 October 2003.

European Commission, *A Secure Europe in a Better World : European Security Strategy*, Brussels, 12 December 2003.

European Commission, "Communication from the Commission : The Fundamental Rights Agency Public consultation document," COM (2004) 693 final, Brussels, 25 October 2004.

European Commission, *Internal security strategy for the European Union : Towards a European security model*, 2010.

European Commission, *EU Budget 2011 : Financial Report*, Publications Office of the European Union, 2012.

European Commission, *EU Budget 2012 : Financial Report*, Publications Office of the European Union, 2013.

European Commission, "Communication form the Commission to the European Parliament and the Council : A New EU Framework to strengthen the Rule of Law," COM (2014) 158 final, 11 March 2014.

European Commission, "The European Agenda on Security," COM (2015) 185 final, Strasbourg, 28 April 2015.
European Commission, "College discusses a draft Rule of Law Opinion on the situation in Poland," Press release, Brussels, 18 May 2016.
European Commission, "Commission adopts Rule of Law Opinion on the situation in Poland," Press release, Brussels, 1 June 2016.
European Commission, *Commission Recommendation of 27.7.2016 regarding the rule of law in Poland*, C (2016) 5703 final, Brussels, 27 July 2016.
European Commission, *White Paper on the Future of Europe : Reflections and scenarios for the EU27 by 2025*, March 2017.
European Commission, *Reflection Paper on the Social Dimension of Europe*, April 2017.
European Commission for Democracy through Law (Venice Commission), *Report on the Rule of Law, Adopted by the Venice Commission at its 86th plenary session* (Venice, 25-26 March 2011), CDL-AD(2011)003rev, Strasbourg, 4 April 2011.
European Commission for Democracy through Law (Venice Commission), *Opinion on the Fourth Amendment to the Fundamental Law of Hungary*, CDL-AD (2013) 012, 17 June 2013.
European Commission for Democracy Through Law (Venice Commission), Opinion on Amendments to the Act of 25 June 2015 on the Constitutional Tribunal of Poland, Opinion no. 833/2015, Venice, CDL-AD(2016)001, 11 March 2016.
European Parliament, *The European Parliament and the defence of human rights*, Office for Official Publications of the European Communities, 1999.
European Parliament, *Situation of fundamental rights : standards and practices in Hungary*, 3 July 2013, P7_TA-PROV(2013)0315.
European Policy Evaluation Consortium, *Preparatory Study for Impact Assessment and Ex-ante Evaluation of Fundamental Rights Agency, Final Report*, February 2005.
European Union Agency for Fundamental Rights, *Annual Report 2009*.
European Union Agency for Fundamental Rights, *Homophobia, transphobia and discrimination on grounds of sexual orientation and gender identity 2010 Update*, Publications Office of the European Union, 2010.
European Union Agency for Fundamental Rights, *Promoting the rule of law in the European Union -FRA Symposium report*, Fourth Annual FRA Symposium, Vienna, 7 June 2013.

European Union Agency for Fundamental Rights, *Embedding Fundamental Rights in the Security Agenda*, Vienna, January 2015.

European Union Agency for Fundamental Rights, *Reactions to the Paris Attacks in the European Union : fundamental rights considerations ; FRA Paper*, January 2015.

Featherstone, Kevin, "The Mediterranean Challenge Cohesion and external preferences," in Juliet Lodge, ed., *The European Community and the Challenge of the Future*, Pinter Publishers, 1989.

Featherstone, Kevin, "Jean Monnet and the 'Democratic Deficit' in the European Union," *Journal of Common Market Studies*, vol. 32, no. 2, 1994.

Fiorini, Aude, "Harmonizing the law applicable to divorce and legal separation-Enhanced cooperation as the way forward ?" *International & Comparative Law Quarterly*, vol. 59, 2010.

Fischer, Joschka, *Vom Staatenverbund zur Föderation : Gedanken über die Finalität der europäischen Integration*, Rede am 12 Mai 2000 in der Humboldt-Universität in Berlin.

Foy, Henry, "Poland's New Majoritarians," *The American Interest*, 7 June 2016.

Foy, Henry, "Why Obama decided to criticise Poland," *Financial Times*, 9 July 2016.

Foy, Henry, "Brussels gives Poland 3 month to rectify court changes," *Financial Times*, 27 July 2016.

Friedrich, Carl J. "International Federalism in Theory and Practice," in Elmer Plischke, ed., *Systems of Integrating the International Community*, D. Van Nostrand Company, 1964.

García, Jorge Juan Fernández, *The Student's Guide to European Integration*, Polity, 2004.

Gati, Charles, "The Mask is Off," *The American Interest*, 7 August 2014.

Gati, Charles, "Opinions : What Viktor Orbán's victory means for Hungary and the West," *The Washington Post*, 7 April 2014.

George, Stephen, *An Awkward Partner : Britain in the European Community*, third edition, Oxford University Press, 1998.

Gerhards, Jürgen and Silke Hans, "Why not Turkey ? Attitudes towards Turkish Membership in the EU among Citizens in 27 European Countries," *Journal of Common Market Studies*, vol. 49, no. 4, 2011.

Glarbo, Kenneth, "Reconstructing a Common European Foreign Policy," in Thomas Christiansen, Knud Erik Jørgensen and Antje Wiener, eds., *The Social Construction of Europe*, SAGE Publications, 2001.

Goldston, Veronika S., "For the EU, Rights Should Matter as Much at Home as Abroad," *Human Rights Watch* (www.hrw.org), 20 November 2013.

Gotev Georgi, "MEPs concerned that amendments could 'kill' PNR directive," *EurActiv*, 14 April 2016.

Gowan, Richard and Franziska Brantner, "A global force for human rights ?," European Council on Foreign Relations, ecfr.eu, 2008.

Greer, Steven, *The European Convention on Human Rights : Achievements, Problems and Prospects*, Cambridge University Press, 2006.

Griffiths, Richard T., *Europe's First Constitution ; The European Political Community 1952-1954*, The Federal Trust, 2000.

Griller, Stefan and Jacques Ziller, eds., *The Lisbon Treaty : EU Constitutionalism without a Constitutional Treaty ?*, Springer, 2008.

Guerrieri, Sandro, "La France et l'élargissement de la Communauté Européenne (1989-1993)," publié sous la direction de Mario Telò, *L'Union Européenne et les defis de l'élargissement*, Editions de l'Université de Bruxelles, 1994.

Guild, Elspeth and Florian Geyer, "Getting local : Schengen, Prüm and the dancing procession of Echternach," *CEPS Commentaries*, 2006.

Haas, Ernst B., *The Uniting of Europe : political, social and economical forces 1950-1957*, Stevens & Sons, 1958.

Hartmann, Jürgen, *Das politische System der Europäischen Union*, Campus, 2009.

Hayes = Renshaw, Fiona and Helen Wallace, *The Council of Ministers*, second edition, Palgrave, 2006.

Hellström, Jerker, "The EU Arms Embargo on China : a Swedish Perspective," Sweden Defense Research Agency, FOI-R-2946-SE, January 2010.

Heymann, Philip B. and Juliette N. Kayyem, *Protecting Liberty in an Age of Terror*, The MIT Press, 2005.

Hirst, Nicholas, "Hungary breaches EU data protection law," *Europeanvoice*, 8 April 2014.

Hix, Simon, *The Political System of the European Union*, Second edition, Palgrave Macmillan, 2005.

Hoffmann, Stanley, "Dilemmes et stratégies de la France dans la nouvelle Europe (1989-1991)," *Politique étrangère*, n°4, hiver 1992.

Holland, Martin, ed., *Common Foreign and Security Policy : the Record and Reforms*, Pinter, 1997.

Holzinger, Katharina, Christoph Knill, Dirk Peters, Berthold Rittberger, Frank

Schimmelfennig und Wolfgang Wagner, Hrsg., *Die Europäische Union. Theorien und Analysekonzepte*, Paderborn, 2005.

Houben, P.-H. J. M. *Les counseils de minitres des communautés européennes*, A. W. Sythoff, 1964.

Iaydjiev, Ivaylo, "Those who want more, do more? A view from Bulgaria," *Open Democracy*, 28 April 2017.

Janke, Igor, *Hajrá, Magyarok! Az Orbán Viktor-sztori egy lengyel újságíró szemével*, Aeramentum, 2012.

Johnston, R. J., "The Conflict over Qualified Majority Voting in the European Union Council of Ministers: An Analysis of the UK Negotiating Stance Using Power Indices," *British Journal of Political Studies*, no. 25, 1995.

Jopp, Mathias und Saskia Matl, Hrsg., *Der Vertrag über eine Verfassung für Europa. Analysen zur Konstitutionalisierung der EU*, Baden-Baden, 2005.

Jowell Q. C., Jeffrey, "The Venice Commission: disseminating democracy through law," *Public Law*, Winter, 2001.

Juncker, Jean-Claude, "Council of Europe-European Union: A sole ambition for the European content," 11 April 2006.

Katherine, M. et al., eds., *Civil liberties vs. National Security: In a Post-9/11 World*, Prometheus Books, 2004.

Keating, Dave, "MEPs react to Paris shootings," *European Voice*, 12 January 2015.

Keating Dave, "EU leaders to call for revision of Schengen Border Code," *European Voice*, 12 February 2015.

Kelemen, R. Daniel, "A Union of Values?" *Policy Network* (www.policy-network.net), 2 June 2014.

King, Toby, "Human Rights in European Foreign Policy," *European Journal of International Law*, vol. 10, no. 2, 1999.

King, Toby, "The European Union as a Human Rights Actor," in Michael O'Flaherty, Zdzisław Kędzia, Amrei Müller and George Ulrich, eds., *Human Rights Diplomacy: Contemporary Perspectives*, Martinus Nijhoff, 2011.

Kochenov, Dimitry and Laurent Pech, "Better Late than Never? On the European Commission's Rule of Law Framework and its First Activation," *Journal of Common Market Studies*, vol. 54, no. 5, 2016.

Kokott, Juliane and Alexandra Rüth, "The European Convention and its Draft Treaty establishing a Constitution for Europe: Appropriate Answers to the Laeken Questions?," *Common Market Law Review*, no. 40, 2003.

Krasner, Stephen, *Sovereignty : Organized Hypocrisy*, Princeton University Press, 1999.

Kreher, Alexander, "Agencies in the European Community : A Step toward Administrative Integration in Europe," *Journal of European Public Policy*, vol. 4, no. 2, 1997.

Kuipers, Jan-Jaap, "The Law Applicable to Divorce as Test Ground for Enhanced Cooperation," *European Law Journal*, vol. 18, no. 2, 2012.

Küsters, Hanns Jürgen, "The Treaties of Rome," in Pryce, 1989.

Laïdi, Zaki, ed., *EU Foreign Policy in a Globalized World*, Routledge, 2008.

Lambert, John, "Decision-making in the Community : The Commission-Council dialogue," *Government and Opposition*, vol. 2, no. 3, 1967.

Lamping, Matthias, "Enhanced Cooperation : A Proper Approach to Market Integration in the Field of Unitary Patent Protection ?" Max Planck Institute for Innovation and Competition, 2011.

Leconte, Cécile, "The Fragility of the EU as a 'Community of Values' : Lessons from the Haider Affair," *West European Politics*, vol. 28, no. 3, 2005.

Leibfried, Stephan and Paul Pierson, "Semisovereign Welfare States : Social Policy in a Multitiered Europe," in Leibfried and Pierson, eds., *European Social Policy : Between Fragmentation and Integration*, The Brookings Institution, 1995.

Leiken, Robert S., *Europe's Angry Muslims*, Oxford University Press, 2012.

Leonard, Mark, *Why Europe will Run the 21st Century*, Public Affairs, 2005（山本元訳『アンチ・ネオコンの論理』春秋社，2006年）.

Lewis, Jeffrey, "The Janus Face of Brussels : Socialization and Everyday Decision Making in the European Union," in Checkel, 2007.

Lindner, Johannes, *Conflict and Change in EU Budgetary Politics*, Routledge, 2006.

Lopez-Rodriguez, Jesus, "Regional Income Disparities in Poland : Analysis of the Impact of Second Nature Geography Variables," *Transformations in Business and Economics*, vol. 14, no. 3(36), 2015.

Lucarelli, Sonia and Ian Manners, eds., *Values and Principles in European Union Foreign Policy*, Routledge, 2006.

Luif, Paul and Florian Trauner, "The Prüm Process : The Effects of Enhanced Cooperation within Europe and with the United States in Combating Serious Crime," in Ronald L. Holzhacker and Paul Luif, eds., *Freedom, Security and Justice in the European Union*, Springer, 2014.

Macaj, Gjovalin and Joachim A. Kroops, "Inconvenient multilateralism : The

Challenges of the EU as a player in the United Nations Human Rights Council," in Wetzel, 2011.

MacMullen, Andrew, "European Commissioners 1952-1995 : National Routes to a European Elite," in Neill Nugent, ed., *At the Heart of the Union : Studies of the European Commission*, Macmillan Press, 1997.

Maitra, Sumantra, "The EU is essentially a German Empire : Peter Hitchens on Geopolitics and the Future of Europe," *Quillette*, 19 May 2017.

Majone, Giadomenico, "The Credibility Crisis of the Community Regulation," *Journal of Common Market Studies*, vol. 38, no. 2, 2000.

Manners, Ian, "Normative Power Europe : A Contradiction in Terms ?," *Journal of Common Market Studies*, vol. 40, no. 2, 2002.

Marian, M., "France-Europe de l'est : les rendez-vous manqués," *Politique internationale*, n°56, été 1992.

Matthijs, Mtthias, "Europe After Brexit : A Less Perfect Union," *Foreign Affairs*, January/February 2017.

Mattila, Mikko and Jan-Erik Lane, "Why Unanimity in the Council ? A Roll Call Analysis of Council Voting," *European Union Politics*, vol. 2, no. 1, 2001.

Mattila, Mikko, "Voting and Coalitions in the Council after the Enlargement," in Daniel Naurin and Helen Wallace, eds., *Unveiling the Council of the European Union : Games Governments Play in Brussels*, Palgrave, 2008.

Maurer, Andreas, und Dietmar Nickel, Hrsg., *Das Europäische Parlament. Supranationalität, Repräsentation und Legitimation*, Baden-Baden, 2005.

Mauro, Frédéric, "Permanent Structured Cooperation : The Sleeping Beauty of European Defence," Le Groupe de recherche et d'information sur la paix et la sécurité (GRIP), Analysis-27 May 2015.

Mauss, Marcel, *The Gift : The form and reason for exchange in archaic societies*, Routledge, 2002（有地亨・伊藤昌司・山口俊夫共訳「贈与論——太古の社会における交換の諸型態と契機」『社会学と人類学Ⅰ』弘文堂，1973年；吉田禎吾・江川純一訳『贈与論』筑摩書房，2009年）.

Mayhew, Alan, *Recreating Europe : The European Union's Policy towards Central and Eastern Europe*, Cambridge University Press, 1988.

Men, Jing, "EU-China Relations : from Engagement to Marriage ?," *EU Diplomacy Papers 7/2008*, College of Europe, 2008.

Merlingen, Michael, Cas Mudde and Ulrich Sedelmeier, "The Right and the Righteous ? European Norms, Domestic Politics and the Sanctions Against

Austria," *Journal of Common Market Studies*, vol. 39, no. 1, 2001.
Miller, Vaughne, *IGC2000 : Enhanced Cooperation*, Research Paper 00/88, 21 November 2000.
Milward, Alan S., *The European Rescue of the Nation-State*, second edition, Routledge, 2000.
Mitterrand, François, *De l'Allemagne, de la France*, Éditions Odile Jacob, 1996.
Monar, Jörg, "Justice and Home Affairs," *Journal of Common Market Studies*, vol. 39, Annual Review, 2001.
Monnet, Jean, *Mémoires*, Fayard, 1976（黒木寿時編訳『EC メモワール――ジャン・モネの発想』共同通信社，1985 年；近藤健彦訳『ジャン・モネ回想録』日本関税協会，2008 年）.
Moravcsik, Andrew, "Preferences and Power in the European Community : A Liberal Intergovernmentalist Approach," *Journal of Common Market Studies*, vol. 31, no. 4, 1993.
Moravcsik, Andrew, "Taking Preferences Seriously : A Liberal Theory of International Politics," *International Organization*, vol. 51, no. 4, 1997.
Moravcsik, Andrew, *The Choice for Europe : Social Purpose and State Power from Messina to Maastricht*, Cornell University Press, 1998.
Mortera-Martinez, Camino, "After Paris : What's next for the EU's counter-terrorism policy ?," Center for European Reform, 27 January 2015.
Müllerson, Rein, *Human Rights Diplomacy*, Routledge, 1997.
Neuwahl, Nanette A. and Allan Rosas, eds., *The European Union and Human Rights*, Martinus Nijhoff, 1995.
Newhouse, John, *Collision in Brussels : The Common Market Crisis of 30 June 1965*, W. W. Norton and Company, 1967.
Nielsen, Nikolaj, "EU confrontation with Poland escalates," *EUobserver*, 27 July 2016.
Norman, Peter, *The Accidental Constitution : The Story of the European Convention*, EuroComment, 2003.
Nowak, Manfred, "Human Rights 'Conditionality' in Relation to Entry to, and Full Participation in, the EU," in Alston, 1999.
Nugent, Neill, *The Government and Politics of the European Union*, seventh edition, Palgrave, 2010.
Nye, Joseph S. Jr., *Peace in Parts : Integration and Conflicts in Regional Organization*, University Press of America, 1987.
Oliver, Peter and Justine Stefanelli, "Strengthening the Rule of Law in the EU :

Council's Inaction, " *Journal of Common Market Studies*, vol. 54, no. 5, 2016.

Organization for Refuge, Asylum and Migration, *Testing Sexual Orientation : A Scientific and Legal Analysis of Plethysmography in Asylum and Refugee Status Proceedings*, San Francisco, December 2011.

Ovey, Clare and Robin White, *The European Convention on Human Rights*, third edition, Oxford University Press, 2002.

Pagenberg, Bardehle, "Unitary Patent and Unified Patent Court", www.bardehle.com, 2015.

Palayret, Jean-Marie, "Les décideurs français et allemands face aux questions institutionnelles dans la négociation des traités de Rome 1955-1957," dans Marie-Thérèse Bitsch, *Le couple France-Allemagne et les institutions européennes*, Bruylant, 2001.

Panebianco, Stefania, "Promoting human rights and democracy in European Union relations with Russia and China," in Lucarelli and Manners, 2006.

Peers, Steve, "Divorce, European Style : The First Authorization of Enhanced Cooperation," *European Constitutional Law Review*, no. 6, 2010.

Peers, Steve, "The Constitutional Implications of the EU Patent," *European Constitutional Law Review*, no. 7, 2011.

Pentland, Charles, *International Theory and European Integration*, Faber and Faber, 1973.

Philippart, Eric and Geoffrey Edwards, "The Provisions on Closer Co-operation in the Treaty of Amsterdam : The Politics of Flexibility in the European Union," *Journal of Common Market Studies*, vol. 37, no. 1, 1999.

Philippart, Eric, "Optimising the Mechanism for 'Enhanced Cooperation' within the EU : Recommendations for the Constitutional Treaty," *CEPS Policy Brief No. 33*, Centre for European Policy Studies, 2003.

Phinnemore, David, "Crisis-Ridden, Battered and Bruised : Time to Give up on the EU ?" *Journal of Common Market Studies*, vol. 53 Annual Review, 2015.

Pierson, Paul, "When Effect Becomes Cause : Policy Feedback and Political Change," *World Politics*, vol. 45, July 1993.

Pierson, Paul, "The Path to European Integration : A Historical Institutionalist Analysis," *Comparative Political Studies*, vol. 29, no. 2, 1996.

Pinder, John, *The European Community and Eastern Europe*, Pinter Publishers, 1991.

Piris, Jean-Claude, *The Lisbon Treaty : A Legal and Political Analysis*, Cambridge University Press, 2010.

Piris, Jean-Claude, *The Future of Europe : Towards a Two Speed EU ?*, Cambridge University Press, 2012.

Plantin, Maurie C., "NATO Enlargement as an Obstacle to France's European Designs," in Chalres-Philippe David and Jacques Lévesque, eds., *The Future of NATO : Enlargement, Russia, and European Security*, McGill-Queen's University Press, 1999.

Pop, Valentina, "Hungary triggers rule of law 'debates' in EU council," *EUobserver*, 20 November 2014.

Pridham, Geoffrey, "The European Union, Democratic Conditionality and Transnational Party Linkages : The case of Eastern Europe," in Jean Grugel, ed., *Democracy Without Borders : Transnationalization and conditionality in new democracies*, Routledge, 1999.

Pryce, Roy, ed., *The Dynamics of European Union*, Routledge, 1989.

Przybylski, Wojciech, "Hungary and Poland are facing a strong criticism from the United Nations, the European Parliament and the European Council," *Visegrad Insight*, 18 May 2017.

Quaglia, Lucia and Aneta Spendzharova, "The Conundrum of Solving 'Too Big to Fail' in the European Union : Supranationalization at Different Speeds," *Journal of Common Market Studies*, vol. 55, no. 5, 2017.

Rabasa, Angel and Cheryl Benard, *Eurojihad : Patterns of Islamist Radicalization and Terrorism in Europe*, Cambridge University Press, 2015.

Rabesandratana, Tania, "After Decades of Debate, E. U. Leaders Sign Off on Single Patent," *Science*, http://news.sciencemag.org, 10 December 2012.

Rankin, Jennifer, "Poland reacts with fury to re-election of Donald Tusk," *The Guardian*, 9 March 2017.

Reding, Viviane, "The EU and the Rule of Law-What next ?" European Commission, 4 September 2013.

Rettman, Andrew, "Poland questions legality of EU probe," *EUobserver*, 30 May 2016.

Richardson, Nicholas, "Sovereignty," *thepolishedlawyer.com*, 24 May 2016.

Robert, Aline, "Versailles : A Summit to restore faith in Europe," *EurActiv*, 6 March 2017.

Rosamond, Ben, *Theories of European Integration*, St. Martin's Press, 2000.

Rossi, Lucia Serena, dir., *Vers une nouvelle architecture de l'Union européenne : Le projet de Traité-Constitution*, Bruylant, 2004.

Rossolillo, Giulia, "Enhanced Cooperation and Economic and Monetary Union : a

Comparison of Models of Flexibility," *Reflection Paper 2015 October,* Union of European Federalists, 2015.

Sarmadi, Dario, "Commission pushes for new guidelines against foreign fighters," *EurActiv*, 25 February 2015.

Schabas, William A., *An Introduction to the International Criminal Court*, Cambridge University Press, 2001.

Scharpf, Fritz W., *Community and Autonomy : Institutions, Policies and Legitimacy in Multilevel Europe*, Campus Verlag, 2010.

Scheipers, Sibylle and Daniela Sicurelli, "Normative Power Europe : A Credible Utopia ?," *Journal of Common Market Studies*, vol. 45, no. 2, 2007.

Schimmelfennig, Frank, "Strategic Calculation and International Socialization," in Jeffrey T. Checkel, ed., *International Institutions and Socialization in Europe*, Cambridge University Press, 2007.

Schmitter, Philippe C., "Three Neo-Functional Hypotheses About International Integration," *International Organization*, vol. 23, no. 1, 1969.

Sedelmeier, Ulrich, "Anchoring Democracy from Above ? The European Union and Democratic Backsliding in Hungary and Romania after Accession," *Journal of Common Market Studies*, vol. 52, no. 1, 2014.

Sedelmeier, Ulrich and Helen Wallace, "Policies towards Central and Eastern Europe," in Helen Wallace and William Wallace, eds., *Policy-Making in the European Union*, third edition, Oxford University Press, 1996.

Skouris, Vassilios, "La protection des droits fondamentaux dans l'Union européenne dans la perspective de l'adoption d'une Constitution européenne," dans Rossi, 2004.

Smit, Hans and Peter E. Herzog, *The law of the European Economic Community : a commentary on the EEC Treaty*, M.Bender, vol. 5, 1976.

Smith, Christopher and Kaisa Lahteenmaki, "Europeanization of the Mediterranean region : the EU's relations with Maghreb," in Alan Cafruny and Patrick Peters, eds., *The Union and the World : Political Economy of a Common European Foreign Policy*, Kluwer Law International, 1998.

Smith, Karen E., *European Union Foreign Policy in a Changing World,* Polity, 2003.

Sørensen, Georg, ed., *Political Conditionality*, Frank Cass, 1993.

Spaak, Paul-Henri, *The Continuing Battle : Memoirs of a European 1936-1966*, Little, Brown, 1971.

Steinberg, Federico and Mattias Vermeiren, "Germany's Institutional Power and the

EMU Regime after the Crisis ?" *Journal of Common Market Studies*, vol. 54, no. 2, 2016.

Stokman, Frans and Robert Thomson, "Winners and Losers in the European Union," *European Union Politics*, vol. 5, no. 1, 2004.

Streinz, Rudolf, Christoph Ohler and Christoph Herrmann, *Der Vertrag von Lissabon zur Reform der EU, Einführung mit Synopse*, 2. Auflage, C. H. Beck, 2008.

Stubb, Alexander, *Negotiating Flexibility in the European Union : Amsterdam, Nice and Beyond*, Palgrave, 2002.

Stubb, Alexander, "Europe's choice : a hard core or enhanced cooperation," *Financial Times*, 17 February 2017.

Szalai-Krausz, Vivien, "The Rule of Law Framework of the European Union : A Council of Europe approach : co-operation as the pre-condition of efficiency," thesis submitted to Linköping University, 2014.

Taylor, Michael, *Community, Anarchy and Liberty*, Cambridge University Press, 1982.

Teasdale, Anthony L., "The Life and Death of the Luxembourg Compromise," *Journal of Common Market Studies*, vol. 31, no. 4, 1993.

Teffer, Peter, "Up to 5,000 Europeans joined jihad, Europol chief says," *EUobserver*, 14 January 2015.

Tekin, Funda and Wolfgang Wessels, "Flexibility within the Lisbon Treaty : Trademark or Empty Promise ?" *EIPASCOPE*, 2008/1, 2008.

Thym, Daniel, "'United in Diversity' The Integration of Enhanced Cooperation into the European Constitutional Order," *German Law Journal*, vol. 6, no. 11, 2005.

Tilmann, Winfried, "The Future of the UPC After Brexit," http://www.theunitarypatent.com., 2016.

Tömmel, Ingeborg, *Das politische System der EU*, 2. Auflage, München, 2006.

Tomuschat, Christian, "Common Values and the Place of the Charter in Europe," *Revue européenne de droit public/European review of public law*, vol. 14, no. 1, 2002.

Tusicisny, Andrej, "Security Communities and Their Values : Taking Masses Seriously," *International Political Science Review*, vol. 28, no. 4, 2007.

Vanke, Jeffrey, "Charles de Gaulle's Uncertain Idea of Europe," in Desmond Dinan, ed., *Origins and Evolution of the European Union*, Oxford University Press, 2006.

Von Bogdandy, Armin and Jochen von Bernstorff, "The EU Fundamental Rights Agency within the European and International Human Rights Architecture : The

Legal Framework and Some Unsettled Issues in a New Field of Administrative Law," *Common Market Law Review*, no. 46, 2009.

Von Bogdandy, Armin and Pál Sonnevend, eds., *Constitutional Crisis in the European Constitutional Area*, Hart Publishing, 2015.

Vos, Ellen, "Reforming the European Commission : What Role to Play for EU Agencies ?," *Common Market Law Review*, vol. 37, 2000.

Walsch, Christopher, "Europeanization and Democracy : Negotiating the Prüm Treaty and the Schengen Ⅲ Agreement," *Politička misao*, vol. XIV, no. 5, 2008.

Ward, Angela, "Frameworks for Cooperation between the European Union and Third States : a Viable Matrix for Uniform Human Rights Standards ?," *European Foreign Affairs Review*, no. 3, 1998.

Warleigh, Alex, *Flexible Integration : Which Model for the European Union ?*, Sheffield Academic Press, 2002.

Weber, Steven, "Origins of the European Bank for Reconstruction and Development," *International Organization*, vol. 48, no. 1, 1994.

Weber, Steven, "European Union Conditionality," in Jürgen von Hagen, ed., *Politics and Institutions in an Integrated Europe*, Springer, 1995.

Wessels, Wolfgang, *Das politische System der Europäischen Union*, VS Verlag für Sozialwissenschaften, 2008.

Wetzel, Jan Erik, ed., *The EU as a "Global Player" in Human Rights ?*, Routledge, 2011.

Weymouth, Lally, "An interview with Viktor Orban, prime minister of Hungary," *The Washington Post*, 6 April 2012.

Whitman, Richard G. ed., *Normative Power Europe : Empirical and Theoretical Perspectives*, Palgrave, 2011.

Williams, Andrew, *EU Human Rights Policies : A Study in Irony*, Oxford University Press, 2004.

Zielonka, Jan, *Europe as Empire The Nature of the Enlarged European Union*, Oxford University Press, 2006.